文化产业丛书（第二辑）

A Study on Supply-side Reform of Culture Industry
Theory and Cases

文化产业供给侧改革研究
理论与案例

齐 骥·著

中国传媒大学出版社
·北京·

序

当前,在我国经济进入新常态、面临一系列新的突出矛盾和主要问题的环境下,文化领域也不可避免地存在着结构性失衡。从提高供给质量出发推进结构调整,矫正要素配置扭曲,扩大有效供给,提高供给结构对需求变化的适应性和灵活性,更好地满足广大人民群众的需要,具有重要的意义。文化产品作为一种特殊的商品,具有经济效益和社会效益双重属性。经济效益和社会效益"双效统一"既是文化领域供给侧结构性改革的准绳,又是优秀文艺作品创作和文化企业经营必须遵循的内在规律;既是保证文化领域健康、有序发展的基石,又是激发文化市场活力、繁荣文化生态的前提。在这一背景下,研究文化领域的供给侧改革问题凸显出必要性和紧迫性。

而纵观当前供给侧领域的研究,宏观层面集中在经济领域,微观层面以传统产业为主,鲜有对文化领域供给侧问题进行整体性和系统性研究的先例。但必须意识到,文化与经济密不可分。文化作为一种柔性资源注入经济领域,不仅可以实现自身的结构升级,而且可以创造新的生产力,驱动经济发展的整体跃升,助力经济领域推进供给侧结构性改革。文化领域供给侧结构性改革应该如何立足于"从实际出发",既充分考虑文化产业的"文化属性"和"社会效益",又特别重视文化产业发展的"商品属性"和"经济效益";既体察我国供给侧结构性改革的整体实践,又注重从经济领域产业结构调整过程中汲取经验和教训?在这一背景下,我承担了国家社科基金特别委托课题——"文化领域供给侧问题研究"。事实上,这更是一项针对我国文化发展现实境况和核心问题的应急课题。课题研究工作围绕"供给侧结构性改革"的经济理念和思维方式,针对我国文化领域结构性问题和文化发展整体转型升级诉求,对文化领域供给侧改革的基本概念、改革目标、基本理念、发展思路进行了系统阐释，明确了文化领域与经济领域供给侧结构性改革的差异，阐明了文化领域供给侧改革的基本理念与改革思路，对文化领域供给侧改革面临的重点任务进行了剖析并提出文化领域供给侧结构性改革的政策措施建议。

研究文化领域的供给侧改革自然无法绕开文化产业。作为战略性新兴产业，近年来文化产业的发展优势和成长态势越来越凸显出经济新常态下推动传统产业转型和促进经济结构升级的重要价值。化产业以创新性、蔓生性和触媒性为典型特质，既符合经济社会发展向多元动力、混合动力发展的市场逻辑，又具备不断地颠覆原有动力结构并优化经济发展的组织结构的特征。但文化产业自身也不可避免地面临一系列结构性问题。文化产业发展中供给不足与过剩并存，需求下降与外移并存的现象依旧存在，在全球数字文化创意蓬勃兴起、战略性新兴产业愈发占据产业主导的驱使下，缺少高技术含量、高原创性文化精品与高品质、高附加值文化消费的形势依然严峻。

作为国家社科基金项目"文化领域供给侧问题研究"的阶段性成果，《文化产业供给侧改革研究：理论与案例》直面上述问题的本质，并立足于当前文化经济发展的多元生态和多重背景，以解决文化产业发展的"供给侧"问题为出发点，以实现文化产业发展的"结构性"优化为落脚点，对当前我国经济发展中亟须解决的新旧动能接驳时期伴生的动力断层问题，供给侧结构性矛盾导致的动力抑制问题，需求侧非均衡发展导致的动力约束问题等，进行了"文化式"的开创研究，也正是因为文化产业的动力特征和动力规律，构建了"文化+""生活+"和"互联网+"的视角和逻辑，创造了以要素创新驱动业态创新，以产业转型拉动消费转型，以文化治理推动文化正义的文化产业动力转换和再造的规律和思路，既对文化产业本身的转型升级起到了直接作用，又对促生经济发展新动力具有重要的启发意义。

文化部文化产业专家委员会主任
中国传媒大学经管学部学部长

目 录

前 言 /1

第一章 我国文化产业理论与实践基础 /1
一、文化产业的多重背景 /1
二、文化产业的现状与困境 /11

第二章 文化产业供给侧改革的要素 /24
一、文化产业供给侧改革意义:价值重塑 /24
二、文化产业供给侧改革目标:产业转型 /26
三、文化产业供给侧改革手段:要素创新 /27
四、文化产业供给侧改革保障:制度创新 /29
五、文化产业供给侧改革重点:构建政策支柱 /33

【案例篇】 /37

第三章 文化产业供给侧与需求侧协同发展 /48
一、逻辑起点:把握文化产业供给侧与需求侧的内涵 /48
二、共同困境:供给不足与过剩并存,需求下降与外移并存 /51
三、基本思路:加强供给侧与需求侧互动反馈 /53
四、对策建议:供给侧改革应与需求侧管理协同配合 /56

【案例篇】 /63

第四章　文化产业供给侧改革与塑造经济新动力　/81

一、当前我国经济发展亟须解决的动力问题　/81

二、文化产业的动力逻辑和动力特征　/83

三、文化产业动力转换和再造的规律及思路　/86

四、发展文化产业对重塑经济新动力的启示　/89

【案例篇】　/94

第五章　供给侧改革背景下的文化规划　/107

一、城市规划的文化命题　/107

二、供给侧改革背景下文化规划的立足点　/110

三、重新认识供给侧改革时代的文化规划　/113

【案例篇】　/119

第六章　供给侧改革视角下的文化空间重塑　/142

一、供给侧改革视角下的文化空间分析　/142

二、供给侧视角下实现文化空间正义的基本要素　/149

三、供给侧视角下文化空间治理和重塑的思路　/152

四、以供给侧改革优化文化空间的实践路径　/157

【案例篇】　/166

第七章　供给侧改革视角下的文化集群创新　/186

一、供给侧改革视角下文化产业集群类型的创新特征　/187

二、文化产业集群的发展困境　/191

三、文化产业集群的发展路径　/196

【案例篇】　/203

第八章　供给侧改革视角下的文化企业创新　/223

一、供给侧改革视角下文化企业融合发展的特征　/223

二、文化企业供给侧创新的主要经验　/230

三、供给侧改革进程中文化企业创新发展的趋向　/235

【案例篇】　/242

前 言

当前,我国经济正从高速增长转向中高速增长,经济发展方式从规模速度型粗放增长转向质量效率型集约增长,经济结构从增量扩能为主向调整存量、做优增量并存的深度调整,经济发展动力从传统增长点转向新的增长点,通过挖掘和培育新动力促进经济持续发展,越来越凸显出重要作用。

作为战略性新兴产业,文化产业近十年来的成长速度、产业黏度、联动发展特性和协同创新优势,越来越凸显出在经济社会发展中的价值和意义,特别是文化产业在推动产业融合、加速产城融合、优化区域发展布局、参与全球文化经济角力及实现社会包容性发展等方面的重要作用,不断成为经济社会发展的"加速器"和"稳定器"。而文化产业供给侧结构性改革无疑是对当前产业转型升级的一种有力注解,它既是经济领域供给侧理论与实践的重要补充,又是以文化之智启迪产业转型,以文化之光照亮社会进步的重要力量。

文化产业以创新性、蔓生性和触媒性等典型特质,形成精进的动力演进逻辑,其所处的周期阶段和业态性质具备接驳新旧动能、实现动力平稳过渡的能力,既符合经济社会向多元动力、混合动力发展的市场逻辑,又具备不断地颠覆原有动力结构并优化经济发展组织结构的特征。文化产业又以特色发展为识别特征,可以更充裕地参与或引导全球化和城镇化进程中全要素创新资源配置,在一定程度上能够消弭经济发展带来的社会问题。更为关键的是,文化产业还通过文化地理格局重构带来经济版图能量交换,在解决经济发展困境和区域发展鸿沟方面起到了重要的动力触发作用。可以说,文化产业既是一种意识形态和自觉意识,也是一种强大的经济手段和具有社会发展行动力的正力量。

将"文化产业供给侧改革"作为研究主体,倒不如说将"文化"作为研究经济问题的底色和研究供给侧改革问题的逻辑起点。这是因为,创新既是文化的形态所需,又由文化的本质所赋。文化产业不仅是重要的战略性新兴产业,更是一种着力于构建新发展动力的理念和思维。将"文化"作为一种界面和平台,文化产业实现了创新单元、创新环境、创新基质和创新界面的协同,并创造了经济增长动力更新、换挡、超越的良好生态。将文化作为一种语境和规则,文化产业打破了传统动力的线性模式,突破了单一的、静态的串联式产业链并重塑了以"大文化"为纽带的经济新秩序。

正是"文化"的温度,使许多棘手的经济问题得以破题,也正是"文化"的尺度,让诸多僵持的社会问题迎刃而解。经济"新常态"背景下,文化产业的多重属性和文化的多元特征,使文化产业发展并未完全囿于传统动力的桎梏,而是致力于通过永续创新塑造经济发展的持续动力,通过跨界逻辑重构区域经济的发展秩序,通过共生创新推动传统产业的迭代升级,通过平台思维激发产业转型的内生动力,文化产业的动力逻辑和驱动路径无疑为创新经济领域供给侧结构性改革提供了"破冰之力"。

第一章　我国文化产业理论与实践基础

一、文化产业的多重背景

(一)全球化与城镇化共同驱动文化产业发展

1.全球经济形势和我国经济走势倒逼文化产业供给侧改革

全球一体化背景下,国际新技术发展和产业化进程加快,移动互联网、可再生能源、物联网、3D打印、智能制造等新兴产业加速发展,移动互联网、云计算、大数据等信息技术与文化领域相融合,新业态、新模式和新产业不断被催生,传统产业将全面转型升级,世界经济的核心竞争力越来越趋向于以创新为驱动的科技进步。随着我国与发达国家差距拉大、传统产业面临技术淘汰,我国在文化创意领域与发达国家仍存在较大差距,在文化制造领域的传统成本竞争优势逐渐弱化。

从国际环境看,以发达国家为主导,以信息技术和文化内容及品牌为核心的文化产业,将继续成为发达国家产业结构调整转移的中心。同时,发达国家的知识密集型新兴服务业和发展中国家的传统服务业,将继续成为各自发展的主流。随着国际产业间分工日益向国际产品内分工延伸,国际产业结构调整转移日益体现为国际产品内工序环节的调整和转移,发达国家之间的相互投资与发展中国家之间的相互投资,也将日益成为国际资本流动的两大主要方向。而从国内发展看,在技术进步和科技发展导向下,数字文化创意产业将更为广泛地占据新兴市场份额,不久的将来,或许超过80%的业态发展都将与互联网和信息技术密切相关。如何适应新经济发展态势,以互联网思维推动文化产业转型升级,迫在眉睫。

全球经济形势变化和我国经济走势与文化产业发展紧密关联,并对文化产业结构性改革形成倒逼,经济转型的新动能与文化产业释放的新能量不断驱动新经济发展,并形成了新的细分市场。当前,我国经济正处在新旧动能转换的艰难进程中,传统动能弱化加大了经济下行压力,但新动能也正在加快成长,地区走势呈现分化,行业亮点出现分层。尽管新动能一时还难以全面支撑和接续,但从一些地区和行业中可以看出,新动能从某种程度上可以说是"咄咄逼人",在一些方面已经发挥了突出作用。

2. 城镇化及"中等收入陷阱"加速文化产业供给侧改革

"中等收入陷阱"是2006年世界银行在《东亚经济发展报告》中提出的概念,是指当一个国家的人均收入达到中等水平后,由于不能顺利实现经济发展方式的转变,导致新的增长动力不足,出现经济停滞徘徊的一种状态。[①] 发展经济学的研究显示,所谓"陷阱",大多是源于资源禀赋变化之后,过去所依赖的发展路径走不通了,新的发展路径又没找到,发展被锁死。新发展理念,正是中国化解发展风险、跨越发展陷阱的钥匙。

当前,我国的经济发展和城镇化建设到了结构调整的关键时期,城镇化既可能带来重大的发展机遇,也可能形成新的难题和矛盾。在正确的战略指导下,新一轮城镇化建设所释放的需求空间和经济活力将会成为中国未来经济增长的重要引擎。[②] 事实证明,创新发展才能避免动力衰退,协调发展才能避免失衡失重,绿色发展才能避免环境透支,开放发展才能避免画地为牢,共享发展才能避免社会动荡。五大发展理念彼此支撑、相互促进,回答的是新常态下最为紧迫的现实问题,着眼的是在新方位上增强发展动力、厚植发展优势。

可以说,新型城镇化战略对现阶段我国城市向"重质量、集约化、生态化"的转型发展提出了新的更高要求。新型城镇化作为一项复杂的系统工程,既是中国特色社会主义道路的一次重大理论和实践创新,也是改革开放以来再一次攻

[①] 苏雪串. 城市化进程中的要素集聚、产业集群和城市群发展[J]. 中央财经大学学报,2004(1):49—52.
[②] 冯华,陈亚琦. 以新型城镇化跨越"中等收入陷阱"[J]. 理论视野,2014(2):45—47.

坚克难、继往开来的历史性跨越。一方面，新型城镇化契合难得的历史发展机遇，另一方面，新型城镇化必须面对当前突出的矛盾和问题，直面一系列困难和挑战。近年来，尽管随着中国城镇化建设的不断推进，制度创新日益深化，市场经济日趋成熟，城市群空间结构不断适应市场经济发展方向和市场资源配置方向，逐步演绎出愈加丰富的形态和模式，但是城镇化过程中的文化构建，却常常被城镇化的速度和产业发展的效率所湮没。在新型城镇化高速推进的时代进程中，如何保持文化的传承、文脉的延续和历史的记忆，是不容回避的文化命题。

一方面，新型城镇化与文化发展密切相关。新型城镇化过程是将文化融入城市并改变城乡生活方式的过程。文化关照下的城镇化标榜着一种基于传承与创新的城镇化发展理念，也标榜着市民与城市的历史文化个性，及其走向现代化、国际化过程中的共性、和谐与梦想，是城镇化走向"深水区"的重要条件。新型城镇化推动了消费的繁荣，带动了产业的发展，文化成为加速城市转型和产业转型的新引擎。传统农业自给自足，而城市生产生活很大程度上是相互服务。城镇化过程中人口的集聚、生活方式的变革、居民生活水平的提高，都会扩大文化生产、消费和服务的需求；城市生产要素的配置、三次产业的联动、社会分工的细化，也会扩大文化产品和服务的需求。依托乡土文化发展文化产业，可以在不改变土地的所有权结构，也不改变其依附农业性质的前提下，以乡村旅游和休闲服务等方式实现土地流转，将土地功能向多元化方向拓展，不仅提高了土地使用效率、增加了土地附加值，而且解放了农村剩余劳动力、提高了农民收入。

另一方面，新型城镇化带来了经济增长所需的资金、劳动力和技术等要素的供给，提高了长期总供给能力，创造了跨越"中等收入陷阱"的总供给条件。潜在总供给在短期内主要取决于资本和劳动力数量，在长期则取决于资源配置方式和技术进步。短期来看，新型城镇化建设有着集聚国家资本和民间资本的良好效应，充裕的资金条件推动城镇地区生产方式、交换方式向规模化、集约化、市场化发展和产业结构的优化与升级，农业就业人口向工业、服务业转移，增加工业、服务业的劳动力供给，延长人口红利；长期来看，中国经济结构很不平衡，体制束缚比较严重，改革资源配置方式释放的红利大大超过其他国家。新型城镇化建设所涉及的户籍制度改革、公共服务和社会保障制度改革等将倒逼我国优化资源配置方式,释放制度红利,刺激经济增长。新型城镇化建设所释放出的有效需求能力和潜在供给能力,产生相互促进的耦合效应:要素的生产与供给促进城镇发展新需求,而需求能力的扩张刺激城镇生产能力的攀升。这种耦合作用遵循城市发展的客观规律,保证经济的长期、可持续性增长,为跨越"中等收入陷阱"创造有效的总需求和总供给条件。①

(二)文化、科技融合发展加速文化产业思维变革

文化与科技是人类物质文明和精神文明的具体表现。科技创新是社会文化形态演进发展的催化剂,同时,先进文化又是科技创新的重要动力和源泉。文化与科技相互促进、融合发展是人类文明发展的最重要特征。伴随着以网络信息技术高速发展为主要特征的科学技术的进步,传统文化产业推陈出新——声光电技术革新给舞台演艺增添了丰富的表现力和感染力,音视频处理以及网络化传播技术的飞速发展为广播影视提供了广阔的发展空间,数字出版的兴起改变了传统的新闻出版及大众阅读模式,同时,数字化技术也为文化遗产的保护和传承提供了必要的技术支撑手段。②

1.文化、科技融合是文化产业的形势和需求

回顾人类文明发展脉络,文化与科技融合的历史演进机理大致呈现出从"无意识"到"有意识"、从"浅层"到"深层"、从"手工"到"机器"、从"零星"到"规模"、从"偶然"到"必然"、从"线性"到"网络"的运动轨迹,具体表现为"工具""器物""产品""产业"四种形态的过渡。简言之,过去科技对文化的影响表现较为单一,往往只在特定的阶级和历史时空中发挥作用,现如今却发展为"相得益彰"的格局。尤其是在文化产业发展日渐成熟的今天,文化与科技融合为天马行空的文化创意和源远流长的历史内容找到了更多元化的载体及表现形式,在丰富人们文化生活、文化体验、文化消费的同时,激活了创新要素,增强了文化品质,催生了一大批新兴文化业态。"文化+科技"已经成

---

① 冯华,陈亚琦.以新型城镇化跨越"中等收入陷阱"[J].理论视野,2014(2):45—47.
② 张树武.科技与文化:融合发展的机制与模式[J].资源环境与发展,2013(8):75—78.

为文化创意产业与创意经济发展最典型的模式之一,对繁荣文化市场发挥着不可替代的作用。①

可以说,加快文化科技发展,是文化繁荣发展的必要支撑,是文化建设的迫切要求,是转变经济发展方式、推动文化产业成为国民经济支柱性产业的战略任务。推动文化科技创新,将深化对文化自身及文化产业内生动力的认识,将深刻影响文化产品创作生产方式、文化服务传播传承方式、精神文化生活方式,将开辟文化生产力、文化产品供给力的新空间,将创造文化消费新需求。例如,以信息技术的广泛运用特别是移动互联网的普及为代表的文化科技业态,正在改变消费习惯、变革消费模式、重塑消费流程,催生跨区跨境、线上线下、体验分享等多种消费业态兴起。再如,互联网与协同制造、机器人、汽车、商业零售、交通运输、农业、教育、医疗、旅游、文化、娱乐等产业跨界融合,在刺激信息消费、带动各领域消费的同时,也为云计算、大数据、物联网等基础设施建设,以及可穿戴设备、智能家居等智能终端相关技术研发和产品服务发展提供了广阔前景。

2. 文化、科技融合是推动产业转型的重要思路

文化与科技的深度融合,是推动传统产业转型升级的重要引擎。文化和科技融合下的文化创意企业,以科技为支撑,推动着文化产品的生产创新和消费形态多元化;以创意为灵魂,赋予文化及相关产业产品鲜明的文化个性和高端的文化品质。同时,文化与科技的融合正不断通过跨产业和跨领域互动而衍生出新兴业态,有效推动着文化产业与相关产业的发展升级。

在推进文化与科技融合发展的进程中,我国许多文化企业充分借助文化创意与科技创新的融合渗透功能,通过改造提升传统产业的研发创作、生产制造与传播消费等各环节,为旅游、商贸、体育等相关产业开辟出全新的产业发展模式。以华侨城、华强等为代表的企业在文化与科技融合方面都做出了探索和实践。其中,深圳华侨城文旅科技公司的科技创新驱动模式,通过实施"文化+智慧+旅游"战略,创新打造"华侨城智慧旅游系统",开发运用智慧旅游终端(主

---

① 李凤亮,宗祖盼. 文化与科技融合创新:演进机理与历史语境[J]. 中国人民大学学报,2016,30(4):11—19.

题APP)提供票务、导游、管理支持等便捷服务,精心打造360度全景天地剧场等高科技自主品牌产品,构建集合游戏、社交及电子商务功能的"中国智慧旅游在线"综合服务平台,不仅提高了区域文化产业的竞争力,而且有力推动着智慧城市建设。以华强文化科技集团为代表的文化企业,在文化与科技融合的实践中,逐渐探索出以文化为核心、科技为依托,整合形成集创意、研究、生产、销售于一体的文化科技产业链,一方面充分发挥文化创意的源头引领功能,另一方面借助自动控制、数字影视等高科技手段包装本土与传统文化,打造出独具特色的"方特"主题公园、《熊出没》等拳头品牌,产品成功打入伊朗、乌克兰、南非等国际市场,使中国成为继美国、法国之后的第三个大型文化主题公园出口国,成为文化新业态的亮丽品牌。

文化与科技融合已经成为推动传统产业转型的重要引擎,如何顺应新一轮科技革命和产业变革趋势,加快构建现代产业技术体系,高度重视颠覆性技术创新与应用,以技术创新推动产品创新,更好满足智能化、个性化、时尚化消费需求,引领、创造和拓展新需求,既是文化与科技融合的基本要求,也是壮大文化产业市场主体,完善战略性新兴产业发展政策支持体系,加速推进供给侧改革的重要路径。

3. 文化、科技融合是推动供给侧改革的重要突破

科技创新是社会发展的发动机,是社会生产力解放和发展的重要标志,是文化创新的基石和手段。科技创新为社会文明夯实基础,为文化创新拓展空间;文化创新不仅为科技创新提供知识方面的支持,提供精神方面的动力,也为科技创新提供适应的环境和氛围。现代科学技术的发展出现综合化、整体化、生态化、人文化的趋势,形成从自然科学奔向人文社会科学的潮流。科学发现和技术发明不断地开拓新视野、引入新方法、激活新思想、培植新精神,不断地创造物质财富和精神财富。[①] 可以说,文化科技融合促进了创新体系建设并催生了协同创新在文化产业发展中的作用。正是文化和科技在不同领域、不同维度的结合和应用,加速了文化产品的供给侧创新。

---

① 林坚.论科技创新与文化创新的整合[J].自然辩证法研究,2003(12):73—75.

当前，文化科技融合已经进入纵深发展时期，在推动文化产业转型升级、全面深化经济体制改革方面发挥着创新驱动力的重要作用。文化科技融合催生出新的商业模式突破了文化供给的思维定式，催生了战略性新兴产业①布局的变革。数字创意产业是战略性新兴产业的重要组成，其本质就是文化与科技融合的供给创新。

表1－1　国家《战略性新兴产业重点产品和服务指导目录》中的数字文化创意产业主要分类及涵盖内容

数字创意产业	数字文化创意	新型媒体服务	依托现代化信息基础设施，在三网融合等领域，基于移动互联网、云计算、物联网等新技术、新模式、新业态，开展的传统媒体和新媒体的融合发展。包括媒体数字化建设、电子期刊和数字出版、网络视频、网络广播、交互式网络电视（IPTV）、互联网社交、手机媒体等新产业新媒体。
		数字文化体育娱乐产业	主要包括依托互联网、移动智能终端等新兴媒体进行传播的数字化音乐、动漫、影视、游戏、演出和体育活动、网络广告、移动多媒体等的设计（开发）制作活动。
		数字内容应用服务	主要包括内容数字化加工整合、海量和专业化数字内容投送平台、数字内容多网络通道传输、语义分析及搜索。传统文化产品和服务的数字化转化和开发服务，为各种新兴显示和传播终端提供数字文化内容的服务，地理信息加工处理服务。
		数字文化创意技术装备	包括虚拟现实、增强现实、全息成像、裸眼3D、交互娱乐引擎开发、文化资源数字化处理、互动影视等领域先进装备。超感影院、混合现实娱乐、广播影视融合媒体制播等的配套装备。
	设计服务	工业设计服务	运用大数据、云计算、物联网、虚拟现实等先进技术，结合新材料、新技术、新工艺等，从社会的、经济的、技术的角度进行的产品设计、系统设计、工艺流程设计、商业模式和服务设计等。设计服务在广告营销策划和品牌价值体系构建中的应用。
		人居环境设计服务	基于大数据、虚拟现实等先进技术和先进理念的人居环境设计服务，在城乡规划、园区和建筑设计、园林设计和装饰设计等方面的应用。
		数字创意与相关产业融合应用服务	主要包括数字文化创意和设计在电子商务、教育、医疗、展览展示、公共管理、旅游休闲和农业各领域的融合应用业态。

---

① 战略性新兴产业是以重大技术突破和重大发展需求为基础，对经济社会全局和长远发展具有重大引领带动作用，知识技术密集、物质资源消耗少、成长潜力大、综合效益好的产业。按照国民经济和社会发展第十三个五年规划纲要的相关内容，在《战略性新兴产业重点产品和服务指导目录》2013版的基础上，组织相关领域专家研究提出了《战略性新兴产业重点产品和服务指导目录》。

作为战略性新兴产业,数字文化创意和设计服务产业的发展和应用,拓展了文化企业商业模式的范畴,提高了文化市场多维融合的强度,增进了文化和科技领域最新创意和最高技术跨界融合的深度,也为文化产业供给侧改革提供了有效的视角和可延展的维度。

(三)文化消费升级加速文化产业新动能培育

近年来,国际经济持续深度调整,国内"三期叠加"阵痛不断深化,经济下行压力持续加大。在严峻复杂的国内外经济环境下,"三驾马车"中的投资和出口增速放缓,而消费一直保持平稳较快增长,尤其是消费升级持续加快,新消费不断孕育成长,对缓解经济下行压力起到了积极作用,成为经济稳定运行的"压舱石"。[1] 如何更好地挖掘、释放文化消费潜力,加快文化产业供给侧结构性改革,进一步推动文化产业升级和文化消费升级,以新消费引领新供给,以新供给创造新需求,加快培育经济发展新动能,已经成为当前我国文化领域供给侧改革的重点任务之一。文化产业是市场经济条件下繁荣发展社会主义文化的重要载体,是满足人民群众多样化、多层次、多方面精神文化需求的重要途径,也是推动经济结构调整、转变经济发展方式的重要着力点。正是文化产业快速发展催生了文化消费市场的变革,使二者之间的互动更加紧密。

1. 文化消费升级推动文化产业结构优化

近年来我国消费需求正步入快速发展的新车道,对经济增长的贡献持续提高。2015年,消费对经济增长的贡献率为66.4%,分别比2013年、2014年提高18.2个和14.8个百分点,比2001年至2012年平均贡献率高16.0个百分点,有力支撑了经济中高速增长。特别是消费升级带动了服务业尤其是新兴服务业的快速发展,进一步推动了产业结构调整。2015年,第三产业增长8.3%,比GDP和工业增速分别快1.4个和2.2个百分点;第三产业增加值占GDP比重首次超过50%,比2013年提高3.6个百分点,经济由工业主导向服务业主导加快转变。[2]

---

[1] 宁吉喆. 以消费升级为导向 加快推进供给侧结构性改革[J]. 中国经贸导刊,2016(10):14-16.
[2] 同上。

在消费规模快速扩张的同时，我国文化消费升级的步伐也不断加快，消费层次、消费品质、消费形态、消费方式和消费行为等方面均呈现出明显的趋势性变化，而新的消费形态和消费模式方兴未艾，为文化产品和服务的供给侧改革提出了新的要求。

众所周知，文化消费需求是文化产业发展重要的推动器，对文化产品生产和文化服务提供起着导向和拉动作用。从文化消费需求看，文化需求通过文化生产供给来保障，文化生产是文化有效需求实现的必要条件。从文化生产供给看，文化生产制造引导和推动文化需求。在现代市场经济中，文化产业功能是通过文化消费实现的，消费导向取代产品导向。随着当今世界进入消费时代，消费者逐渐上升为市场经济的重要主导者，并在一定程度上决定着文化生产。文化产业既是消费服务业，又是生产服务业，消费与生产互动，有其自身的产业特征、文化规律以及与市场经济规律相结合的发展规律。[1]

从文化产业的社会属性看，加快优质文化产品和服务的有效供给，是更好满足居民消费需求、提高人民生活质量的内在要求。随着居民收入水平提高、人口结构调整和科技进步，城乡居民的消费内容和消费模式都在发生变化，对消费质量和消费环境提出更高要求。紧紧围绕居民消费升级谋发展、促发展，符合发展的根本目的，有利于更好满足人民群众日益增长的物质文化需要，使发展成果更多体现为人民生活质量的提高和国民福利的改善。从文化产业的经济价值看，发挥新消费引领作用是加快推动产业转型升级、实现经济提质增效的重要途径。消费升级的方向是产业升级的重要导向，我国居民消费呈现出从注重量的满足向追求质的提升、从有形物质产品向更多服务消费、从模仿型排浪式消费向个性化多样化消费等一系列转变。只有围绕消费市场的变化趋势进行投资、创新和生产，才能最大限度地提高投资和创新有效性、优化产业结构、提升产业竞争力和附加值，实现更有质量和效益的增长。

因此，把握文化产业的发展规律，掌握文化消费的市场法则，是提高消费能力，推动产业升级的基本路径。顺应和把握消费升级大趋势，以消费升级引领

---

[1] 邓安球.文化产业发展研究[J].中国社会科学出版社,2010(11):9—14.

产业升级,以制度创新、技术创新、产品创新满足并创造消费需求,有利于提高发展质量、增进民生福祉、推动经济结构优化升级、激活经济增长内生动力,实现持续健康高效协调发展。

2. 文化消费升级加速文化产业新动能培育

随着我国消费结构的变化,以消费新热点、消费新模式为主要内容的消费升级,将引领相关产业、基础设施和公共服务投资迅速成长,拓展未来发展新空间。以服务消费、品质消费、时尚消费为重点目标的文化供给,将成为文化产业供给侧改革的重要着力点。而随着模仿型排浪式消费阶段的基本结束,个性化多样化消费渐成主流,特别是年轻一代更加偏好体现个性特征的时尚品牌商品和服务,将推动与消费者体验、个性化设计、柔性制造等相关的产业加速发展。

同时,中高收入群体规模的壮大使得通用航空、邮轮等传统高端消费日益普及,消费潜力加速释放,并激发相关基础设施建设的投资需求。居民收入水平不断提高,广大消费者特别是中等收入群体对消费质量提出了更高要求,更加安全实用、更为舒适美观、更有品味格调的品牌商品消费发展潜力巨大。这类消费几乎涉及所有传统消费品和服务,将会带动传统产业改造提升和产品升级换代,也促使文化产业加速供给侧结构性改革,不断通过培育新动能适应甚至引领新消费的趋势。

新的消费价值理念下,文化产业发展,也势必将从产业链源头不断向纵深推进,将文化、创意、品牌、情感、价值观和科技融入产品和服务设计研发、生产传播、展示体验、营销策划、增值服务的每一个环节,积极推进技术创新、业态创新、内容创新、模式创新和管理创新,积极促进创意设计与日常起居、公共社群、街区空间、城市更新、乡镇生态等有机融合,将文化创意发展成为弥散在业态生成发展中的产业美学和日常周边感知中的生活美学。

未来几年中,文化产业供给侧的创新将不断推动文化产业融合从浅层次的技术借鉴、媒介交叉、生产合作逐步向深层次推进,并不断诞生新的产业形态、创新价值增值环节、改变现有产业结构,进而成为提升传统产业模式、影响国民经济增长方式的一种新的经济现象。此外,随着农村居民收入持续较快增长、城市消费示范效应扩散、消费观念和消费方式快速更新,农村消费表现出明显的梯度追赶型特征,在交通通信、文化娱乐、绿色环保、家电类耐用消费品和家用轿车等方面还有很大提升空间。① 文化供给的创新正不断转变甚至颠覆着文化消费理念,而多元化文化消费理念又对文化产品和服务的供给提出了新的要求,文化产业和文化消费之间的相互促进和螺旋式上升,共同激发了文化创新活力,提高了文化生产力,也为文化产业的多重背景和共生生态带来了新气象。

二、文化产业的现状与困境

(一)我国文化产业发展概览

1.文化产业快速发展,趋于成为支柱产业

我国文化产业近年来进入了快速发展轨道,文化产业的发展速度和对经济社会全方位的影响,逐渐表现出新动能的特征。随着我国步入经济发展新常态,以技术进步和创意创新为核心、以消费为导向的产业类型正趋于成为新常态时期我国重要的经济增长点。根据《文化及相关产业分类(2012)》②和《文化及相关产业增加值核算方法》③,经国家统计局核算,2015年全国文化及相关产业增加值27235亿元,比上年增长11%(未扣除价格因素),比同期GDP名义增速高4.6个百分点;占GDP的比重为3.97%,比上年提高0.16个百分点。核算数据表明,文化及相关产业是当前经济增长的一个亮点,总量持续快速增长,比重日益上升,在推动经济发展、优化经济结构中发挥着越来越重要的作用,朝着成为国民经济支柱产业的方向迈出新的步伐。按行业分,2015年文化制造业

---

① 《国务院关于积极发挥新消费引领作用 加快培育形成新供给新动力的指导意见》,2015年11月19日国发〔2015〕66号。
② 文化及相关产业是指为社会公众提供文化产品和文化相关产品的生产活动的集合。文化及相关产业增加值是指一个国家(或地区)所有常住单位一定时期内进行文化及相关产业生产活动的最终成果。常住单位指在我国的经济领土上具有经济利益中心的经济单位。生产是指在机构单位的控制和组织下,利用劳动、资本、货物和服务投入,创造新的货物和服务产出的活动。
③ 文化及相关产业增加值按照国家统计局制定的《文化及相关产业增加值核算方法》,利用相关统计资料和国民经济核算资料,采用收入法核算。

增加值11053亿元,比上年增长8.4%,占文化及相关产业增加值的比重为40.6%;文化批发零售业增加值2542亿元,增长6.6%,占9.3%;文化服务业增加值13640亿元,增长14.1%,占50.1%。文化产业释放的增长潜力和发展活力也不断表明,文化产业是释放经济发展新动能,寻找经济新方位的重要路径。

首先,文化产业可以提高消费中的文化含量,推动消费方式转变和消费结构升级,拓展消费市场空间,拉动经济增长;其次,文化产业是现代服务业的重要组成部分,能有效带动一、二、三产业协同发展,助推产业结构调整和优化升级;第三,发展文化产业主要是依赖知识、技术、智力、创意、版权、商业模式等再生性资源和轻资产,产生的污染少,能够减轻经济发展对生态环境的压力。我国文化产业发展潜力巨大。从北京、上海、广东、江苏等省区市的发展经验来看,人均GDP超过1万美元后,文化产业仍能保持年均10%以上的增长速度。可以预见,我国文化产业在未来较长一段时期内,还将保持高于同期GDP的增速发展并将日趋理性成长。文化产业无疑已经成为我国经济增长动力接续和转换的中坚力量。根据目前数据测算,到2020年我国文化产业增加值占GDP的比重将超过5%,成为我国经济社会发展的支柱性产业之一。

表1—1 近年来我国文化产业增加值(单位:亿元)

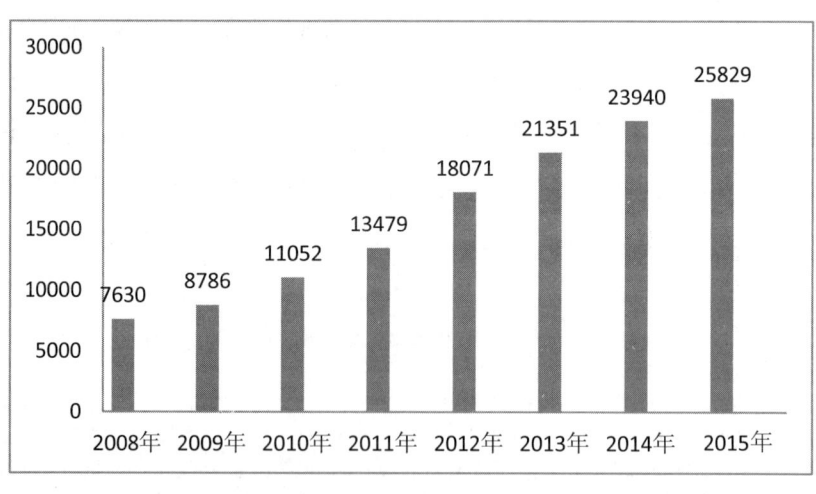

2. 文化产业融合紧密，新兴业态主导市场

文化产业与相关产业的融合发展既有助于促进文化产业自身的发展，同时也有助于提高相关产业的发展质量。近年来，我国文化产业和科技、金融、旅游、制造业融合发展的趋势日益明显，主要的融合领域为数字内容、智能终端、信息媒体、应用服务四个领域，并有进一步深化的趋势。在这一背景下的文化产业发展，紧紧围绕五大发展理念，以产业多维融合和多元跨界不断创造新区间，以制度创新、技术创新、产品创新满足新需求、创造新供给，着力提高文化产品和服务供给体系质量和效率，不断实现经济动能的转换更迭和经济结构的优化升级。

一方面，世界各国的经济发展史证明，在从中等偏上收入国家向高收入国家迈进的时候，恰恰是产业结构变化最剧烈的时候。在我国经济进入新常态、面临一系列新的突出矛盾和主要问题的环境下，文化产业的发展不可避免地面临着结构性失衡，文化产业自身的结构性调整势在必行。必须通过供给侧结构性改革优化文化产业结构，以有效的文化供给、优质的文化供给、良好的制度供给，实现文化产业转型升级，为真正启动内需、打造文化经济发展新动力提供有效路径。另一方面，互联网＋"双创"＋"中国制造2025"，或将催生中国的一场"新工业革命"。以"中国制造"为核心，依托信息化、智能化、小型化、分散化、个性化的新型生产组织方式，逐渐取代分工明确、规范严格的标准化大工厂生产组织方式，将日益成为文化产业增长的重心和方向。

从优化产业结构的角度看，科技变革背景下传统产业面临淘汰的挑战使文化产业不断加强与科技的融合深度和力度，在国际市场呈现出明显的梯度转移特点，在国内市场则呈现出科技主导甚至科技依赖的特性。在新经济形势下，文化产业开始呈现出深入融合的发展趋势，而以新技术为引擎的文化与科技融合及其衍生出的新业态，开始占据更加广泛的市场，并以较高的附加值成为文化产业业态创新中的佼佼者。

3. 文化资源开发进入思维模式进阶时期

传统文化资源是一个民族的精神魂系。一个国家和民族具有什么样的自身文化特色,不仅关系到民族的生存与发展,还关系到国家的前途和命运。在全球经济一体化的过程中,民族文化自然受到强烈的冲击,其多元性不断被消解,"多样的文化表现形式被消灭,并为一种单一、商业化、个人化的资本主义竞争文化所取代",民族文化的表现形态和呈现方式不断式微,并由此造成恶性循环。在这一背景下对民族文化资源在文化产业开发中的应用进行研究,进一步凸显出其现实意义和实用价值。随着我国文化产业的发展以及文化软实力的提升,保护、传承和开发"文化资源"已经作为重要的关键词,进入到人们的视野中。不管是作为市场主体的文化企业,还是作为消费者的公民,其文化发展观念的转变和文化自觉意识的培育,均得到了提升。

总体上而言,利用文化资源发展文化产业应成为当前文化经济发展的重要共识。对文化资源的开发利用方式,随着文化经济发展思维的进阶,也表现出更加理性客观的发展路径,并逐渐按照文化资源传承的形式,进行了开发模式的分野。按照文化资源形态的划分,产业开发对文化资源的利用主要分为物质文化资源和非物质文化资源。前者是指具有历史文化价值的有形物质遗产,包括历史遗址遗迹、古近代建筑、生产生活遗产等类别,主要分布于城乡各地和居民之中。后者是指各民族世代相承、与日常生活密切相关的各种传统文化表现形式,如历史人物与思想、文化典籍、戏曲音乐绘画、传统手工技艺、民间传说与民俗活动等,它们则主要集聚于公共文化机构如博物馆、图书馆、档案馆、纪念馆、美术馆、文化馆等处。① 随着文化产业融合发展的逐渐深入,以文化旅游融合推动区域经济转型,以特色文化产业驱动新型城镇化,已经成为有形物质遗产开发的一种基本思路。而从非物质文化遗产的活化看,2015年国务院发布的《博物馆条例》改变了大众对传统意义上的"博物馆"的认知。博物馆从陈列展示和保护保管走向日常生活,从"深宫"走向"生活深入"正体现出全社会的"思维模式进阶"。《博物馆条例》指出:"国家鼓励博物馆挖掘藏品内涵与文化创意、旅游等产业结合,开发旅游产品,通过合法经营收入巩固博物馆发展资金,增强博物馆发展能力。"这表明,文化文物单位在保证提供基本公共文化服

---

① 宋暖.融合历史文化资源与创意产业探讨[J].东岳论丛,2015,36(4):4-6.

务前提下,主动适应现代消费需求,积极发掘其藏品内涵,通过文化创意,尽可能提供多样化的文创产品和服务,已经成为文化资源开发的新理念、新思维。

事实上,文化资源保护的未来,很大程度上取决于它与人们日常生活环境的整合状况,因为文化资源,尤其是一些诸如历史城镇和古村落这样的文化遗产资源,在发展过程中不可能被当成博物馆一样保护和封存,它必然和社会、经济同步发展。[①] 这些活态文化遗产一旦与区域社会文化发展相衔接,与日常生活图景相融合,便逐步建立起一种不同社会主体能够相对平等、动态地享有空间权利,相对自由地进行空间生产和空间消费的理想状态。因此,文化资源保护和整治也应当进一步转变思维,跳出传统定式,以供给侧改革为核心,以文化保护为己任,通过追求传统与未来的共存以复兴已经或逐渐失去的经济和社会活力;通过城市设计和控制性详细规划的密切结合来促进设计理念的有效落实,从而创造出"激发老城的活力,形成新的秩序、新的美学"[②]的城市与遗产景观共生,产业与文化资源共赢的文化生态。

4. 文化创意融合进入磨合洗牌并存阶段

近年来,随着我国新型工业化、信息化、城镇化和农业现代化进程的加快,文化创意和设计服务已经渗透到制造业、建筑业、服务业、农业等国民经济各行业各领域,在优化产业结构、提升产品附加值、提高人们生活品质、增强文化软实力等方面发挥了重要作用。2014年2月,国务院出台了《关于推进文化创意和设计服务与相关产业融合发展的若干意见》(以下简称《若干意见》),对推进文化创意和设计服务发展、促进其与实体经济深度融合进行了系统部署,明确了文化创意和设计服务与装备制造业、消费品工业、建筑业、信息业、旅游业、农业和体育产业融合发展的重点任务,并提出了一系列的具体政策措施。文化产业和科技、金融、旅游、制造业融合发展更加紧密,文化创意和设计服务行业自身不断融合创新的同时,也在不断与文化产业其他行业及其他业态进行广泛融合。

---

① 张松.文化生态的区域性保护策略探讨——以徽州文化生态保护实验区为例[J].同济大学学报(社会科学版),2009,20(3):27—35.
② 卢济威,杨春侠,耿慧志.新旧共生的水乡古镇复兴探索——以杭州塘栖城镇中心区城市设计为例[J].城市规划学刊,2013(4):7—9.

近年来,文化创意和设计服务与相关产业的融合逐渐深入,从表层融合进入深度融合,从单一融合进入立体融合,从业态融合进入系统融合阶段,在文化与科技、文化与旅游、文化与金融等行业融合领域,已经呈现出较为成熟的发展模式,相关市场主体经过市场的洗礼,已经从"磨合期"进入"洗牌期",许多文化企业通过融合发展实现了跨界拓展和持续增值。例如浙江宋城集团控股有限公司、承德鼎盛文化产业投资有限公司和桂林广维文华旅游产业有限公司等多家企业,便是文化旅游产业深度融合开发的典型代表。它们分别投资开发的《宋城千古情》《鼎盛王朝·康熙大典》和《印象·刘三姐》等大型旅游演艺剧目,以区域特色文化为依托,以文化旅游为载体,以文化科技为表现手段,借助多元化资本运行,较好地实现了文化、旅游、科技与城市的叠加效应。值得关注的是,这些企业本身也不断创新,致力于多元行业嫁接和多种产业融合的跨界发展,依托剧目(项目)衍生出以文化旅游为核心业态的产业园区(主题公园),主营业务涵盖主题公园、旅游演艺、文化产业投资、主题酒店、景观房产、休闲商业、文化创意等多个领域,提高了文化及相关产业融合的广度、深度和跨度。

在文化产业业态融合经历了"磨合期",从"单兵作战"进入到"抱团取暖",并借力区域文化产业实现快速增长的同时,"互联网十"渗透的新思维和经济发展对新动能的要求,对业态融合也不断提出新要求。以协同创新为组织形态,以跨地域、跨行业和跨所有制的方式整合资源,提高企业竞争力,也成为文化企业必须正视的问题。随着文化创意和设计服务与相关产业融合发展在国家层面的进一步落实和在区域市场的纵深推进,设计类企业的服务模式和产品供给开始由传统的单一领域设计服务向全产业链的设计服务转型。从创意设计到规划咨询、项目管理、总承包等多元业务模式的升级,使文化创意和设计服务的市场格局正在从条块分割向一体化转变。企业核心能力从过去以技术为主逐步向技术、管理、资本运作等综合能力转变,更多的业内企业运用并购杠杆来寻求规模的迅速扩张,融合背景下,专业设计服务机构为实现规模效益开始尝试进行横向并购扩张,探索通过跨领域收购助力多元化发展,寻求以联盟制、连锁制等多种经营模式实现整合扩张。这也标志着文化产业行业"洗牌期"的到来。

"互联网十"的广泛渗透,使"文化十"与"互联网十"和"生活十"一道,变成一种平台思维和迭代创新思维,这种思维把知识的获取、共享、创新和应用建立在开放的平台上,打破区域行政壁垒,以文化创意资源的开发整理与重塑为主体,以文化创意和技术创新为驱动要素,能够有效实现资源的整合与市场的配置,也为未来的文化创意和设计服务市场提供了有效的商业范式。它们进一步加速了行业的成长,并通过供给侧改革不断淘汰低端供给,消除"僵尸供给",成为主导产业发展的重要力量。

(二)我国文化产业的现实问题

1. 需求侧市场缺口巨大

随着我国人均收入和人们精神生活水平的提高,文化需求层次不断提升且日益多样化,文化产业需求侧的消费类型开始从以中低端文化产品和服务为主的基本文化消费转向逐渐注重产品和服务的品质与体验价值的发展型消费及更加注重个性化与精品化的享受型消费转变,文化产业需求侧的市场逐渐通过换挡升级进入创新更迭时期,与文化发展阶段不相适应的是需求侧市场的错位。

一是文化产品有效供给。在当前经济发展新常态下,文化产品以往单纯依靠原始比较优势或者要素禀赋(如各种资源的丰裕程度)占领市场份额的可能性逐渐降低,而以"人口红利"实现劳动密集型和自然资源密集型产品的较低"成本优势"的可能性也逐渐降低。在这一境况下,低俗供给、低端供给、过剩供给、僵尸供给和呆滞供给等挤占了文化市场,中低端产品生产过剩,企业产品积压,高质量、高科技产品需求增加,却生产不足。文化市场既缺乏广泛认同的精品力作和拳头产品,也缺乏质优价廉的大众文化产品,不少文化产品在消费环节遭受冷遇,难以获得应有的市场价值。

二是文化产品原创力不足。综观国内文化消费内容,整体上原创力不足,内容单调,形成了竞争性复制局面,文化产品市场低水平同质化严重,发展方式依然粗放。由于原创能力不足和优秀创意匮乏,文化市场不仅缺少广受认同的精品力作和拳头产品,也缺少质优价廉的大众文化产品。随着生活水平的不断提高,民众的文化消费需求不仅日益旺盛,对文化产品的要求也越来越高,而文化产品的质量并未及时得到有效提升,这就导致文化产品供求结构性矛盾突出,消费者需求难以满足,消费意愿无法转化为消费行为。①

而统计数据也一再显示,我国文化消费市场潜在规模远远大于实际消费的数额②,需求侧市场仍存在巨大的缺口。究其原因,事实上,无论是相比国际发展规律还是国内人均收入水平,无论是相比产业成长速度还是持续扩大的消费需求,我国消费侧的文化产品和服务总体上仍处于较低水平,这与当前消费市场正在从以往的量的满足向质的提升转变,从有形产品的需求向服务消费需求转变,从模仿型排浪式消费向个性化和多元化方面转变的格局变化与消费转型的整体要求不相适应。

消费领域的数据同样说明了我国需求侧文化市场存在的问题。"十二五"时期,我国社会消费品零售总额年均增长13.9%,比"十一五"期间回落4.2个百分点;"十二五"期间消费增速逐年回落,从比较高的2011年的17.1%回落到2015年的10.7%左右。我国消费市场呈现出的变化表明,商品和服务有效供给不足、流通体系效率不高、消费环境欠佳等是消费结构升级面临的主要问题。

2. 供给侧有效供给不足

和我国文化消费市场巨大缺口相对应的,是我国文化产品和服务的供给侧要素结构和制度结构的不合理。随着城镇化对内需的拉动和对消费的释放,我国居民的文化消费需求更加多元化,在注重基本公共文化服务的需求满足普惠性和均等性的同时,对特色文化产品和服务的内容和形式提出了更深层次的要求,对地域性、特色性的文化服务供给呈现出因地制宜的特点。但与民众文化需求弹性发展相对应的是,供给侧的文化产品和服务形式老套,活动稀少单一,难以满足多元化、体验式的发展型和享受型文化消费需求,表现在供给侧领域,可以归结为两个方面的问题。

---

① 杨君.如何提升文化消费原动力[N].光明日报,2015-9-10.
② 根据文化部门发布的《中国文化消费指数(2013)》报告显示:我国文化消费潜在规模为4.7万亿元,而实际消费仅为1万亿元左右,缺口超3万亿元,作为全国文化中心,北京2014年这一缺口高达1378亿元。

一是供给约束和供给抑制同在。我国文化管理体制的高度集中,造成了文化市场的行政性垄断,市场准入矛盾又随着行政性垄断的出现被扩大化,进而陷入了"政府失灵"和"市场失灵"的双重困境,文化产业"有效供给"不足。例如20世纪90年代以来,我国一些地方先后组建了影视、报业、出版、发行、印刷等文化产业集团。虽然组建这些产业集团的初衷是"清理资源存量,优化资源配置",实现"多种能力聚合,提高整体效益",但由于这些集团的组建往往是在政府主导下进行的,政府权力作用取代了市场在资源配置中的决定性作用,文化企业作为创新主体的核心作用被消融于政府的计划安排之中,真正属于市场主体有生力量的社会文化资本被排斥在外,以创意为核心的文化产业难以实现要素结构的全面创新。尽管从静止的、阶段的、局部的文化利益发展来看,它确实强化和巩固了国有文化产业的发展,[1]但从动态的和全面的发展来看,尤其是从全球文化经济一体化的视角看,文化产业的长期发展受到制约,文化产业要素结构仍不尽合理。例如在市场主体的构成结构上,国有民资,泾渭分明。目前我国文化市场主体的总体比例具有国有成分下降、民营成分上升的趋势,但国有和民营资本仍处于泾渭分明的状态。实际上,我国的文化产业政策提倡实行市场主体的混合所有制,因此,政府和企业本身应该合力将国有资本和民营资本的优势进行融合,取长补短解决各自的问题,但从目前来说,融合条件仍不够充分,[2]供给侧结构性改革势在必行。

二是供给政策针对性不足。我国文化产业政策存在的问题可以概括为"缺、弱、变、散、乱、粗"。"缺",即部分政策的缺失;"弱",即政策对产业的扶持力度不够,政策措施偏软;"变",即政策缺乏必要的稳定性和连续性;"散",即政策重点不突出,政策针对性不强;"乱",即政策不协调;"粗",即政策可操作性不强。[3] 具体而言,政策缺失、立法薄弱等现象仍然存在,产业政策对文化产业的保护、扶持力度偏弱并且缺乏持续性和稳定性。文化产业政策针对性不足还表现在文化产业管理体制与现代文化市场发展的不相适应上。目前,我国文化产

---

[1] 胡惠林. 我国文化产业创新体系的若干问题[J]. 学术月刊,2001(11):59-65.
[2] 宋建武. 试论我国文化产业发展中亟待破解的三大难题[J]. 文化产业导刊,2011(11):34-40.
[3] 杨吉华. 简析中国文化产业政策存在的问题与不足[J]. 武汉职业技术学院学报,2007(3):41-44.

业的主体是国有企事业单位,其管理制度多是传统的事业体制,即使是已经实现转制的文化单位,也刚刚脱离传统管理体制,现代企业的管理制度尚待全面建立和完善。在文化产业管理领域,现代企业的考核指标往往难以适用于传统事业单位体制的国有文化企业。[①] 同时,文化政策制定往往"一刀切",难以完全考虑到文化产业不同行业特性差异较大及文化产业发展的区域差异性较大的特点。文化产业管理决策过程的科学化、民主化、法制化程度难以提高,文化产业制度结构亟待供给侧结构性改革。

可以说,在传统的需求管理还有一定作用和优化提升空间的同时,以创造新供给引领释放新需求,通过着力改善文化产品和服务的供给环境、优化文化产业的供给侧机制,激发文化产业市场主体活力,重塑强化文化产业长期、可持续增长的新动力势在必行。

(三)我国文化产业的理论困境

随着文化产业对经济社会发展动力结构优化的作用越来越突出,关于文化产业的学术研究开始进入新的阶段。文化产业的研究视角、研究方法、研究工具和研究应用的广泛性均越来越广普和开放,文化产业研究者的学科背景、研究兴趣、学术任职也越来越丰富和多元。在当前经济走势下,文化产业以要素创新驱动业态创新、以产业转型拉动消费升级、以文化之力推动实现文化正义的动力转换和生成模式的不断变化,文化产业学术研究也开始呈现出新的特点和趋向。但整体上而言,我国文化产业理论体系建设仍存在着诸多问题,包括学科建设及研究成果的转化,都与文化产业供给侧改革的要求不相适应,更难以在理论创新上全面引领产业实践发展。

1. 文化产业理论体系的完整性不足

随着文化产业成为国家经济发展的战略性产业,人们对文化消费多元化的需求更加强烈,文化产业进入迅速发展的历史时期,而文化产业理论研究却难以适应产业发展的速度,文化产业研究的历史与逻辑、理论与实践还难以做到

---

① 宋建武.试论我国文化产业发展中亟待破解的三大难题[J].文化产业导刊,2011(11):34—40.

完全统一,主要表现在以下四个方面:

第一,从文化产业的基础研究上而言,对文化内涵、外延、统计标准的划分难以完全统一,对文化产业的概念、范畴、标准和要素的不统一使其研究难以进行横向比较。尽管国家统计局以《国民经济行业分类》为基础,兼顾部门管理需要和可操作性,先后出台了《文化及相关产业分类(2006)》和《文化及相关产业分类(2012)》,对我国文化及相关产业的范围进行了划分,并在《文化及相关产业分类(2012)》中,借鉴了联合国教科文组织的《文化统计框架——2009》的分类方法,以期在定义和覆盖范围上可以其衔接,但整体上而言,一方面,不是所有地区都采用《文化及相关产业分类》的方法对区域文化产业进行统计,另一方面,《文化及相关产业分类》仍旧无法兼顾到特色文化产业发展十分鲜明的地区的文化产业统计的特殊性。

第二,从文化产业的研究方法上而言,对文化产业的定性研究较多,定量分析不足,难以将文化产业的理论研究、实践探索和经验判断有机结合。追溯文化产业理论研究的历史,西方文化产业理论由法兰克福学派对大众文化的激烈批判到伯明翰学派辩证地看待并支持文化产业,再到知识经济时代学界开始对文化产业普遍地理解和认同,尽管从内涵到概念日益趋于发展目的的一致性,但仍未形成统一的文化产业概念。而作为舶来品,中国文化产业学术框架的构建不仅难以绕开西方文化产业理论体系,并且在很大程度上是基于西方理论体系框架下的引进与本土化延展。因此从总体上而言,在中国文化产业理论研究的初期,基础理论研究"秉承了法兰克福学派和伯明翰学派的文化研究传统,致力于对文化概念的解释,对文化工业的批判,对文化资本的阐释,对文化消费的理解,对文化经济化趋势的反思",[①]尽管取得了巨大进展,但是距离具有中国特色的文化产业学术体系仍有一定距离。如何科学地回答在建设社会主义文化强国进程中文化产业应当扮演什么样的角色,如何应对文化产业发展所面临的一系列问题并提出前瞻性的理论思考以引导实践探索?这些都为当前和今后

---

① 马健.中国文化产业理论的系统建构——基于文化产业著作的统计研究[J].东岳论丛,2011,32(8):118-122.

我国文化产业理论研究提出了新的要求。

第三,从文化产业理论成果的转化上而言,文化产业研究的动态反馈机制发展缓慢,对实践的梳理,对产业发展中的成败得失的总结,对引领产业发展的前瞻性探索不足,难以直接为宏观调控提供准确依据。这主要表现在两个方面:一是应景研究与理论建构不对称,文化产业基础理论研究往往滞后于经济社会发展或者滞后于文化经济相关理论。例如供给侧改革在经济领域全面提出并付诸实践后,文化领域开始反思自身供给侧问题,而非发轫于文化领域的理论引领经济社会领域的思考;二是研究内容与区域关联度较低,尤其是综合性高校的基础理论研究,往往撇开区域地缘要素进行整体和宏观研究,这也使得大部分优质研究力量和学术骨干无法投入到区域文化产业的研究中,而区域文化产业和特色文化产业仍是当前和今后一段时期我国文化产业发展的重点所在。

第四,高校基础教学质量参差不齐,高校研究者呈现出断层状态,青年一代研究者的研究背景尽管更加多元,结合传统学科及应用相关工具进行定量研究的数量在不断提升,但基础性研究、学理性探索明显不足,更缺少系统的本体研究。值得注意的是,就文化产业的研究主体而言,产业的快速发展催生了"快餐式"的研究者,学者往往盲目跟从产业热点和现实焦点问题研究,难以秉持"坐冷板凳"的研究精神,难以对文化产业进行跟踪式、长效性研究。

2. 文化产业学科建设体系仍旧混乱

由于"文化产业"的概念是舶来品,我国对文化产业的概念认知、学科建设和学术构架的历史并不长,因此文化产业研究者的学科背景相对于传统学科而言更为多元化,这对于文化产业理论体系的整体构建而言是一把"双刃剑"。一方面,由其他学科研究转向文化产业理论研究的学者在研究的过程中,更加注重将文化产业学科与原学科进行嫁接,如人文历史背景的学者更关注文化产业的历史研究和概念考证,经济学背景的学者则侧重文化产业资本运作及市场体系建设研究,传播学背景的研究者和艺术学背景的研究者更侧重从文化产业的行业门类及内容本体创作角度进行研究,文化产业理论研究本身需要具有多学科、综合、交叉、渗透性质,研究者学科背景的多元化为此提供了较好基础。但另一方面,文化产业研究者将跨学科背景的理论经验引入到文化产业研究中,虽然拓展了文化产业研究的方法和领域,但对文化产业学术体系的系统化构建而言,却影响了学术研究专业性的纵深化推进,这也致使跨学科的文化产业理论演绎难以深入到文化产业本体层面。

3. 文化产业研究成果转化率不高

文化产业学术研究的根本目的是指导和引领产业实践。诚然,文化产业学术研究可以帮助人们解释、描述或预测许多文化经济现象和问题,但不可能直接用于解决文化产业发展中面临的所有问题。况且文化产业的时代背景和发展要素是错综复杂和变化无常的,有效提高文化产业的学术成果转化率和理论研究的应用性,是学术界的使命和责任所在。在以往文化产业研究中,人们更加注重管理理念性成果研究,其转化的标志是为组织决策提供有价值的信息,并将其中的观点吸纳到决策中,形成组织政策、管理制度或激发治理创新等,这一研究成果的转化周期较长,并且成果转化的应用是间接的。而以文化产业新技术、新工艺、新产品、新材料、新设备为主体的直接应用型技术性研究,则在当前文化产业理论中处于非主体地位,这也制约了文化产品和服务的创新效率提升。因此,如何实现管理性成果和技术性成果转化的动态平衡,提高文化产业理论研究成果的转化效率,是文化产业理论研究发展的趋向和重点。

第二章　文化产业供给侧改革的要素

供给侧改革是培育和发展文化产业新动力,优化文化产业要素配置,激发创新创业活力,推动大众创业、万众创新,释放新文化需求,创造新文化供给,推动新技术、新产业、新业态与文化产业融合发展、协同发展的有效措施,是加快实现文化产业发展动力转换的重要路径。从总体上而言,文化产业"供给侧"可分为产业层面、要素层面和制度层面三个层面的供给,其中,"供给侧"是改革切入点,"结构性"是改革方式,"改革"才是核心命题,内在地体现出"转型是目标、创新是手段、改革是保障"的逻辑关系。①

一、文化产业供给侧改革意义:价值重塑

(一)推动文化产业长期可持续发展

从经济学角度看,需求侧的"三驾马车"是从运行结果出发的,便于宏观调控进行短期的逆周期调节,是应对宏观经济波动的需求侧动力,但不是发展的原动力。而供给侧是从运行源头入手,力图在制度变革、结构优化和要素升级等根本的、可持续的动力出发,其更加突出长远的转型升级。② 随着我国文化产业发展进入深水区,文化产业结构的优化升级已成为一项长期任务,强调供给侧结构性改革体现的是文化产业发展从注重短期增长向注重可持续发展及提

---

① 冯志峰.供给侧结构性改革的理论逻辑与实践路径[J].经济问题,2016(2):12—17.
② 国家行政学院经济学教研部.中国供给侧结构性改革[M].北京:人民出版社,2016:12—13.

高文化发展质量与文化发展效益转变的整体思路。因此,在优化供给侧的文化生态和文化系统中,以高效的制度供给和开放的市场空间,激发文化产业微观主体创新、创业、创造的潜能,可以更好地构建、塑造和强化文化产业长期增长的新动力,实现文化产业可持续发展。

(二)凸显文化市场资源配置的作用

供给侧结构性改革的本质是处理好政府与市场的关系,发挥市场在资源配置中的决定性作用。过去,我们过多从需求侧强调政府宏观调控作用,"有形之手"伸得过长、干预过多。供给侧结构性改革通过简政放权,可以更好地激活微观活力,通过制度创新和技术创新降低企业成本,提高企业发展能力,增加文化产品和服务的有效供给。文化产业供给侧结构性改革立足于将大众作为创意阶层,将文化企业和企业家作为主角,在确保文化产品和服务坚持社会主义核心价值体系,实现"双效统一"前提下,以创造优质的文化生态和全要素创新,破除当前制约我国文化产业发展的"供给约束"与"供给抑制",进一步强化"市场"的作用,可以更好地扩大文化产业的有效供给。

(三)均衡文化产业结构的发展布局

供给侧结构性改革的推进,将明显优化宏观调控环境,并将改革引入宏观调控,其所强调的既利当前又惠长远,寓短于长,以长促短的调控时间轴,形成了"短期+长期"的思路。随着文化产业结构的不断升级,文化产品和服务的模式从订单加工到简单模仿,从基础拼贴到IP原创,文化产业结构不断实现合理化和高度化,但由于文化产业有着一般产业所没有的意识形态属性,因此,文化产业的周期性波动存在着政府与非公文化经济共同造成的反周期力量,这两种反周期力量在一定条件下可能会对文化产业增长周期的曲线运动造成很大影响。另外,由于我国东中西部经济发展的差异导致文化产业结构存在较大差异,文化产业的区域发展欠缺均衡性。从文化主体的集聚度来看,文化基础设施、大型产业项目、文化领军企业分布很不平衡。从目前情况看,中国三大城市群即京津冀城市群、长三角城市群、珠三角城市群及东部沿海地区占有绝对优势。而从文化产业对地方协调发展的契合度看,也缺乏因地制宜的多样化发展模式。尽管近年来全国多个区域开创了依托当地资源、激发创新活力、探索可行性路径的文化产业发展模式,使得文化生产力获得了快速的增长,与新型城镇化、工业化、信息化、国际化形成了相互融合的发展关系。但是在大部分地区,特别是中西部的欠发达地区,普遍存在着模式单一、缺乏创意、效率低下、照搬套路的弊端。[①] 此外,文化产业结构重塑的过程中难免会遭遇中等收入陷阱,必须通过结构和制度变革,提高潜在增长率,才能使文化产业的短期发展与长期发展有效结合。

(四)重塑文化产业结构的逻辑体系

从文化产业结构变动的角度看,在生产层面,供给侧结构性改革将导致第三产业占比上升,第二产业中传统工业占比下降、新兴产业占比上升。这与文化产业本身的发展特点相吻合,也充分说明发展文化产业是符合"创新、协调、绿色、开放、共享"发展理念的战略选择,供给侧结构性改革引领的生产结构变化,将有力推动文化产业的发展。而从收入角度看,供给侧改革将引发经济蛋糕的重新分配,例如降低成本和去产能化将导致企业营业盈余占比上升,加速劳动力跨地域、跨部门流转以及提高人力资本,使劳动者报酬上升。消费者将有更充裕的消费主导权,作为发展型和享受型消费的文化产品和服务需求将更加充分,供给侧改革带动的有效供给也将提供文化产业结构优化更强劲的动力。

二、文化产业供给侧改革目标:产业转型

供给侧的结构性问题,关键是供给主体的结构问题。只有供给主体充满市场活力、形成与时俱进的竞争力,才能形成供给侧改革的内生力量,源源不断向市场提供更优的有效供给,不断激活市场需求,创造消费动力。[②]

[①] 花建.中国文化产业的区域发展战略[J].同济大学学报(社会科学版),2014(3):39-48.
[②] 董小麟.着力优化供给主体结构和市场环境[N].南方日报,2016-3-14.

(一)扩大有效供给促进产业转型

人类消费需求的无限性和多变性推动社会不断发展,社会虽然离不开消费需求的动力源,但更为主要的支撑因素从长期考察却不是需求,而是有效供给对于需求的回应与引导。[①] 在当前经济形势下,过去单纯依靠原始的比较优势或者要素禀赋(如各种资源的丰裕程度)来获取文化市场主导权的方式,已经不存在绝对的比较优势。例如,从我国文化产业的结构类型看,劳动密集型和自然资源密集型产品仍是主要供给,缺少具有自主知识产权的原创性文化产品和服务,使我国文化产业发展处于价值链的中低端环节,原始创新、集成创新和引进消化吸收再创新能力有待提高。

(二)引导优质供给加速产业升级

改革开放以来,我国居民消费结构已经历了"排浪式"的变化,以"互联网+"为基础的传统产业改造,以及相应的新模式、新业态、新经济,共同推动文化消费转向更加多元和丰富的精神性产品和服务阶段。发展新兴产业,通过创造新供给,培育文化市场的新需求,可以通过有效供给引导消费需求。

例如,自2008年金融危机以来,美国经过艰苦努力实现了经济复苏,方法就是供给侧改革,即主要通过创新实现经济增长,如创造了苹果手机,推动页岩气能源革命,实现了工业互联网(再工业化)。因此,供给侧改革的一个鲜明特点是大力发展新兴产业。新兴产业创造了新的技术、新的产品、新的材料、新的市场,创造了新供给,释放了新需求。[②]

三、文化产业供给侧改革手段:要素创新

(一)全面的要素创新

从供给侧的角度看,支持经济增长特别是长期增长的要素,所谓"动力源",

---

① 贾康.推进供给侧研究创新[N].中国证券报,2015—11—17.
② 林祥."供给侧改革"激发创新活力[N].学习时报,2016—2—15.

主要是五个方面:劳动力、土地和自然资源、资本、制度和创新。主要的国际经验都表明,各个经济体在进入中等收入阶段之前,前面三项(劳动力、土地和自然资源、资本)对经济增长的贡献容易比较多地生成和体现出来。一般经济体在发展过程的初期与"起飞"阶段,强调所谓"要素投入驱动"、粗放发展,是和这有关的。在进入中等收入阶段之后,后面两项即制度、科技和管理创新等方面,可能形成的贡献会更大,而且极为关键。①

随着我国经济发展进入转型升级新阶段,我国居民消费形态由物质型向服务型转变,消费方式由线下向线上线下融合转变,消费行为由从众模仿型向个性体验型转变。我国从众型、排浪式消费模式逐步退潮,而由物流、信息流、资金流"三流合一"和"互联网+"所催生的个性化、定制化、多样化消费渐成主流。相关机构调查和研究显示,2015 年,64.8%的消费者在选择服饰时首选重视个性的服饰,中国智能可穿戴市场规模比上年增长 471.8%。智能手机等通信工具的更新换代不断加速,2015 年,居民人均购买通信工具支出 189 元,比 2013年增长 29.2%,年均增长 13.6%,2016 年 1—2 月,通讯器材类销售同比增长20.1%,继续保持较快增长。② 这也进一步表明,当前的制度结构、生产结构已经不能满足庞大的中等收入家庭多元化、个性化的各类新需求,不利于消费潜力和改革红利的释放,以"创新"为核心动力的供给侧改革迫在眉睫。

(二)迭代的科学技术创新

科技创新是文化产业创新之翼,是解决我国人口红利下降,劳动力成本上升的有效手段,也是降低文化产品和服务成本的重要因素。科技创新是推动文化生产方式变革的有力杠杆。纵观人类历史,科学技术的每一次重大进步,都对那个时代的文化生产方式产生了重要影响。科技创新不仅能提高文化传播力和影响力,而且能影响人们的思维方式和生活方式,进而创新文化发展的内容和形式,推动文化繁荣发展。③ 科学技术的本质就是创新,科技创新成果不断

---

① 贾康. 供给侧改革的三个问题[N]. 学习时报,2016-1-18.
② 宁吉喆. 以消费升级为导向 加快推进供给侧结构性改革[N]. 经济日报,2016-3-29.
③ 陈名杰. 推动文化与科技深度融合发展[N]. 人民日报,2017-1-26.

出现,使人类认识世界和改造世界的能力不断进步,科学技术转化为生产力的速度越来越快。而当旧动能增长乏力的时候,新的动能异军突起,就能够支撑起新的发展。因此,科技的进步始终是以"S型曲线"①的方式推动文化产业迭代创新和无限增值的。

在文化产业借助科技力量不断突破发展的"天花板",实现自身转型升级的同时,还必须注意把握科技的规律、掌握科技的特点。科技创新是提高社会生产力和综合国力的战略支撑,居于国家发展全局的核心位置。科技的创新,不仅有利于丰富文化业态样式、满足人们多样化文化需求、建设社会主义文化强国,而且有利于我国掌握文化发展主动权、提升中华文化国际影响力。

正是因为文化与科技融合发展涉及面广、新业态多,其融合还具有跨行业、跨领域的特点,这既有赖于科技企业、文化企业基于市场机制的跨界融合和产品创新,也有赖于政府部门搭建跨界交流、分享和协同的平台,营造良好的产业发展生态,因此,文化和科技的融合发展以及科技创新迭代式的特点,均有助于解决"S型曲线"导入期市场失灵问题,并通过着力营造创新驱动"新经济"发展的生态环境,营造创新驱动创业的生态环境等,②来确保新旧动能的转换,通过供给侧改革营造创新驱动创业的"普惠阳光"。

四、文化产业供给侧改革保障:制度创新

制度创新是最为重要的经济发展"发动机"之一,良好的制度环境是提高文化产业经营效率的重要保障,还是文化创意迸发、文化创新涌现的强大诱因。加快转变政府职能,处理好政府与市场的关系,以文化治理实现文化产业发展方式的优化,既是文化产业供给侧制度变革的核心,也是文化政策创新的重点。

---

① 所谓"S型曲线"理论是指,每一种技术的增长都是一条条独立的"S型曲线",一项技术在导入期进步比较缓慢,一旦进入成长期就会呈现指数型增长,但是技术进入成熟期就走向曲线顶端,会出现增长率放缓、动力缺乏的问题。而这个时候,会有新的技术在下方蓬勃发展,形成新的"S型曲线",最终超越传统技术。因此,新旧技术的转换更迭,共同推动形成技术不断进步的高峰,从而带动"新经济"的发展。

② 郑世林.李克强谈"S型曲线"理论:用新动能带动新经济[R/OL].中国政府网.[2016-6-1].http://www.gov.cn/xinwen/2016-05/21/content_5075377.htm.

(一)转变政府职能

政府职能转变是深化行政体制改革的核心,也是完善文化管理体制和文化生产经营机制、建立健全现代公共文化服务体系和现代文化市场体系的保障。① 政府职能转变也是营造更加有利于文化企业创立、成长、壮大的制度环境,促进大众创业、万众创新,为文化产业发展源源不断注入强劲动能,让中华文化的发展活力无限激发、文化创造力充分迸发出来的有效路径。

政府职能转变的核心仍然是处理好政府和市场的关系,使市场在资源配置中起决定性作用和更好地发挥政府作用。首先通过改革商事制度,减少、整合财政专项转移支付项目,大力减少行政事业性收费,清理并取消资质资格许可事项和评比达标表彰项目。这些措施对减轻企业负担、激发企业和市场活力具有重要作用。② 过去,我们过多从需求侧强调政府宏观调控作用,"有形之手"伸得过长、干预过多,而建立公平的市场竞争秩序是要解决"政府越位",因此,供给侧结构性改革通过简政放权,优化政府机构设置、职能配置、工作流程,提高政府效能,可以更好地激活微观活力,加快形成有利于文化创新发展的市场环境、产权制度、投融资体制,形成文化企业自主经营、公平竞争,消费者自由选择、自主消费,商品和要素自由流动、平等交换的现代市场体系。③

但是,文化产业发展中政府职能的转变,又不完全与经济领域相同。这是因为,文化产业不同于向社会大众提供衣食住行等物质产品的生产产业,它所提供的是满足社会大众精神文化生活需求的文化产品和文化服务,在文化产业的发展进程中,要从建设中国特色社会主义的国情出发,从我国文化产业的特点和发展方向出发,来指导文化产业发展进程中政府职能的定位。④ 一方面,文化产业供给侧改革坚持社会价值功能与文化经济功能并重且以社会效益实现为基本前提。另一方面,文化产业供给侧改革坚持尊重需求与引导需求并行且

---

① 陈福今. 切实转变政府职能 提升文化治理能力[J]. 行政管理改革,2014(9):16—20.
② 陈伟英. 从政府职能转变看供给侧结构改革[N]. 中山日报,2016-2-1.
③ 冯志峰. 供给侧结构性改革的理论逻辑与实践路径[J]. 经济问题,2016(2):12—17.
④ 齐仁庆. 文化产业发展进程中的政府职能[J]. 中共中央党校学报,2011,15(5):106—108.

以文化价值的实现为基本要求。在商品经济条件下,产业供给和需求之间是相互联系、相互制约的关系,是生产和消费之间的关系在市场上的直接反映。但在文化领域,生产与需求之间的关系协调首先应当考虑文化价值的特殊性及对群众文化需求的引导。这种特殊性要求文化产品供给不能单纯以供求关系为尺度去衡量,而要以社会主义核心价值观为引领,为全体人民提供昂扬向上、多姿多彩、怡养情怀的精神食粮。

在此背景下,文化产业政府职能的转变,应当首先立足于从"办文化"向"管文化"转变,从微观管理向宏观管理转变,从直接管理向间接管理转变,从主要运用行政手段转向运用经济手段、法律手段来调节文化市场的供求关系,进而引导文化企业正确地进行经营决策。第二,要制定适合我国国情的文化产业发展战略和政策,以"文化产业促进法"为依据,根据文化产业的发展实际制定和出台一整套完备系统的文化产业发展战略规划和法规政策。第三,要加强对文化产业的监督和管理,为文化产业的发展提供良好的公共服务。通过制定明确的市场准入和退出机制,打破市场分割和地方保护,建立竞争、开放、统一、有序的文化市场,促进文化生产要素和商品在统一市场中合理流动,充分发挥市场在文化资源配置中的积极作用。[①]

(二)改革文化治理方式

建立"文化治理体系"是国际上通行的成功的社会参与文化管理形式,也是推进国家治理体系和治理能力现代化的重大举措。改革文化治理模式即以市场经济的方式实现文化的政治、经济和社会的价值性转换,进而改变和重塑国家治理模式。文化治理的特征是通过主动寻求一种创造性文化增生的范式实现文化的包容性发展。文化产业供给侧结构性改革的制度创新之首便是通过有效的政府管理经济、社会方式的创新,形成国家文化治理体系。

改革文化治理方式,首先要推动文化产业立法的实施。治理的关键在于法治化。当前我国文化管理还主要依靠行政手段,实践中往往以"泛意识形态化"

---

① 齐仁庆.文化产业发展进程中的政府职能[J].中共中央党校学报,2011,15(5):106-108.

的行政理念主导文化管理,表现为政策第一,认为"政策是刚性的,法律是弹性的,法律要服从于政策"。另外,"靠典型事件决策"的行政方式也普遍存在。这种方式显然不利于调动文化企业和文化工作者的积极性。文化治理能力的现代化要从依靠行政管理为主向依法管理为主转变。建设社会主义法治国家,坚持依法行政,是我国基本的治国理念,文化领域也不能例外。① 推进《文化产业促进法》的颁布和实施,既是依法治国的必然要求,也是推动文化产业健康快速发展的客观需要。文化产业发展不仅需要规划政策指引,更需要通过法律方式保驾护航。

改革文化产业治理方式,关键是梳理系统化、全局性的治理思维。当前,我国文化产业管理是一种"小文化"式的分业管理,即由党委宣传部门主抓,文化部门、新闻出版广电总局等政府部门分业管理。"小文化"式的文化产业管理格局使文化系统内部普遍存在着条块、部门、行业和区域分割,各个文化管理部门各自为政、管理分散,行政效率不高,难以形成合力,政府调节整个文化产业发展的杠杆机制未能得到充分发挥。这些都需要通过改变文化治理方式,由原来的纵向式管理向纵横结合,②从原来的单一管理主体到管理主体多元化的综合管理转变,来实现文化产业全面的政策创新。

改革文化治理方式,还要增强文化治理的协调性,并有效激活文化治理的能动力。增强文化治理的协调性需要推动相关部门在其他产业政策制定过程中,将与文化产业相关的工作纳入工作体系、规划设计和考核制度,从而形成文化产业与国民经济和社会发展互为衔接、协同发展、密切配合的政策框架和制度体系,将文化产业发展由部门推动上升为全社会推动。激活文化治理的能动力,则是最大限度地突破利益集团对文化市场不公平的"定价权",充分释放文化市场的公平与正义③,全面释放经济社会的发展活力,实现文化领域全面发展的有效措施。

---

① 祁述裕.文化治理能力的现代化的关键是实现三个转型[J].国家治理周刊,2014(1).
② 同上。
③ 胡惠林.在文化发展的实践中推进文化理论的创造性发展[J].中国编辑,2015(2).

五、文化产业供给侧改革重点：构建政策支柱

供给侧结构性改革的关键在于"有效的制度供给"，以供给侧和消费侧构成的二元动力机制为出发点，以创新为第一动力，以有效供给为核心，把握文化产业供给侧深度融合的趋势，构建文化产业结构优化的政策支柱，是供给侧结构性改革的重中之重。在文化产业政策的制定中应当特别注意，供给侧结构性改革既要充分考虑到文化产业的"文化属性"和"社会效益"，又要特别重视文化产业发展的"商品属性"和"经济效益"；既要体察我国供给侧结构性改革的整体实践，也要注重其他发展中国家以及发达国家在产业结构调整过程中产生的经验和教训。

同时，还必须认识到，文化产业是政治、经济、文化和社会等多要素共同影响下产生的社会现象。构成动因的多元性决定了文化产业结构的多样性和复杂性，并导致了文化产业政策构成的多元性以及价值实现和价值运动的差异性。

（一）长期持久的宏观政策

通过长期持久的宏观政策营造稳定的文化经济环境，是实现文化产业可持续发展的重要保障。宏观政策也是政府管理文化产业以及调控文化市场发展意向的基本职能。政府应根据文化产业的产业属性和运行规律，采用经济、行政、法律、税收等手段，规范文化产业经营主体的行为，引导文化产业方面的投资，对文化产业实行宏观的监督和管理。政府在推动文化产业发展中的职能是全方位的，但重点工作应定位在战略引导层面，文化产业要实现健康、科学、可持续的发展，离开政府战略规划的引导是不可能的。世界文化产业强国发展的实践表明，根据本国的实际情况制定一整套比较完备的促进文化产业发展的战略规划和政策法规体系，发挥政府的宏观调控职能，是文化产业得以快速发展的一个重要原因。[1]

---

[1] 齐仁庆.文化产业发展进程中的政府职能[J].中共中央党校学报,2011,15(5):106—108.

供给侧结构性改革是一项长期任务,从强调需求侧管理到强调供给侧结构性改革,体现的正是经济工作思路从注重短期经济增长向注重可持续发展以及提高经济增长的质量与效益转变。从宏观政策调控的角度而言,应以长期性、动态性为基本要求,从提高产业广度、深度和跨度的角度,更加强调从文化产业的源头入手,从产业、企业的角度解决文化发展中深层次的问题,从而突出文化产业长远的升级转型。

(二)因地制宜的微观政策

通过适度简政放权和因地制宜的微观政策,充分激发全民创造活力和消费潜能,激活文化企业和企业家的发展能动作用,是供给侧结构性改革的本质要求。微观政策旨在弥补市场失灵、引导市场行为,系统调整和优化文化产业的财税、金融、投资、土地、人才和环境政策,形成有利于文化消费升级和文化产业升级协同发展的政策环境和知识网络。这种多层次、灵活的知识网络,有利于文化企业主体间的知识共享,创意阶层间的创意碰撞,产生创新氛围,构成创意空间,使企业因弥漫着"产业空气"而具备更强的创新能力,从而为文化产业的新产品、新业态、新模式提供支撑。

我国地大物博,文化资源丰富,区域文化产业的发展模式千差万别,因地制宜的微观政策,对于文化产业特别是文化企业的发展而言,既是激发核心竞争力的有效因素,也是盘活存量资产的市场逻辑。党的十八届三中全会报告指出:要"加强顶层设计和摸着石头过河相结合,整体推进和重点突破相促进",这为研究和实施中国区域文化产业发展战略提供了重要的指导思想。在供给侧结构性改革背景下,文化产业的微观政策应当结合国家颁布的30多个区域发展规划和各地的实际情况,针对中国作为发展中大国的区域多样性和发展不平衡性特点,综合利用生态、文脉、科技、经济、政策等多样资源,探索和实施多种区域文化软实力的发展模式和路径,因地制宜制订具有针对性的文化竞争力政策。比如,针对产业和城市的双转型,上海在全国率先试点征收增值税,文化创意产业中广告服务、会展服务、商标著作权转让服务、设计服务、知识产权服务等部分门类纳入本市营业税改征增值税试点;而杭州市针对当地民营资本活跃、积极参与文化建设的具体情况,率先出台《关于鼓励和扶持文化类民办非企业单位繁荣发展的若干政策意见》,鼓励在杭州市民政部门注册的民办博物馆、民办书画院、民办图书馆、民办艺术院团、民办纪念馆、民办美术馆、民办收藏馆、民办陈列馆以及文化创意类社会组织发展,有效地激发了各种社会主体和社会资源参与文化建设的积极性,对实施党的十八届三中全会提出的"鼓励金融资本、社会资本、文化资源相结合"提供了良好的启发。[①]

(三)有效落地的产业政策

通过在"顶层设计"和"基层落实"之间搭建顺畅沟通的桥梁来推动产业政策落地是文化产业解决"供需错配"的重要路径。政策在结合实际情况后的有效落地,是政策作用最大化的基本前提。因此,产业政策要以文化产业基本规律为出发点,着力于优化文化市场结构,提高文化企业发展效率。但必须注意,强化落地的激励与保障机制并正确对待政策落地的延时性,对于侧重长期发展的文化产业供给侧改革至关重要。

值得注意的是,文化产业的特殊性表现在,文化发展政策调控不仅仅局限在文化管理部门,也涉及发改、财政、国土、规划、科技、工信等众多政府部门。正是供给侧改革对国家产业结构适应性变化的整体布局、文化产业的深度融合和拓扑发展,才让微观政策更加灵活,也更加适应产业发展。

例如工业和信息化部发布的《关于促进文房四宝产业发展的指导意见》[②],以文房四宝悠久的历史为背景,在文房四宝产业赖以生存的环境发生了巨大变化,在市场空间不断萎缩、传统工艺濒临失传、专业人才青黄不接、行业发展陷入困境的现实境况下,提出了面对新问题、新形势、新要求,重新认识发展文房四宝产业的重要性和紧迫性,促进行业传承、健康发展。而商务部、发展改革委、教育部等14部门联合发布的《关于保护和促进老字号发展的若干意见》[③],

---

[①] 花建.中国文化产业的区域发展战略[J].同济大学学报(社会科学版),2014(3):39-48.
[②] 《工业和信息化部关于促进文房四宝产业发展的指导意见》(工信部消费〔2016〕433号),2016年12月27日。
[③] 《关于印发〈关于保护和促进老字号发展的若干意见〉(商改发〔2008〕104号)的通知》,2008年3月31日。

则以历史悠久、拥有世代传承的产品、技艺或服务,具有鲜明的中华民族传统文化背景和深厚的文化底蕴的老字号为对象,在老字号由于历史原因和体制转换,在当代发展中遇到许多新情况和新问题,部分老字号企业组织化程度低、体制、技术、管理落后,市场开拓能力较弱,发展后劲不足的背景下,提出了提高全社会对老字号振兴发展的重视程度,切实做好保护和促进老字号发展工作的路径和措施。这些因地制宜的微观政策,不仅突破了文化产业发展的行业界限,也有效完善了文化产业发展的市场环境、激发了文化企业尤其是许多传统企业文化创造的活力和文化生产的潜力。

文化产业不同区域有着不同的资源禀赋,不同行业也有着特殊的发展规律,而文化产业融合发展的特征,又决定了文化产业和传统产业之间的无边界融合性。从老字号产业的指导性政策出台和文房四宝产业的促进发展政策颁布,可以发现,有效的产业政策是加速文化产业项目落地,优化文化产业区域布局,促进文化产业融合发展的有效路径,也是文化产业市场主体不断探索供给侧结构性改革,进行全要素创新的基本保障。

(四)全面务实的改革政策

通过"二元动力"到"混合动力"的结构性改革,激发文化市场活力,释放经济增长潜力,是文化产业寻求更有效率、更可持续发展新路的核心。在遵循文化艺术内在发展规律和市场经济规律的前提下,改革与社会主义市场经济体制不相适应的文化管理体制、运行机制和自我约束机制,最大限度地解放和发展艺术生产力,是供给侧结构性改革的核心任务。必须认识到,供给侧改革首先需要突破发展观念,只有冲破思想观念的障碍、突破利益固化的藩篱,才能看清各种利益固化的症结所在,找准突破的方向和着力点,进而以创造性的举措跳出条条框框限制,克服部门利益掣肘,在全面深化改革中实现文化产业的转型升级、提质增效。

(五)托底性的社会政策

坚守文化发展红线和文化民生底线是文化产业发展的基本要求。以保障基本文化权益、改善文化民生基本需求为重点的社会政策,是文化产业正义的基本要求,发挥社会政策的托底作用是实现经济社会与文化发展同步的必然选择。这是因为文化产业不只是一般意义上的文化形态和经济形态,同时还是一种特殊的文化制度形态。文化产业供给侧结构性改革应立足于"从实际出发",既要充分考虑到文化产业的"文化属性"和"社会效益",又要特别重视文化产业发展的"商品属性"和"经济效益"。

案例篇

1. 文化政策跨界创新:推动老字号保护传承和改革发展

【案例导读】

老字号是指历史悠久,拥有世代传承的产品、技艺或服务,具有鲜明的中华民族传统文化背景和深厚的文化底蕴,取得社会广泛认同,形成良好信誉的品牌。老字号所传承的独特产品、精湛技艺和经营理念,具有不可估量的品牌价值、经济价值和文化价值。由于历史原因和体制转换的影响,我国老字号企业在发展中遇到许多新情况和新问题。商务部、发改委等多部门先后出台的《关于保护和促进老字号发展的若干意见》(商改发〔2008〕104号)和《关于促进老字号改革创新发展的指导意见》(商流通发〔2017〕13号),对提高全社会对老字号振兴发展的重视程度,切实做好保护和促进老字号发展工作,具有重要的意义,也是老字号供给侧改革的一项创新性政策。本案例以《关于促进老字号改革创新发展的指导意见》(以下简称《指导意见》)为例,探讨文化政策创新对传统行业供给侧改革的核心价值和引领作用。

老字号拥有世代传承的独特产品、精湛技艺和服务理念,承载着中华民族的工匠精神和优秀传统文化,具有广泛的群众基础及巨大的品牌价值、经济价值和文化价值。在激烈的市场竞争中,老字号出现了两极分化的现象:一部分老字号仍然保持了旺盛的生命力,宛如老树发新枝;一部分老字号却在竞争中节节败退、衰落甚至消亡,有的惨淡经营,有的偃旗息鼓,有的改换门庭。① 2006年商务部启动"振兴老字号工程"以来,我国老字号品牌影响力不断提升,一批老字号企业发展势头良好,但也有部分老字号企业市场竞争力不强,难以适应经济社会的快速发展。为促进老字号顺应消费需求新变化和"互联网＋"新趋势,加快改革创新发展,进一步弘扬优秀文化,拓展品牌价值,充分发挥其在稳增长、促消费、惠民生中的积极作用,商务部、发改委等多部门出台了《指导意见》,旨在通过政策促进老字号改革创新发展,推动老字号供给侧结构性改革,充分发挥老字号的榜样示范和引领带动作用,大力弘扬精益求精的工匠精神,促进老字号创造更多社会、经济和文化价值。

1.1 老字号供给侧改革首先应当秉持文化的基本属性和发展规律

传统文化是一部部厚重的史书、一本本鲜活的档案,记录着一个地区真实的发展历程,承载着当地丰富的社会文化信息,反映着当地特有的历史风貌和人情世俗,体现着当地民众特殊的思维方式和价值观念。我国是一个历史悠久的文明古国,千百年的社会经济发展,孕育了众多具有浓郁民族特色、匠心独具、享誉国内外的老字号。老字号供给侧改革除了要适应现代市场的发展规律,更要秉持文化发展的基本规律,传承传统文化的核心精神。《指导意见》将老字号的社会效益属性放在首位,提出了坚持传承与创新相结合和坚持经济与文化相结合的基本原则,一方面,要深入挖掘老字号的传统技艺和品牌内涵,弘扬老字号的工匠精神,积极运用现代管理和生产技术持续提高质量标准水平,不断开发特色产品和服务,提高老字号的核心竞争力;另一方面,要坚守商品和服务等传统经营业务,充分挖掘老字号的文化资源,开发具有地域特色的老字号产品,让更多传统文化融入现代生活,提升老字号品牌的影响力。同时,这两项政策还将坚持市场竞争与政府引导相结合作为一项基本原则,提出既要以市场为导向,充分发挥老字号企业在转型创新发展中的主体作用,又要通过制定实施法规标准,加强政策支持和信息引导,营造政府、协会、企业共同促进老字号改革创新发展的良好环境。

---

① 应雄,金海.试论"老字号"的保护和发展[J].商业经济与管理,1998(1).

1.2 老字号供给侧改革需要融入现代消费市场

供给侧改革本质是提高全要素生产率,而全要素生产率的提高,必须要有最高效的资源配置方式。市场机制在配置各类资源中是最高效的机制和方式,因此,供给侧改革必须切实让市场在配置资源中起绝对决定性作用。因此,《指导意见》把推动老字号传承与创新,提高市场竞争力作为重点任务之一,提出要支持老字号传承和创新传统技艺,支持老字号企业与职业院校合作共建"工匠创新工作室"和"工匠教学基地",鼓励老字号技艺传承人到学校兼职任教、授徒传艺,培育和弘扬精益求精的工匠精神,实现传统技艺的薪火相传。《指导意见》鼓励老字号通过建立博物馆等方式实现活态保护与传承;鼓励老字号在保护和传承优秀传统技艺的基础上,导入先进的质量管理方法和模式,运用先进适用技术创新传统工艺,提高产品质量和工艺技术水平,并根据市场需求研发新产品,吸引新顾客,开拓新市场;鼓励老字号与文化创意相结合,举办体现传统文化、符合现代生活方式和消费需求的文化、购物活动。

既传承传统,又面向市场,是优化老字号发展生态、提升老字号竞争力的有效路径。传承传统,构筑了老字号最具竞争潜力的生存方式,而面向市场则避免了将传统文化置身于"历史断层"中而割裂其活态的存在。打一个形象的比喻,社会文化环境与传统文化犹如鱼水,无"水"岂能活"鱼"? 即便有"水",若"水"质已经变化,而"鱼"未能与之适应,同样无法存活。在这一背景下,《指导意见》提出老字号供给侧改革的两个方面的重点任务,一是要支持老字号线上线下融合发展,实施"老字号+互联网"工程,引导老字号适应电子商务发展需要,开发网络适销商品和款式,发展网络销售;引导老字号与电商平台对接,支持电商平台设立老字号专区,集中宣传,联合推广;鼓励老字号发展在线预订、网订店取(送)和上门服务等业务,通过线上渠道与消费者实时互动,为消费者提供个性化、定制化产品和服务。二是要支持老字号创新经营管理模式,引导老字号建立现代企业制度,鼓励各类专业机构为老字号发展提供智力支持;鼓励老字号建立健全科学的激励、决策和用人机制,探索建立职业经理人制度,支持高校和中等职业学校毕业生到老字号就业;鼓励和支持老字号将传统经营方式与现代服务手段相结合,积极推进标准化改造,大力发展连锁经营、特许经营,拓展品牌影响力。鼓励老字号应用微博、微信等新媒体,传播老字号品牌历史和商业文化;加大老字号纪念品、礼品的开发力度,积极推广老字号旅游产品,不断推进老字号和旅游企业在景点建设、线路开发、宣传推广方面的合作。

1.3 老字号供给侧改革关键在于提高企业自主创新能力

供给侧改革的根本是提高企业创新能力,只有提高了创新能力,才能提高全要素生产力、提高企业活力,满足人民群众不断增长的需求变化。以同仁堂为例,作为一家老字号企业,同仁堂已有 347 年的历史。传统上同仁堂"制药不出京",但市场让同仁堂不断转变思维,加强供给侧创新。现在,同仁堂不仅已经出了京,也出了津,还结合京津冀一体化战略,在河北的安国、玉田乃至香港等地都建立了生产研发基地。过去同仁堂的门店只在北京,"只此一家别无分号",现在门店已有 2000 多家,其中在海外有 100 多家。同样作为老字号的永久牌自行车,曾经是 20 世纪 70 年代百姓结婚的必备物件之一。永久自行车结合当前文化创意产业发展和"互联网+"广泛渗透的市场环境,先后策划了自行车实验室进中学、电动车与自行车自由切换等多项创意活动。在网络上,售价高达 8000 元的永久 C 个性化定制自行车也颇有人气。把互联网和产品研发相结合,成为老字号复兴的一条可行路径。上海家化和阿里巴巴合作专门成立数字化营销部门,在网上收集各种数据,为消费者精准"画像"。新品推出时先在网上试销,再根据反馈不断改进,精准的市场定位为产品打开了销路。

上述案例也进一步说明,在发挥老字号品牌价值的同时,规范老字号的市场管理,加强供给侧创新,推动体制机制改革,通过市场化运作激发品牌活力,使其得到更好的传承与推广,是老字号创新的关键。基于此,《指导意见》提出了两个方面的重点任务。其一是要深化老字号企业产权改革。推动国有老字号企业体制改革和机制创新,积极引进各类社会资本,提升老字号管理水平和发展活力。支持经营业务相近或具有产业关联关系的老字号整合重组,打造老字号企业集团,培育行业龙头企业。鼓励大中型企业依法合规控股、收购、兼并老字号,以老字号为龙头整合内部资产,充分挖掘和开发老字号品牌价值。其二是注重发挥老字号品牌价值。建立和完善老字号品牌价值评估体系,量化老字号无形资产价值并依法确认所有权。开展品牌价值评价、发布、推广、技术服务等活动,实施商标品牌战略,不断提升老字号品牌价值,推动打造国际知名的老字号品牌。鼓励以品牌作价入股方式,解决部分老字号注册商标专用权、所有权和使用权分离问题,为老字号持续健康发展提供保障。在老字号改制重组过程中,要注重对老字号品牌的保护和开发,注重对主营业务的传承和延续,对老字号品牌的投入应"只增不减"。修改完善老字号标识使用规定,指导老字号企业规范使用老字号标识。

1.4 老字号供给侧改革的成功还在于构建良好的产业生态和发展环境

在推动文化产业发展过程中,既要遵循市场经济规律,更要研究把握文化产业内涵和发展规律。要明确政府部门在发展文化产业中的职能定位,要发挥市场对文化资源配置的积极作用,加强政府政策引导和公共服务职能,构建良好的产业环境,提供优质的公共服务。老字号企业的发展,除了自身进行供给侧改革,通过全面的要素创新和迭代的科技创新提升自身竞争力外,还离不开良好的市场环境。对此,《指导意见》提出了未来要在两个方面推动老字号企业的发展。

一是加强老字号原址风貌保护。"原址保护"是延续老字号文脉的有效方式,更是延续文化乡愁的重要路径。在我国,许多老字号在城镇化进程中或旧城改造中,面临被拆迁的现象十分普遍,而对它们实施原址原貌保护刻不容缓。例如位于长沙市坡子街202号的玉和酱园,创建于清朝顺治六年(1649年),绵延至今已有360多年的历史,时间既未间断,地址也未搬迁。"玉和"是坡子街民俗饮食文化的典型代表,与火宫殿同为这条被定位为民俗商业文化街的坡子街上仅存的两大历史文化品牌,是展示长沙历史文化名城的名片之一。随着旧城改造的深入,玉和酱园原址也和许多老字号一样面临着"被搬迁"的命运。在这一背景下,《指导意见》进一步明确了要将符合条件的老字号确定为文物保护单位、历史建筑并进行原址保护,对老字号比较集中的地区,划定为历史文化街区,编制保护规划,确定保护原则,划定保护范围,明确保护措施。在旧城拆迁改造中,尽量在老字号原址或附近安置老字号,保留原有商业环境,有条件的地方可以适当提高老字号征收补偿标准等政策措施。

二是促进老字号集聚发展。集聚发展可以更好地让文化和相关产业进行基于城市特色、传统风貌和产业传承的分工与合作,也有利于形成良好的文化氛围和产业空气,实现老字号企业从"单兵作战"到"抱团取暖"的发展。《指导意见》提出要鼓励有条件的城市打造老字号特色商业街,汇聚各类老字号店铺,引导特色产品和服务集聚,带动老字号抱团发展。合理放宽对临街老字号店铺装潢装修的限制,按照传统或原有建筑风格对店铺外观进行修缮,体现历史文化特色。合理放宽对老字号户外营销活动的限制,支持老字号积极开展店内外传统技艺展示活动,促进特色消费增长和区域经济繁荣。鼓励老字号企业较为集中、条件较为成熟的地区开展"全国知名品牌创建示范区"建设。

2. 文化政策协同创新:推动中华文化创造性转化和创新性发展

【案例导读】

文化文物单位馆藏的各类文化资源,是中华民族五千多年文明发展进程中创造的博大精深灿烂文化的重要组成部分。依托文化文物单位馆藏文化资源,开发各类文化创意产品,对推动中华文化创造性转化和创新性发展具有重要意义。为深入发掘文化文物单位馆藏文化资源,发展文化创意产业,开发文化创意产品,弘扬中华优秀文化,传承中华文明,推进经济社会协调发展,提升国家软实力,文化部等多个部门联合出台了《关于推动文化文物单位文化创意产品开发的若干意见》(以下简称《若干意见》)。《若干意见》在一定程度上打破了此前"文化文物单位是依托馆藏文化资源提供公共文化服务"的职能定位,突出的亮点是拓展了文化文物单位职能,而对文化文物单位而言,发掘馆藏文化资源、开发文化创意产品是"活起来"极为重要的路径。《若干意见》的政策创新,对创新文化产业发展政策具有重要的意义。

文化文物单位主要包括各级各类博物馆、美术馆、图书馆、文化馆、群众艺术馆、纪念馆、非物质文化遗产保护中心及其他文博单位等掌握各种形式文化资源的单位。利用文化文物资源进行文化创意产品开发，既是推动中华文化创造性转化和创新性发展、使中国梦和社会主义核心价值观更加深入人心的重要途径，是推动中华文化走向世界、提升国家文化软实力的重要渠道，又是丰富人民群众精神文化生活、满足多样化消费需求的重要手段，是增强文化文物单位服务能力、提升服务水平、丰富服务内容的必然要求，也是激发文化文物单位自主创新能力和文化创造活力的有效路径。

2.1 文创产品开发要将社会效益放在首位

文化产品作为一种特殊的商品，具有经济效益和社会效益双重属性。在市场经济条件下，经济效益是其基础，社会效益是其灵魂。只有坚持社会效益为先，推动二者的有机统一，才能成就文化精品。"双效统一"是文化领域供给侧改革的准绳，也是优秀文艺作品创作和文化企业经营中必须遵守的内在规律。"双效统一"既是保证文化领域健康、有序发展的基石，也是激发文化市场活力、繁荣文化生态的前提，需要依靠政府引导和市场主体的双向合力。

正是因为文化产品除了具有商品经济属性，还兼具意识形态属性和公共产品属性，在社会发展中发挥着道德价值规范的特殊性，所以，文化领域供给侧结构性改革必须坚持把社会价值功能放在文化发展原则的首位，将社会效益摆在更加突出的位置上。因此，推动文化创意产品开发，也要始终把社会效益放在首位，实现社会效益和经济效益相统一。《若干意见》在基本思想中便明确了，文创产品开发要在履行好公益服务职能、确保文化资源保护传承的前提下，调动文化文物单位积极性，加强文化资源系统梳理和合理开发利用；要鼓励和引导社会力量参与，促进优秀文化资源实现传承、传播和共享；要充分运用创意和科技手段，注意与产业发展相结合，推动文化资源与现代生产生活相融合，既传播文化，又发展产业、增加效益，实现文化价值和实用价值的有机统一。

此外，文化领域供给侧改革还要坚持尊重需求与引导需求并行且以文化价值的实现为基本要求。在商品经济条件下，产业供给和需求之间是相互联系、相互制约的关系，是生产和消费之间的关系在市场上的直接反映。但在文化领域,生产与需求之间的关系协调首先应当考虑文化价值的特殊性及对群众文化需求的引导。这种特殊性要求文化产品供给不能单纯以供求关系为尺度去衡量,而应以社会主义核心价值观为引领,为全体人民提供昂扬向上、多姿多彩、怡养情怀的精神食粮。《若干意见》将"形成形式多样、特色鲜明、富有创意、竞争力强的文化创意产品体系,满足广大人民群众日益增长、不断升级和个性化的物质和精神文化需求"作为发展目标,也正是体现了文化双重属性和两种价值的关系。

2.2 文化文物单位供给侧改革的关键是创意人才

文化产业是极具前景与活力的绿色产业、朝阳产业,其融文化、科技、创意为一体的特征决定了人才乃是决定其竞争力的核心要素。但"我国的文化人才还存在总量偏少、精英不多、结构失衡、分布不均等问题,人才短缺已经成为制约文化产业发展的一大瓶颈。"[①]文化文物单位文化创意产品开发,关键是要提升文化创意产品的开发水平,促进文化创意产品的跨界融合,这为兼具创意能力和市场思维的创意人才提出了新的需求。

《若干意见》在重点任务中着重强调了提升文创产品开发水平和促进文化创意与相关产业融合发展的具体工作。一方面,深入挖掘文化资源的价值内涵和文化元素,广泛应用多种载体和表现形式,开发艺术性和实用性有机统一、适应现代生活需求的文化创意产品,满足多样化消费需求。结合构建中小学生利用博物馆学习的长效机制,开发符合青少年群体特点和教育需求的文化创意产品。鼓励开发兼具文化内涵、科技含量、实用价值的数字创意产品。推动文化文物单位、文化创意设计机构、高等院校、职业学校等开展合作,提升文化创意产品设计开发水平。另一方面,支持文化资源与创意设计、旅游等相关产业跨界融合,提升文化旅游产品和服务的设计水平,开发具有地域特色、民族风情、文化品位的旅游商品和纪念品。推动优秀文化资源与新型城镇化紧密结合,更多融入公共空间、公共设施、公共艺术的规划设计,丰富城乡文化内涵,优化社区人文环境,使城市、村镇成为历史底蕴厚重、时代特色鲜明、文化气息浓郁的

---

① 欧阳友权.文化产业人才建设:问题与思路[J].福建论坛(人文社会科学版),2013(25):114-118.

人文空间。将文化创意产品开发作为推动革命老区、民族地区、边疆地区、贫困地区文化遗产保护和文化发展、扩大就业、促进社会进步的重要措施。鼓励依托优秀演艺、影视等资源开发文化创意产品,延伸相关产业链条。

而在具体的人才路径上,《若干意见》则提出发现人才、挖掘人才、培养人才和引进人才的全方位措施。主要包括:以高端创意研发、经营管理、营销推广人才为重点,同旅游、教育结合起来,加强对文化创意产品开发经营人才的培养和扶持。将文化创意产品设计开发纳入各类文化文物人才扶持计划支持范围。文化文物单位和文化创意产品开发经营企业要积极参与各级各类学校相关专业人才培养,探索现代学徒制、产学研结合等人才培养模式,并为学生实习提供岗位,提高人才培养的针对性和适用性。通过馆校结合、馆企合作等方式大力培养文化文物单位的文化创意产品开发与经营人才。支持文化文物单位建设兼具文化文物素养和经营管理、设计开发能力的人才团队,并通过多种形式引进优秀专业人才,进一步畅通国有和民营、事业单位和企业之间的人才流动渠道。鼓励开展中外文化创意产品设计开发、经营管理人才交流与合作,定期开展海外研习活动。

2.3 文化文物单位供给侧改革要加强要素创新

"文化+",以文化为基因,以创意为翅膀,文化可以加上各种创新发展的元素,融合互联网、新媒体、高科技等手段,实现从传统的单一文化产品到多元、现代、高科技的文化产业转型升级,既拓宽了文化产业的覆盖面与内涵深度,又增加了产业附加值与竞争力。[①] 文化文物单位利用优质文化资源与相关产业的融合发展,形成"越界、渗透、融合、提升"的发展态势,可以有效推动文化创意产品开发。例如文化与工业的融合,促进产业转型和工业升级,推动我国从制造大国迈向创造大国;而文化与旅游、体育、信息、物流、建筑等相关产业的融合,可以为文化资源的保护、利用与开发提供载体,为文化的传播与交流提供平台,催生新业态,实现文化产业的市场化和规模化。

"文化+科技"融合发展既反映了互联网时代信息产业与文化产业紧密相

---

① 温朝霞."文化+":跨界融合形成创新产业模式[N].南方日报,2015-5-23.

融的关系,也凸显了文化与科技融合的力量。"互联网+"展示了数字化趋势给文化产业带来的革命性变化和巨大发展机遇。《若干意见》提出,要推进文化文物单位各类文化资源的系统梳理、分类整理和数字化进程,明确可供开发资源。鼓励依托高新技术创新文化资源展示方式,提升体验性和互动性。支持数字文化、文化信息资源库建设,用好各类已有文化资源共建共享平台,面向社会提供知识产权许可服务,促进文化资源社会共享和深度发掘利用。这进一步表明,高新技术不仅促进了传统文化产业的升级,还推动了不同文化行业之间的融合,创造了新型文化业态,为"文化+"的跨界融合发展提供了基础和条件。

"文化+商品"通过延伸文化产业链,开发生产文化衍生品,培育文化品牌,既能够盘活古老的文物资源,又能够延长产业链条来提高文化产业附加值。《若干意见》提出要完善文化创意产品营销体系,创新文化创意产品营销推广理念、方式和渠道,促进线上线下融合。支持有条件的文化文物单位在保证公益服务的前提下,将自有空间用于文化创意产品展示、销售,鼓励有条件的单位在国内外旅游景点、重点商圈、交通枢纽等开设专卖店或代售点。综合运用各类电子商务平台,积极发展社交电商等网络营销新模式,提升文化创意产品网络营销水平,鼓励开展跨境电子商务。配合优秀文化遗产进乡村、进社区、进校园、进军营、进企业,加强文化创意产品开发和推广以及积极探索文化创意产品的体验式营销等,这正是通过供给侧改革提高文化创意产品市场竞争力,提升文化文物单位创新活力的有效措施。

2.4 文化文物单位供给侧改革围绕市场逻辑进行自主创新

目前来看,我国中央级、省级和副省级城市所属博物馆基本都进行了文化创意产品开发,呈现出开发经营模式多元化发展、品牌影响力和社会知名度不断提高、社会效益有效增强等特点。例如上海博物馆、浙江省博物馆等11家中央地方共建博物馆,除湖南省博物馆、辽宁省博物馆2家博物馆因改扩建暂时停止文化创意产品生产销售外,其余9家博物馆2015年销售额总计9700万元。除了国家和省级博物馆,部分地市级博物馆也开展了文化创意产品开发,县级博物馆开发较少。但在文创产品开发中,许多文化文物单位也存在经营意识和能力不强、产品供应能力不足、创新能力不强、设计和制作水平较低、产品形式单一、社会功能拓展不够等问题。同时,文化文物单位文化创意产品开发也面临一定的政策障碍,主要是博物馆经营资格问题:国有博物馆绝大多数划分为公益一类,按规定不能开展经营活动,这就影响和制约了博物馆开发文化创意产品的积极性。

对此,《若干意见》提出两个方面的重点任务。一是充分调动文化文物单位积极性。具备条件的文化文物单位应结合自身情况,依托馆藏资源、形象品牌、陈列展览、主题活动和人才队伍等要素,积极稳妥推进文化创意产品开发,促进优秀文化资源的传承传播与合理利用。鼓励文化文物单位与社会力量深度合作,建立优势互补、互利共赢的合作机制,拓宽文化创意产品开发投资、设计制作和营销渠道,加强文化资源开放,促进资源、创意、市场共享。二是发挥各类市场主体作用。鼓励众创、众包、众扶、众筹,以创新创意为动力,以文化创意设计企业为主体,开发文化创意产品,打造文化创意品牌,为社会力量广泛参与研发、生产、经营等活动提供便利条件。鼓励企业通过限量复制、加盟制造、委托代理等形式参与文化创意产品开发。鼓励和引导社会资本投入文化创意产品开发,努力形成多渠道投入机制。

总之,以供给侧改革为整体要求,文化文物单位文化创意产品开发应当"以社会公众需求为导向、以藏品研究成果为基础、以文化创意研发为支撑、以文化产品质量为前提、以科学技术手段为引领、以营销环境改善为保障、以举办展览活动为契机、以开拓创新机制为依托、以服务广大观众为宗旨、以弘扬中国传统文化为目的"。

第三章　文化产业供给侧与需求侧协同发展

当前,我国经济进入新常态,经济社会发展越来越呈现出以文化科技创新为主导的特征,单纯依赖需求端已经不能满足经济发展要求,传统的货币、财政宽松政策对经济贡献的边际效应也呈现递减趋势,在这一阶段,提升经济发展质量和提高产业发展效率,"既不能像凯恩斯学派那样单方靠财政刺激需求,也不能学供应学派那样完全靠市场去创造需求",[①]探索供需协调的创新之路势在必行。文化领域也不例外,如何实现文化产业生产和消费端的平衡,供给和需求侧的协同,成为当前和今后一段时期文化产业科学发展、高效发展的关键。因此,如何"在强调供给侧结构改革的同时,坚定不移推动需求侧的制度改革",[②]发挥市场经济在文化产业发展中的积极作用,使文化产业供需双方质量都得以提升,更好、更快地推动文化产业成为国民经济支柱性产业,亟待寻求有效的思路和可行的对策。

一、逻辑起点:把握文化产业供给侧与需求侧的内涵

文化产业结构优化升级是一个循序渐进的过程,既需要中长期的制度构建和前瞻性的顶层设计,也需要对原有的制度进行新陈代谢,对存量资源和沉积库存进行去除消化。从生产和需求两端把握文化产业内涵,实现文化产业内涵式资源配置,不但要明晰供给侧和需求侧在文化产业发展中的作用,而且要从

[①] 杨承训,承谕. 紧紧依靠科技提升质量、协同供需[J]. 红旗文稿,2014(17):17—18.
[②] 黄凯南. 供给侧和需求侧的共同演化:基于演化增长的视角[J]. 南方经济,2015,33(12):1—9.

文化产业的运行源头和运行结果、长远转型和近期发展的角度,实现文化产业的双效统一、双端发力。

(一)对供给侧与需求侧的基本认识

"供给侧结构性改革"是一个新词,但"供给"本身并不令人陌生。无论是古典经济学鼻祖色诺芬的《经济论》,还是现代经济学创始人亚当·斯密的《国民财富的性质和原因的研究》,其主题都是研究财富增加的,而财富增加的背后是生产力的迅速发展,生产力的提升则属于"供给"范畴。从供给侧结构性改革的角度看,文化产业供给侧的着力点是文化产业的要素端和生产端的优化,重点在于文化产业发展方式的优化配置和行进序列的创新升级。文化产业供给侧改革旨在通过推进文化要素在市场力量配置下自由流动、文化产业在充分竞争中充满活力、文化创新在体制变革中蓬勃发展,实现经济社会的持续发展。

而需求管理是西方经济学的主流学派,也是西方政府宏观管理中的通行做法。其理论渊源来自于20世纪30年代的凯恩斯革命,主要观点是政府无为而治会导致市场失灵,政府的职能要从"守夜人"变为"调节者",为政府干预经济活动提供理论支撑。在我国,需求侧改革和政策措施最主要的着力点有三个方面,即传统意义上的投资、消费、出口三驾马车。文化产业需求侧的着力点同样在于加强投资、消费、出口,通过一系列有利于产业发展的财政政策和货币政策的组合,根据经济形势变化,采取扩大出口、扩大投资或鼓励消费的政策措施,扶持文化产业发展,实现经济社会的健康发展。

从经济学角度看,需求侧的"三驾马车"是从运行结果出发的,便于宏观调控进行短期的逆周期调节,是应对宏观经济波动的需求侧动力,但不是发展的原动力。而供给侧是从运行源头入手,力图从制度变革、结构优化和要素升级等根本的、可持续的动力出发,其更加突出长远的转型升级。[1]

(二)对供给侧和需求侧关系的认识和研判

供给和需求是市场经济内在关系的两个基本方面,是既对立又统一的辩证

---

[1] 国家行政学院经济学教研部. 中国供给侧结构性改革[M]. 北京:人民出版社,2016:12—13.

关系,二者相互依存、互为条件。从经济理论发展的历史和各国政策调控的演化过程看,供给与需求之间孰轻孰重的论争一直存在。但毋庸置疑,供给和需求如同一枚硬币的两面,一方面,没有需求,供给就无从实现,新的需求可以催生新的供给;没有供给,需求就无法满足,新的供给可以创造新的需求。另一方面,在供给和需求政策的研判和引导上,究竟是以供给侧作为重点还是以需求侧作为重点,关键是根据当时的宏观经济现状做出相应抉择。单纯地放弃需求谈供给或放弃供给谈需求都是片面的,也就是"放弃任何一面都不能称作为一枚完整的硬币,难以体现其真实价值"。①

当前经济形势下,文化产业结构优化与产业转型,既离不开供给侧,也难以绕开需求侧。在供给侧,要着力解决"供给不足与供给过剩并存"难题,打通过剩产能资源要素向先进产能资源要素转移的"中阻梗",营造良好的产业发展环境。在需求侧,着力解决"需求下降与需求外移并存"困境,在扩大总需求的同时,着力拓展中高端需求,②通过供给侧结构性改革,矫正要素配置扭曲,扩大有效供给,提高供给结构对需求变化的适应性和灵活性,是文化产业发展的基本要求,也是深刻认识文化产业发展的逻辑起点。

值得注意的是,无论着重供给侧发力还是加强需求侧管理,文化产业的发展始终以国际和国内经济社会发展形势与基本趋向为底色,以文化产业结构的优化升级、文化产品和服务的供需平衡为目标。这既是当前供给侧改革的基本出发点,也是文化产业供需管理的落脚点。必须认识到,作为一种经济形态,文化产业同时还是一种特殊的文化制度形态。文化产业结构优化应立足于"从实际出发",既要充分考虑到文化产业的"文化属性"和"社会效益",又要特别重视文化产业发展的"商品属性"和"经济效益";既要体察我国供给侧结构性改革的整体实践,也要注重吸取其他国家产业结构调整过程中因供需错配产生的教训。

---

① 刘亮.供给侧改革仍要与需求侧管理相配合[N].文汇报,2015-12-8.
② 纪念改革开放40周年系列选题研究中心.重点领域改革节点研判:供给侧与需求侧[J].改革,2016(1):35-51.

二、共同困境：供给不足与过剩并存，需求下降与外移并存

综观全球，世界经济形势变化和我国经济走势与文化产业发展紧密关联并对文化产业结构性改革形成倒逼，经济转型的新动能与文化产业释放的新能量不断驱动新经济发展。从国内经济动能的交替看，互联网＋"双创"与"中国制造2025"引领下的文化产业深度融合与迭代创新日趋成为文化产业发展的核心动力。而在全球经济形势变化的底色和我国经济动能交替的背景下，文化产业领域供给不足与供给过剩并存、需求下降与需求外移同在的现象依旧存在，在全球数字文化创意蓬勃兴起，战略性新兴产业愈发占据产业主导驱使下，我国缺少高技术含量、高原创性文化精品与高品质、高附加值文化消费的形势依然严峻。

（一）文化产业供给不足和供给过剩并存

随着我国经济的发展和国民财富的积累，文化生产和消费也面临整体的战略转型。例如从消费群体看，我国中产阶级人数将实现爆发式的增长并在十年后达到2.5亿到3亿（相当于美国或英法德意人口的总和）。庞大中产阶级的崛起，对高品质文化产品和服务提出了新的要求，即如何提供"高水平供给"和"有效供给"。而在当前文化产品和服务的供给中，有"高原"缺"高峰"，文化精品供给不足。相反，在一些领域又存在低端供给过剩，无效供给库存严重的现象，文化产业供给不足和供给过剩并存，已成为制约文化产业结构优化的重要瓶颈。

例如在出版领域，从2004年到2014年10年间，我国图书市场库存数量增长近25亿册，而总印数增长18亿册；2014年，全国图书市场纯销售额777.99亿元，库存则为1010亿元。图书库存的激增，集中反映了出版业与市场间突出的供给侧矛盾，一方面，图书消费已经基本市场化；另一方面，图书生产的市场化程度还远远不足。[①] 而在电视剧领域，作为世界电视剧产量大国，2015年，全

---

① 刘拥军.中国图书市场与库存现状及对策[N].中国出版传媒商报，2015-12-29.

国生产完成并获发行许可的电视剧剧目共计394部,16540集,但播出量只有8000集左右。许多低俗供给、低端供给、过剩供给、僵尸供给和呆滞供给等挤占了文化市场,中低端产品生产过剩,企业产品积压,高质量、高科技产品需求增加而生产不足。反观国际市场,优质进口电视往往以强大的有效供给占据更高的收视率。例如《太阳的后裔》只是韩国娱乐工业流水线上的一件产品,但其每集23万美元转播权的价格以及播出6集达到28.5%的收视率、播出15集时已达34.8%的收视率,远远高于国产电视剧。在电影市场,我们的影视制作虽然数量年年都在递增,但真正能够打入世界市场的产品却很少。与此形成鲜明对比的是,美国占有世界56%的广播和有线电视收入、85%的收费电视收入、55%的电视票房收入和占全世界总额1/3的电影票房收入。我国出版和影视产业发展中呈现出的问题,也反映出文化产业供给侧的共同困境。如何通过供给侧结构性改革发挥市场的作用,引领和推进产业升级,创造更多文化精品力作,夯实经济中长期健康和可持续发展的基础,迫在眉睫。

(二)文化产业需求下降与需求外移并存

从我国需求侧市场总量看,2015年我国实现社会消费品零售总额达到30.1万亿元,同比增长10.7%,消费对社会经济增长的贡献率达到66.4%,比2014年提高15.4%,是经济增长的第一驱动力。这也进一步说明,我国成功地实现了经济增长由投资和外贸拉动为主向由内需特别是消费为主的重大转型。但值得关注的是,文化产品和服务显然并未完全适应消费需求转化,文化领域的供给总体上仍处于较低水平,例如部分行业领域需求下降,而海外相关领域消费却不断激增,需求外移的速度也不断加快。

以旅游消费为例。2013年,我国接待入境游客人次同比下降2.51%,2014年,接待入境游客同比下降0.45%。从市场规模看,我国入境旅游市场总量位居世界第四位。而在出境旅游方面,我国不管是在出境客源市场规模上还是在旅游消费总量上都位居世界第一位。2014年我国出境旅游规模为1.09亿人次,境外支出总规模达到1648亿美元,①与此同时,2014年我国消费者全球奢侈品消费达到1060亿美元,同比增长4%;其中,本土消费额为250亿美元,同比下降11%;境外消费810亿美元,同比增长超过9%,也就是说,我国消费者76%的奢侈品消费发生在境外。② 事实证明,我国文化产业领域不是需求不足,或没有需求,而是需求变了,供给的文化产品和服务却没有变,质量、服务跟不上。有效供给能力不足带来大量需求外溢,消费能力严重外流,这也进一步折射出当前我国消费尤其是中高端消费的供需结构矛盾问题。如何解决消费市场供需错配问题,促进消费结构加快升级,进一步释放消费潜力,是供给侧改革的重点,也是供需协同发展的出发点。

随着我国人均收入和人们精神生活水平的提高,文化需求层次不断提升且日益多样化,文化产业消费类型开始从以中低端文化产品和服务为主的基本文化消费转向逐渐注重产品和服务的品质与体验价值的发展型消费,以及更加注重个性化与精品化的享受型消费转变,适应需求侧变化的文化产业供给侧改革势在必行。

三、基本思路:加强供给侧与需求侧互动反馈

从当前国际环境和中国经济走势看,我国正经历着经济社会发展"三期叠加"阶段,各方面的问题既表现出复杂性,又呈现出特殊性。在文化产业发展中,某些领域产能严重过剩、有效需求却不足的情况十分突出,但某些领域,文化产业发展却亟须通过增加杠杆来实现产业倍增。因此,"需要以需求侧管理来为长期供给侧改革保驾护航,通过在需求端创造宽松的宏观环境,引导市场中的创新力量去推动解决高端供给不足的结构难题,并实现供求之间在短期和长期的双向动态均衡。"③可见,以供需协同为基本思路的调控措施和发展路径成为必然选择,如何既能快速拉动需求,又能激发供给侧活力,成为当前和今后

---

① STEPHEN. China's Tourists Are Leaking Money[J/OL]. in Marketwatch. [2015-3-15]. http://www.marketwatch.com/story/chinas-tourists-are-leaking-money-2015-03-15.
② 佚名.我国消费者购买奢侈品近八成消费发生在境外[N].消费日报,2015-2-3.
③ 刘亮,李洁,李明月.供给侧改革应与需求侧管理相配合[J].贵州社会科学,2016(7):117-122.

一段时期文化产业结构优化的基本思路。

(一)通过供需调控实现"双效统一"

供给侧和需求侧的互动反馈可以更精准地实现文化产业调控目标,激发文化产业的内生动力。一方面,通过适度简政放权和因地制宜的微观政策,充分激发全民创造活力和消费潜能,激活文化企业和企业家的发展能动作用;另一方面,以坚守文化发展红线和文化民生底线为基本要求,加强保障基本文化权益、改善文化民生基本需求,实现文化效益的最大化。

供给侧和需求侧宏观调控相结合,可以更好地调整和优化文化产业的财税、金融、投资、土地、人才和环境政策,形成有利于文化消费升级和文化产业升级协同发展的政策环境和知识网络。这种多层次、灵活的知识网络,有利于文化企业主体间的知识共享,创意阶层间的创意碰撞,产生创新氛围,构成创意空间,使企业因弥漫着"产业空气"而具备更强的创新能力,从而为文化产业的新产品、新业态、新模式成长提供支撑。

供给侧和需求侧社会管理相结合,能够更好地发挥社会政策的托底作用。文化产业不只是一般意义上的文化形态和经济形态,同时还是一种特殊的文化制度形态。文化产业供给侧结构性改革应立足于"从实际出发",既要充分考虑到文化产业的"文化属性"和"社会效益",又要特别重视文化产业发展的"商品属性"和"经济效益";既要体察我国供给侧结构性改革的整体实践,也要注重其他发展中国家及发达国家产业结构调整过程产生的经验和教训。

(二)通过供需反馈实现新旧动能交替

供给侧和需求侧的互动反馈可以更好地实现文化产业发展中新旧动能的交替,利用经济新动能,例如"互联网＋""双创"和"中国制造2025"等,驱动文化产业结构性改革,将成为优化文化产业供给的重要路径。当前,我国经济正处在新旧动能转换的艰难进程中,传统动能弱化加大了经济下行压力,但新动能也正在加快成长,从需求结构看,消费已经成为经济增长的第一驱动力。2015年,最终消费对经济增长的贡献率达到66.4%,2016年上半年,这一贡献率更是达到 73.4%,特别是信息消费、绿色消费持续扩张,文化领域的消费扩张迅速。从产业结构看,文化产业发展向好,以新动能为引领的创新型文化产业增速加快。根据国家统计局对全国规模以上文化及相关产业 4.8 万家企业的调查显示,2016 年上半年,上述企业实现营业收入 36168 亿元,比上年同期增长 7.9%(名义增长未扣除价格因素),继续保持较快增长。文化及相关产业十个行业的营业收入均实现增长,文化服务业快速增长。其中,五个行业实现两位数以上增长:以"互联网+"为主要形式的文化信息传输服务业营业收入为 2502 亿元,增长 29.7%,文化艺术服务业 125 亿元,增长 19.8%,文化休闲娱乐服务业 496 亿元,增长 17.8%,广播电影电视服务业 712 亿元,增长 16.4%,文化创意和设计服务业 4341 亿元,增长 11.1%。[1] 此外,随着我国经济的发展和财富的积累,中产阶级人数将实现爆发式增长并在十年后达到 2.5 亿到 3 亿(相当于美国或英法德意人口的总和)。庞大中产阶级的崛起,对高品质文化产品和服务提出了新的要求,通过供给侧结构性改革发挥市场的作用,引领和推进产业升级,创造更多文化精品力作,才能夯实经济中长期健康和可持续发展的基础。

(三)通过供需互动避免政策单侧失灵

供给侧和需求侧的互动反馈可以有效避免文化产业管理中单方面的失灵。在全球化加速、知识经济发展迅猛、创新周期日益缩短的当今时代,在某些尤其是重大社会挑战如健康、环境等领域,单靠市场机制不能满足社会需求,[2]且从供给侧或需求侧某一方面出发的政策体系也存在系统失灵,在应对社会挑战方面未能发挥出令人期待的效果。而供给侧和需求侧的政策调控,则像是一把剪刀的两翼,两种政策措施要相互配合使用而非替代彼此,可以更好适应创新发展不同阶段的要求,也能够通过互动反馈发挥在文化产业不同增长阶段和不同生命周期进程中的调节与支撑作用,进而避免某一侧的政府及市场失灵。

---

[1] 佚名.2016 年上半年文化产业保持快速增长[N].光明日报,2016-8-2.
[2] 常静.重视"需求侧"创新政策,完善新时期创新政策体系[J].科技管理研究,2012,32(22):31-34.

毋庸置疑，文化产业发展的动力是由供给侧和需求侧共同作用决定的。从文化产业发展的国际环境看，以发达国家为主导，以信息技术和文化内容及品牌为核心的文化产业，将继续成为发达国家产业结构调整转移的中心。同时，发达国家的知识密集型新兴服务业和发展中国家的传统服务业，将继续成为各自发展的主流。随着国际产业间分工、国际产业内分工日益向国际产品内分工延伸，国际产业结构调整转移日益体现为国际产品内工序环节的调整和转移。在开源背景和开放环境中，互联网不断加速需求和供给之间的互动速度和反馈效果，并直接影响创新的扩散和吸收。[①]强调供需侧的互动反馈可以更好地从全产业链角度关注文化创新并针对文化市场和用户的需求与诉求提供有效供给，进而实现文化产业结构的合理化和高度化。

四、对策建议：供给侧改革应与需求侧管理协同配合

从当前我国供给侧改革的实践看，推动文化产业结构优化升级，有助于实现经济领域供给侧改革"减少无效供给"的去产能任务；优化区域文化产业发展布局，有助于实现经济领域供给侧改革"扩大有效供给"的"补短板"任务；发展壮大文化市场主体，有助于实现经济领域供给侧改革"提高企业竞争力"的降成本任务。可以说，文化领域供给侧改革既是对经济领域供给侧改革的有效配合，又在某种程度上通过全面创新引领经济领域供给侧改革，例如文化产业供给侧改革与需求侧管理的协同配合，正是提高文化发展的质量、增进文化民生的福祉、推动文化业态创新的有效实践。而进一步明确哪些领域、哪些产业、哪些产品在"供给侧"需要加大改革力度，在"需求侧"应当深化管理创新，则是深化文化体制改革、推动文化产业行稳致远必须深入研究的议题。

(一) 供需管理双管齐下，优化文化产业发展结构

供给和需求是文化产业管理中的两个方面。供给和需求是对立统一的，保持总供给和总需求的动态平衡是文化产业科学发展的重要条件。文化产品和

---

① 常静.重视"需求侧"创新政策,完善新时期创新政策体系[J].科技管理研究,2012,32(22):31—34.

服务的供需不平衡、不协调、不匹配,会导致文化资源在市场配置中的错配、错位和产业结构的扭曲、畸形。供给和需求又是相互作用的,发挥供给侧和需求侧的作用和功能,是文化产业既注重当前增长,又注重长远发展的有效路径。

随着文化产业发展步入"深水区",文化产业的结构将不断优化,以往单纯依靠原始的比较优势或者要素禀赋(如各种资源的丰裕程度)来定位自身在经济发展中的角色[①]的发展方式,已经不存在绝对比较优势,以"人口红利"实现劳动密集型和自然资源密集型产品较低"成本优势"的可能性也逐渐降低。在文化企业快速更新的市场环境下,文化产业如何优化自身发展结构,应对市场进行动态性调整,提高产能效率,转变发展模式,提升产业层级,是文化产业发展的关键。在这一基本态势下,文化产业结构优化的核心是不断丰富信息消费内容,大力发展数字出版、互动新媒体、移动多媒体等新兴文化产业,促进动漫游戏、数字音乐、网络艺术品等数字文化内容的消费。一方面,加快建立技术先进、传输便捷、覆盖广泛的文化传播体系,提升文化产品多媒体、多终端制作传播能力。另一方面,加强数字文化内容产品和服务开发,建立数字内容生产、转换、加工、投送平台,丰富信息消费内容产品供给。此外还要加强基于互联网的新兴媒体建设,实施网络文化信息内容建设工程,推动优秀文化产品网络传播,鼓励各类网络文化企业生产健康向上的信息内容。

在优化文化产业业态结构的同时,还要通过产业需求侧的管理发挥"稳定器"作用,进而避免或化解经济下行中的潜在矛盾和风险。通过需求侧管理为长期供给侧改革保驾护航,实现文化产业的长效发展和可持续更新,有利于文化产业实现跨界资本运作、消费刺激提升和走出去。此外,应当充分发挥文化产业供给侧改革的"加速器"作用,进而实现文化产业在市场资源配置中的积极作用。文化产业供给侧改革侧重于引导市场中的创新力量去推动解决文化产品和服务领域高端供给不足的结构性问题,对于实现供求之间在短期和长期的双向动态均衡将起到重要作用。无疑,掌控需求管理的尺度,营造稳定的文化

---

① 杨小凯,张永生.新贸易理论、比较利益理论及其经验研究的新成果:文献综述[J].经济学(季刊)2001,1(1):19—44.

经济发展环境,实现文化产业供给侧和需求侧的互动发展,是当前和今后一段时期文化产业发展不可回避的命题。

(二)供需网络协同创新,促进文化产业融合发展

协同创新是以知识增值为核心形成大跨度整合的创新组织模式,其关键是形成以大学、企业、研究机构为核心要素,以政府、金融机构、中介组织、创新平台、非营利性组织等为辅助要素的多元主体协同互动的网络创新模式,从而产生"1+1+1>3"的非线性效用。① 以协同创新为组织形态,以跨地域、跨行业和跨所有制的方式整合资源,实现"新供给创造出新需求",是文化产业深度融合和跨界发展的有益探索和良好范式。

当前,"文化+"和"互联网+"是提高我国经济潜在增长率、变"微观潜力"为"发展活力"的关键所在;"生活+"是不断满足人民群众日益增长的文化服务需求,保障和改善民生的重要手段;"金融+"是文化产业深入参与资本市场合作,提高我国文化产业竞争力的资金保障。作为文化产业供给侧结构性改革的重要发展趋向和创新维度,它们如同圆心、圆周和圆面,分别是供给侧改革的战略思维、战略路径和战略意义,有利于提高文化发展的质量、增进文化民生的福祉、推动文化产业结构优化升级、激活文化供给增长内生动力,推动新的文化业态不断融合、演绎、更迭、创新。借助"文化+"带来的创新思维,"互联网+"带来的技术革命,"生活+"带来的理念突破,在供给与需求之间建立起"产品生产—需求反馈—个性化生产"的良性互动关系",②促进文化产业融合发展,是实现文化产业协同创新的核心内容。

1."文化+":供给侧改革的要素核心

"文化+"是以文化为引领的产业横纵联合,它可以满足新需求、创造新供给,提高文化产品和服务供给体系的质量和效率,为文化发展提供新思路、新模式、新业态。"文化+"的融合内容主要包括:以技术全面创新促进文化科技产

---

① 陈劲.协同创新与国家科研能力建设[J].科学学研究 2011,29(12):1762—1763.
② 刘亮,李洁,李明月.供给侧改革应与需求侧管理相配合[J].贵州社会科学,2016(7):117—122.

品和服务创新,提高文化产品和服务的科技含量,改造传统文化行业,提升要素利用效率,推动文化与科技融合发展;以品质化和品牌化方式促进文化旅游产品和服务创新,提高文化旅游内容和形式的开发深度,提高文化旅游产业发展强度;以资本制度创新促进文化金融产品和服务创新,创新文化资产管理方式和文化金融服务组织形式,推动文化与金融融合发展;以创意设计和形象授权为引领促进文化制造业创新,加快将文化元素融入制造业研发、设计等价值链高端环节,向设计服务领域延伸和服务模式升级,推动文化与制造业融合发展;以产学研对接与文化教育联动促进文化教育融合发展;以嵌入式和融入式方式促进文化地产与文化生活、文化社区融合发展;以休闲中国和健康中国为主旨推动文化体育融合发展;以互联网和物联网为载体推动文化物流融合发展。

2."生活+":供给侧改革重要支撑

生活性服务业领域宽、范围广,涉及人民群众生活的方方面面,与经济社会发展密切相关。加快发展生活性服务业,是推动经济增长动力转换的重要途径,实现经济提质增效升级的重要举措,保障和改善民生的重要手段。"生活+"的重点是着力提升文化服务内涵和品质,推进文化创意和设计服务等新型服务业发展,大力推进与相关产业融合发展,不断满足人民群众日益增长的文化服务需求。

第一,增加服务有效供给。鼓励各类市场主体根据居民收入水平、人口结构和消费升级等发展趋势,创新服务业态和商业模式,优化服务供给,增加短缺服务,开发新型服务。城市生活性服务业要遵循产城融合、产业融合和宜居宜业的发展要求,科学规划产业空间定位,合理布局网点,完善服务体系。农村生活性服务业要以改善基础条件、满足农民需求为重点,鼓励城镇生活性服务业网络向农村延伸,加快农村宽带、无线网络等信息基础设施建设步伐,推动电子商务和快递服务下乡进村入户,以城带乡,尽快改变农村生活性服务业落后面貌。

第二,扩大服务消费需求。深度开发人民群众从衣食住行到身心健康、从出生到终老各个阶段各个环节的生活性服务,满足大众新需求,适应消费结构升级新要要,积极开发新的服务消费市场,进一步拓展网络消费领域,加快线上线下融合,培育新型服务消费,促进新兴产业成长。加强生活性服务基础设施建设,创新设计理念,体现人文精神。提升服务管理水平,拓展服务维度,精细服务环节,延伸服务链条,发展智慧服务。积极运用互联网等现代信息技术,改进服务流程,扩大消费选择。培育信息消费需求,丰富信息消费内容。改善生活性服务消费环境,加强服务规范和监督管理,健全消费者权益保护体系。深度挖掘我国传统文化、民俗风情和区域特色的发展潜力,促进生活性服务"走出去",开拓国际市场。

第三,提升服务质量水平。营造全社会重视服务质量的良好氛围,打造"中国服务"品牌。鼓励服务企业将服务质量作为立业之本,坚持质量第一、诚信经营,强化质量责任意识,制定服务标准和规范。推进生活性服务业职业化发展,鼓励企业加强员工培训,增强爱岗敬业的职业精神和专业技能,提高职业素质。积极运用新理念和新技术,改进提高服务质量。优化质量,发展环境,完善服务质量治理体系和顾客满意度测评体系。①

3."互联网+":引导供给侧改革的方向

"互联网+"解决的是供给侧结构性改革的方向问题。"互联网+"是把互联网的创新成果与经济社会各领域深度融合,推动技术进步、效率提升和组织变革,提升实体经济创新力和生产力,形成更广泛的以互联网为基础设施和创新要素的经济社会发展新形态。在全球新一轮科技革命和产业变革中,互联网与各领域的融合发展具有广阔前景和无限潜力,已成为不可阻挡的时代潮流,正对各国经济社会发展产生着战略性和全局性的影响。"互联网+"融合的整体思路是,顺应世界"互联网+"发展趋势,充分发挥我国互联网的规模优势和应用优势,推动互联网由消费领域向生产领域拓展,加速提升产业发展水平,增强各行业创新能力,构筑经济社会发展新优势和新动能。坚持改革创新和市场需求导向,突出企业的主体作用,大力拓展互联网与经济社会各领域融合的广

---

① 《国务院办公厅关于加快发展生活性服务业促进消费结构升级的指导意见》,2015年11月22日国办发〔2015〕85号。

度和深度。着力深化体制机制改革,释放发展潜力和活力;着力做优存量,推动经济提质增效和转型升级;着力做大增量,培育新兴业态,打造新的增长点;着力创新政府服务模式,夯实网络发展基础,营造安全网络环境,提升公共服务水平。值得注意的是,"互联网+"的内容是关键。"互联网+"的本质,是依托信息基础设施与网络技术,实现信息和资源等互联互通、交互共享,因此应引导更多互联网企业走上科技创新驱动、追求高附加值的发展路径。

4."金融+":助推文化产业供给侧改革

金融是现代经济的血液,也是文化产业发展的核心。文化产业快速发展迫切需要金融业的大力支持。当前,我国文化产业进入"换挡升级"的发展机遇期,文化产业的发展基础和动力从政府转向市场,从注重数量增长转向注重质量提升,以市场为取向的改革发展红利正不断释放。随着文化产业的细分领域已经具备产业化、市场化条件,金融介入的时机基本成熟,新金融、新资本与文化产业的嫁接、融合与创新,正在诞生文化金融的新业态、新格局、新趋势。金融引导资源配置、调节经济运行、服务经济社会,对国民经济的持续、健康、稳定发展具有重要作用。文化产业是国民经济的重要组成部分,近年来,文化产业呈现出良好的发展态势,正成为经济发展新的增长点,在保增长、扩内需、调结构、促发展中发挥着重要作用。因此,推动文化产业与金融业的对接,是培育新的经济增长点的需要,是促进文化大发展大繁荣的需要,是提高国家文化软实力和维护国家文化安全的需要。

文化和金融融合发展有助于推动经济结构调整、经济发展方式转变。文化产业以创意为源头,是一种科技含量高、资源消耗低、环境污染小的绿色产业。鼓励金融业为文化产业输血,扩大文化产业的比重,是推动我国产业结构升级、缓解资源能源瓶颈的重要举措。文化产业的金融结构优化有利于促进文化大发展大繁荣,满足人民群众多样化、多层次、多方面精神文化需求。金融支持文化产业发展,能缓解文化产品供需矛盾和结构性短缺,保障人民群众基本文化权益,让人民群众在享受富裕物质生活的同时,享受到更加丰富多彩的精神文化生活。文化金融产品创新有助于提高国家文化软实力,增强文化产业成长动力。文化产业兼具经济和文化的双重属性,具有精神和物质的双重力量,大力改善文化产业发展的金融环境,更好地运用国内国际两种资源、两个市场,推动文化产业持续快速发展,将有效提升我国文化软实力,从而使我国在日趋激烈的国际竞争中赢得优势、掌握主动。

(三)供需市场包容创新,鼓励文化产业试验试错

解决文化产业供需错配的关键是提高文化市场的创新能力,通过全要素的立体创新,实现文化产品和服务的精品化、高端化和优质化。文化的创新来自于文化市场的包容和开放,来自于制度的激励和创新。如何培育健康的市场环境,构建"大众创业、万众创新"的文化格局,激活文化创造力,解放文化生产力,是文化产业供给侧改革的重点和难点。

众所周知,制度创新始终是文化产业创新体系的核心,也是创新体系中执行难度最大的内容,然而制度却提供了一种经济的激励结构,随着激励结构的演进,制度决定经济变化的走向是增长、停滞,还是衰退。[①] 在文化产业发展中,对制度的"试验"要求在"试错权"范围内,确定以"立"为主的发展格局,其第一要义是实现文化企业的产品优化和产业升级。创建立足于供给侧结构性改革、强调供需协同发展的某一领域或某些行业的文化产业试验区,可以更好地为文化产业市场主体创新发展提供从"试错"到"试验"再到全面总结经验、规避误区的发展范式,是适合文化产业供需市场协同创新的有效探索和尝试。

因此,如何更好地探索和建立以制度创新为核心的试验机制,使更多文化企业汲取和借鉴文化市场制度创新经验,以"有形之手"破除"市场失灵",以"无形之手"解决"政府失灵",通过营造"大众创业,万众创新"的社会环境,增强金融对创新的支持能力,增加民间资本的投资机会,把文化产业结构与文化市场需求结构真正匹配起来;更好地规避试验过程中的弯路和不足(在有约束的"试错权"范畴之内),实现从试点到全面铺开的文化创新之路,激发创新主体的活力,提高市场对创新行为的引导和甄别能力,从而更有利于市场引导创新,就变

---

① 李兴耕,李宗禹,荣敬本.当代国外经济学家论市场经济[M].北京:中共中央党校出版社,1994:158.

得至关重要了。

随着改革开放的全面深化,文化体制机制的不断完善,文化发展方式将迎来实质性转变,文化改革创新的整体性、互动性、协调性将日益增强,文化产业融合的广度、强度和跨度也将不断提高,将会有越来越多的中国文化企业在全球文化市场中角力。显然,文化领域的供给侧改革仍是一场长期战、持久战和攻坚战,作为成长期的新兴业态,中国文化产业在发展中还存在诸多问题,它们既体现出供给侧与需求侧的发展矛盾与共同困境,又显示着供给端和需求端不同的侧重点和接驳点。而宏观经济政策演化的历史一再表明,供给和需求政策往往是相互转化的,所以单纯地放弃需求谈供给或放弃供给谈需求都是片面的,只有把握好供给侧与需求侧的"尺度",把握好文化在经济社会发展中的"温度",掌握好文化产业发展速度和发展质量之间的"平衡度",既不唯经济领域供给侧改革为决定论,也不唯文化产业发展评价中的"GDP论",而是充分发挥市场在现代文化产业体系建设中的积极作用,更好地创新文化观念、创新组织形态、创新内容形式、创新管理方式,探索和创造出一种激励和推动文化生产与传播更加生机勃勃的制度,才能更加理性地推动文化产业成为国民经济支柱性产业。

案例篇

1."文化十"视角下的供给侧改革[①]

——以华江文化跨界发展为例

【案例导读】

大力发展产业联动,推进技术密集型、资金密集型、创意密集型的新兴领域和新兴业态发展,从注重产品技术更新的"硬创新",走向关注情趣和审美的"软创新",从而走向更高水平的综合型"巧创新"。[②]

---

① 本篇案例作者:冯明园,中国传媒大学经管学部硕士研究生。
② 花建.中国文化产业的区域发展战略[J].同济大学学报(社会科学版),2014(3):39—48.

1.1 基于"文化+"的跨界融合创新供给侧思维

跨界融合已成为全球文化产业发展的新潮流。文化与工业、商贸、旅游、房地产等行业的"越界、渗透、提升、拉动"作用越来越明显。文化产业与其他产业的跨"业"融合,需要更为丰富的集成创新。它突出文化创意成果与一、二、三产业成果在技术、包装、品质、风格、广告、象征意义等方面的融合,把文化创意的能量播撒到城市生活的每一个空间。总体上而言,文化产业融合发展主要体现在两个维度上:一是产业之间的横向融合,即以核心设计带动相关衍生品的设计制造,形成品牌服务、配套服务、专卖店之间的联动,以创意产品打造优质品牌,同时以优质品牌促进创意产品的销售,让工业的各个环节形成良好的互动效应。二是产业链的纵向整合,形成资源共享的产业生态。全产业链的建立使得设计企业既可以帮助萌芽企业建立自己的概念体系,完成从生产到销售等各个环节的程序设计,又可以帮助成熟企业开辟新的产业领域,形成新的利润增长点,并且对于设计企业自身而言,全产业链的建立使其掌握产业链的核心环节,处于产业链的高端位置,具有较高的品牌识别度。

成立于2003年的北京华江文化发展有限公司(以下简称"华江文化")以"文化+"为核心理念,在文化产品和服务供给上,进行横向延伸和纵向拓展,一方面,将自身定位为设计资源整合者,立足核心优势,融合外部力量,将业务范围拓展到体育、旅游、动漫、会展、城市景观、品牌视觉体系设计、艺术大师衍生品经营等多个领域,加强与实体经济的合作,提升旅游、体育、餐饮等传统行业的产业附加值。另一方面,抓住2008年奥运会的契机进行转型升级,逐渐从产业链最低端的产品制造者过渡到具有品牌知名度的高端定制设计服务供应商,并发展了涵盖创意、研发、设计、制造、市场营销等各个环节的完整产业链条,同时加强与国际企业的合作,不断壮大国际平台,成为国际性文化创意公司。因此,无论是从产业之间的横向融合还是从产业链的纵向整合来看,华江都是创意设计产业跨界发展的典型代表。

1.2 华江文化跨界创新的经验和模式

(1)优质的产品内容

内容是文化创意设计产业的核心生命力所在。华江始终以创意作为核心经营理念,将设计贯穿于产品研发环节中,形成了产业链的价值核心,始终以消费者的需求为研发计划出发的原点。一方面,公司在国际知名体育、文化品牌的授权衍生品特许经营等主营业务领域和体育、旅游、高端定制服务等核心业务领域通过文化植入、创意融入和设计提升不断推动体育、旅游等相关行业内容创新,不断提升其产品的附加值和核心竞争力。另一方面,华江也不断地扩大自己的生产经营范围,不再局限于徽章、金属类别商品的单一设计,开始走向涉及饰品挂件、金属摆件、币形纪念章、贵金属和徽章五大类别的全品类商品和几十个品类的设计。仅2008年北京奥运会期间,华江作为北京奥运会的特许经营商、特许零售商,就研发了十几个产品系列,开发了以鸟巢钢火炬为代表的2000多件单品。

优秀设计理念的注入使华江成为全球最大的奥林匹克特许经营企业,也是全球唯一获得北京2008、伦敦2012、里约2016连续三届夏季奥运会授权的企业,是中国唯一拥有顶级奥林匹克知识产权开发权的企业。不仅如此,华江运营的北京礼物、鸟巢等品牌占据了中国文化旅游市场,使其成为中国旅游商品开发方面的龙头企业。华江已成为文化创意设计行业的领跑者,卓越的设计能力和设计作品使人信服,无论是2014年为北京APEC会议创意设计全套会议用品、纪念品及国宴餐具,还是2015年为"9.3阅兵"前夜国宴设计全新的钓鱼台国宴餐具,都是华江跨界发展的最好证明。

(2)广泛的资源平台

华江以自己独有的资源整合体系,掌握产业链中最核心的环节,通过对设计、生产、物流、销售渠道等各类资源进行调整、组合和一体化,建立起完整的产业链条。华江作为整个产业链的主导企业,通过调整、优化与企业上、下游关联企业之间的关系,使其协同行动,提高了整个设计产业链的运作效能,最终提升了企业自身以及相关企业的竞争优势。以生产环节为例,华江根据不同的项目需求,与符合国际标准责任体系的第三方建立战略合作关系,并指定第三方审核公司,定期对生产商进行资格评审,以确保生产的商品符合各项管理规定与要求。通过与生产工厂的合作,华江既能有效地控制成本,制定合理的销售价格,又能促进第三方合作企业各方面进步与提升,使设计业与制造业形成良好的互动关系,制造企业为设计提供了良好的服务设施,设计业以创意设计来推动中国制造业的发展进程。总之,华江完整设计链条的建立为关联企业搭建了一个互动合作的平台,使企业之间资源共享、互通有无,形成强大的产业竞争力。

除了国内平台的搭建,华江也致力于国际平台的搭建,积极迎合国家"走出去"战略,分别在美国、巴西、英国、新加坡、韩国、香港等地设立海外分公司,并长期与最具国际影响力的专业机构及行业的领军企业保持合作关系,与多家重量级国际机构结成战略合作伙伴,为中国企业树立了正面形象。为了设计出符合伦敦奥运会特色的奥运徽章,华江充分利用国际资源平台,整合伦敦的顶尖设计资源,充分考虑伦敦当地的特色和人文风貌,最终设计出 2012 款不同的徽章,这些徽章为我们生动地讲述了一个奥运故事,同时,也形象说明了一个企业的实力和价值。

(3)多元的销售网络

华江不仅拥有顶尖的设计能力和资源整合能力,同时还具有强大的销售能力,从线上、线下多种渠道将产品送到消费者的手中。在物流环节,华江运用先进的信息管理系统精准控制,其物流能力即有效市场遍及全球 100 多个国家和地区,产品直接从工厂到库房,再到店面,避免了中间商赚差价。

在销售环节,华江不断拓宽销售渠道,在全国开设奥运特许零售店 32 家,同时利用 ERP 操作为实体店、专卖店、专柜、银行邮政、贵金属店等终端供货,精准控制,形成了覆盖全国的成熟的线下销售网络。同时,华江充分利用互联网的优势,拓展天猫等线上专业销售网络,为顾客提供了便利,也推动了服务品质的升级。

(4)有效的保障措施

对于设计企业而言,知识产权是企业的生命线。但是,在我国,由于知识产权保护法的缺失以及企业自身知识产权保护意识的缺乏,自身知识产权受到侵害和侵害他人知识产权的现象时有发生。完善的知识产权管理制度的建立,除了政府的引导之外,更重要的是作为知识产权收益的主体——企业应建立规范的知识产权体系。华江将知识产权作为一种经营资产,十分重视知识产权在经营管理中的重要价值。一方面,华江不仅重视知识产权的开发,以优秀的设计作品赢得了奥林匹克品牌知识产权、北京礼物的城市礼品开发授权、国礼国宴餐具的开发权等国际最具影响力的品牌授权,同时注重对已有知识产权的重复利用,大力开发各类品牌的衍生品,不断提高知识产权实施比例和商品化程度,延伸知识产权的利润和价值。另一方面,华江自有的系统化生产管理体系为知识产权的保护提供了良好的氛围和土壤,严格的研发审批流程杜绝了侵害他人权益的情况。良好知识产权制度的建立,不仅有利于华江对已有知识产权的管理、运用,更有利于为设计研发者营造一个良好的激励环境,促进新技术的产生。

1.3 华江文化对文化产业供给侧改革的启示

(1)以创意为核心,促进文化创意设计融合发展

设计,从某种意义上讲,是创意的一种表达手段,因此对于设计企业而言,无创意,不发展。文化创意设计产业的发展必须坚持以创新创意为核心驱动力,一方面,以创意设计来提升文化资源的利用率,将传统文化元素与现代文化相结合,将国内元素与国外元素相结合,激活传统文化资源的生命活力,增加文化资源的附加值;另一方面,以创意设计来丰富文化作品的内涵,任何事物都因设计而精彩。华江设计研发的"9.3阅兵"晚宴钓鱼台国宴餐具,以牡丹纹为核心元素来表达对国家繁荣昌盛的期待,以缠枝纹为辅助来表达对民族生生不息的祝福,古典元素的搭配和运用,使作品更具意义和价值。

随着时代的变迁,人们对于生活品质有了更高的要求,因此设计不应局限于某一领域,而需充分发挥设计的使命和活力,让设计与相关产业充分融合发展,丰富文化创意设计作品的种类和内涵,将文化理念和创意设计渗透进社会生产的各个领域、各个环节,不断开拓创新,全方位满足人们对于高品质生活的需求。对于设计企业而言,文化创意产品的跨界生产使设计企业可以提高对已

有知识产权的重复利用率,提高现有知识产权的使用价值。

(2)加快知识产权保护,延伸文化创意设计产业链条

设计企业作为知识型企业离不开知识产权的保护,知识产权是企业盈利的关键。有鉴于此,必须为设计企业提供良好的制度环境,一方面,针对设计的各个环节,制定完善的知识产权保护法律,加强设计过程中的知识产权保护。另一方面,企业必须健全设计成果保护和评价体系,加强对设计过程的监管,避免侵害他人知识产权现象的发生,提高员工的知识产权保护意识。另外,也要完善第三方知识产权评价体系,加大对侵犯知识产权行为的惩罚力度,在全社会营造出尊重设计知识产权的良好氛围,不断激励设计师创作出更好的设计作品。

设计企业作为价值链的核心环节,应该通过整合设计资源、制造资源,加强与第三方企业的合作,不断延伸产业链条,有效地提高资源流动的效率,使资源得到最大化的开发和利用,为整个产业链条的相关企业提供一个良好的发展平台和发展环境,强强联合,形成巨大的竞争力。设计企业应充分利用其品牌影响力获得衍生品授权并按一定的比例获得相应的授权费用,除此之外,产业链上的每个环节企业都能获得相应的回报,实现共生共赢。

(3)拓宽销售渠道,促进文化创意设计产业快速发展

销售作为企业与顾客的最后一公里,决定着企业的成败,因此如何建立完善的销售网络,制定有竞争力的营销战略,是文化创意设计产业发展的重大难题。可以借鉴华江的发展经验,依托实体店、专卖店、零售店渠道以及良好的控制系统建立起能够实时精准控制、方面灵活的线下销售渠道。

设计产业的发展也应顺应当前电子商务发展的趋势,在维护好线下销售渠道的同时,积极扩张线上销售渠道,实现有形市场和无形市场、实体经济和虚拟经济的融合。企业应立足于市场经营状况,及时调整分销战略,一方面,以线上渠道为线下渠道的补充,以优质的产品宣传吸引顾客到线下店面购买;另一方面,将线下店面作为体验店,通过线下的良好体验吸引消费者从线上直接购买商品,节省顾客的时间和体力,给予顾客更多的让渡价值,实现线上销售渠道与线下销售渠道的良性互动。

(4) 以重大项目为引领,加强文化创意设计品牌建设

华江之所以能取得巨大的成功,与 2008 年北京奥运会是分不开的。奥运会作为全球最大的体育盛会,为华江提供了良好的机遇和平台,使其不断调整自身组织结构,吸纳优质设计资源,不仅实现了企业的转型升级,从产业链最底端的制造企业一举成为了最前沿的设计企业,还形成了自身独特的设计风格,奠定了华江在体育领域和旅游领域的设计基础。此后依托伦敦 2012、里约 2016 夏季奥运会以及冬奥会、青奥会等重大项目,华江进一步提升企业的设计水平,以优质的设计作品证明了自己的能力和实力,获得了社会的广泛关注和认可,大大提升了企业的品牌影响力。

有鉴于此,设计企业的发展必须抓住机遇,迎难而上,以重大项目为引领,完善自身的组织结构,提升设计能力,实现企业转型升级;同时,依托重大项目的品牌和影响力来吸引社会的关注,健全文化创意设计品牌的价值体系,形成企业的品牌优势。

2."生活+"视角下的供给侧改革
——以青龙胡同创意营造为例

【案例导读】

社区不仅是人的群居地,更是文化的组织和社交的单元。社区还是充满了归属感和生活方式共性中的多样性的地域单元和时空坐落,是文化传承创新的鲜活经验和创新智慧的贮存器。以"社区"为单元,以"生活+"为理念,其构建的"新邻里"关系,既可以为文化产业发展融入新的力量,创造新的空间,又可以为社区居民构筑新的在地场景,创造新的工作场域。

青龙胡同是北京市东城区二环附近的一条普通街区。在北京土地资源日趋紧张的格局下,一面是林立的写字楼,另一面是老北京原生态平房四合院,青龙胡同成为一条混搭感十足的胡同空间。因为地处二环附近,所以周边聚集了众多设计公司、创意公司,而作为传统胡同居住区,这里也是老住户祖祖辈辈生活的家园。青龙胡同特殊的地理位置,使其发展很快面临文创产业与传统居民社区和谐共生的问题。如何更好地提升街区创新活力,通过交往与合作实现邻里关系和谐、企业创新共享、社会资源充分利用？东城区推出的"新邻里文化创新街区"计划,借助设计的力量构筑了"文创＋胡同"、"文化＋生活"的城市新生态。

2.1 以"生活＋"构筑新邻里关系

"新邻里文化创新街区"计划以青龙胡同为主要区域,其覆盖范围包含两条胡同——青龙胡同和藏经馆胡同。在空间上,大约1000米的胡同周边聚集了一大批文化创意企业。正是现代化写字楼和传统式老百姓的民居生活之间形成了鲜明的空间对比,让"新邻里关系"的探讨更加有意义。到底什么样的模式更适合青龙胡同的发展？如何通过"生活＋"的理念实现文化街区的更新和创造？

(1) "新邻里"的本质是构筑基于"生活＋"的文化圈

"新邻里文化创新街区"将快速发展的城市和老百姓日常化的生活进行了统一,"新邻里文化创新街区"计划覆盖区域东起歌华大厦,西止雍和宫,区域内既有歌华大厦及雍和大厦等商务写字楼,又有圣唐古驿、77文创雍和宫园等胡同创意工厂,还有许多传统平房四合院和小商铺,涉及范围约24万平方米,而其实施基础就是源于"生活＋"的供给侧改革。

(2) "新邻里"重塑了传统居民社区和新兴创意产业之间的关系

"新邻里"的概念就是营造传统居民社区跟新兴创意产业之间的新邻里关系,包括周边的各企业之间的邻里关系,通过探索各种各样的邻里关系建设,建立起青龙胡同文化创新的生活圈。"这里有诗歌戏剧创作社区,皮具、陶艺等手工体验,VR及微电影项目等。生活方式的全新体验以及文化消费将使这里成为一个具有活力和文化基因的商业区,不论工作还是生活其中,都能享受到文化创新带来的生活品质提升。"[①]值得注意的是,"新邻里"所营造的文创环境可归结为品质生活。在公共意识的前提下,通过文化融合,引导街区的居民、企业员工、设计师和创业家实现长久共赢,让青龙胡同这个富有传统文化寓意的标志深入人心。

---

① 周渊.北京青龙胡同探索城市新生态:文创企业与胡同居民和谐共融[N].文汇报,2016－6－19.

(3)"新邻里"将居民的文化诉求和生活需要作为关键要素

"新邻里"的关键在于"以人为本",将居民的文化诉求和生活需要作为解决问题和创意营造的关键。在青龙胡同的改造中,设计师通过前期走访询问,了解居民的意愿。比如有的居民希望胡同里能有一个健身区域,有的居民希望能解决晾衣服空间缺乏的问题,有的居民则提出希望胡同里能有垃圾固定回收点等。设计师通过综合考虑,探索出一个老城区改造的新模式。"例如晾衣服的空间,如何通过设计,既满足居民需求,又成为一道风景和艺术品。"改造后,胡同的公共空间、住家的个人空间、老胡同的环境乱象以及功能外观都得到改善。

(4)"新邻里"不做大规模规划和改造,而是通过更新、共生的理念来唤醒街区的活力

"新邻里－青龙胡同文化创新街区"以文化活动为主线,调动每一家文化企业推出自己的特色活动。例如在开展的活动中,有一个活动以中国传统二十四节气的时间轴排开,使文化自觉融入到居民生活中;再比如创意市集可能会开在居民院里,居民也可以分享活动带来的收益;而"回家吃饭"这样的活动,则通过写字楼里的员工在附近的居民家里吃到温暖的午餐的方式,杜绝了写字楼和胡同二元对立的空间格局。

2.2 以"生活＋"营造社区文化空间

社区的特定文化空间是文化遗产赖以产生和发展的土壤。社区文化空间的特质与文化遗产的传承方式和使用方式有着密不可分的关系。然而在当前的社区发展中,传统文化的生存空间、传承主体往往难以得到全面重视,尤其是在乡村地区,文化遗产的破坏性开发与技艺流失严重。以"生活＋"为理念加强社区供给侧改革,为居民提供全面的文化服务,可以赋予社区文化以历史温度和发展特色,使社区成为城镇化进程中有效的"文化容器"和"文化磁场"。

(1)尊重社区民众利益是"生活＋"的前提

社区作为"生活＋"的载体和单元,一方面缓解了城镇化同质发展、千城一面的危机,并在一定程度上弥补了社区缺乏主题、缺少特色的盲目发展缺陷;另一方面以旧城改造和新区开发对社区全方位的建设为契机,充分激发社区文化

创新的能动性和社区文化的创造力,创新了社区文化发展的路径。社区的社会组织要素和社会存在特征,决定了社区文化产业参与的方式和社区文化遗产保护的模式,但如何有效保证当地社区民众的利益受到尊重,同时减少将公共文化服务发展和文化遗产保护完全变成政府行为带来的弊端,使保护项目和社区发展二者实现双赢仍是当前社区文化建设的难点。

(2) 融入社区生活图景是"生活+"的基本逻辑

文化产业发展一旦与区域社会文化发展相衔接,与日常生活图景相融合,便逐步建立起一种不同社会主体能够相对平等、动态地享有空间权利,相对自由地进行空间生产和空间消费的理想状态。从这一维度看,以社区为单元的文化传承与发展的空间逻辑主线,是活态文化附着于"生活+"的各种载体而形成的生态组群及其构成的生态系统。例如,集合区域内物质和非物质文化遗产而形成的文化线路,使多样的地理、自然和文化景观关联,并由于经过地区和区域的不同而展示出各自的风格和特征,让活跃的文化流动可以更好地将遗产资源置于真实的空间范畴去生存和演绎,使文化遗产从静态向动态,从单个遗产向群体遗产转变,拓展了文化遗产的空间,使文化遗产安全更加多边稳固。

(3) 优化社区时空关系是"生活+"的主要诉求

社区是诠释文化发展时空逻辑的重要场所。为什么许多古村落可以在传承文化遗产的同时焕发出文化产业的生机? 正是因为那些承载着历史信息的空间形态,透露着"生活+"的丰富信息,这些生活的细节和真实的镜像,往往有着艺术创作必不可少的"时间素材"。它不仅留住了往日的时间,而且再造了往日的空间。[①] 正是社区以活态的空间构成和动态的参与机制,才最大限度地维护了文化安全,优化了时空关系,创新了生活图景。优化社区时空关系,不仅是"生活+"的主要诉求,也是"生活+"的最高境界。试想一下,在古老的胡同里,可步行的社区、多样化的建筑,共同构成了"生活+"的动人元素,而公园和广场是每个社区的公共场所,这些空间没有被当作对城市零碎地填缝的手段,也没有被当作周围开放地带的隔离区、缓冲区和分离街道与建筑的手段。四合院是

---

① 胡惠林.时间与空间文化经济学论纲[J].探索与争鸣,2013(5):10—16.

富有生活气息的,适于生命并充满价值,它们是街坊邻居的聚会场所、活动和锻炼的中心,是幼儿园理想的设置地以及情侣约会的好地方。这便是"生活+"构筑的新邻里关系和图景。

3. "互联网+"视角下的供给侧改革[①]

——以乌镇为例

【案例导读】

乌镇隶属于浙江省嘉兴市桐乡市,西临湖州市,北接苏州市吴江区,是江南六大名镇之一,中国江南水乡古镇的典型代表,拥有7000多年的文明史和1300多年的建镇史,享有"中国最后的枕水人家"的美誉。镇域面积71.79平方公里,总人口6万,镇区常住人口1.2万,在未开发前曾是一个农业人口达5万人的农业小镇。乌镇由东栅、西栅、南栅及北栅构成,而乌镇景区一般是指东栅和西栅。乌镇作为中国国家5A级景区和中国首批十大历史文化名镇之一,进入了"世界文化遗产预备名单",是承载水乡文化、科举文化和民间信仰、戏曲等民俗文化的历史圣地。2014年乌镇成功承办首届世界互联网大会并成为永久举办地,随后两届世界互联网大会成功召开,使乌镇产生了历史水乡古镇与现代互联网基因的灵感碰撞。乌镇突破地域限制、放眼全球的开阔视野将互联网与镇域发展紧密融合在一起,战略性地融入互联网时代浪潮,塑造了全球智慧城镇样本,而且探索了"互联网+文化""互联网+城镇化"和"互联网+旅游"的创新示范道路,使发展路径由要素驱动、投资驱动转变为创新驱动,为我国古镇的现代化和时代化建设提供了有益实践经验。

3.1 乌镇发展的创新实践

(1)互联网助力智慧小镇构建

经济基础的夯实和发展理念的转变奠定了智慧小镇根基。乌镇本是一个经济落后的小镇,在江浙沪的江南古镇中并无差别,但战略性和前瞻性地开辟

[①] 本篇案例作者:高国丽,中国传媒大学经管学部硕士研究生。

了以古镇保护和旅游开发为主体的特色发展之路。随后乌镇的旅游效益全面蔓延,形成了具有标杆意义的"乌镇模式",不仅旅游业成为当地的特色产业,而且带动了现代化配套设施的完备。乌镇处于长江三角洲地带,便利的交通和优势区位为上海、杭州、苏州和南京对乌镇的辐射效应提供了支撑条件,而周庄、西塘等古镇景区的集中也塑造了区域特色旅游品牌。乌镇具有敏感的时代感知,较早完成了免费无线和移动网络的全覆盖,当微博、支付宝等网络应用在一线城市崭露头角时,乌镇就敏锐地将其应用在景区商超系统和其他智能化系统。乌镇在道路、网络、会议场地、景区等基础设施建设和经营管理方面的不断完善,为近年来承接各类大小型会议带来了契机,并且乌镇政府制定了以镇区景区化和景区全域化为内容的"两区两化"三年行动计划,通过整治外观环境、传统农商企业转型和服务业、农业等方面招商三个战略抓手为乌镇的生态化、协同化发展奠定了基础。基础设施的完善和着眼长远的先进发展理念破解了古镇的现代化难题,使乌镇在区域联动发展中释放活力,不断拓展和强化市场空间。正是千年古镇的现代化互联网基因和多年文化旅游建设厚积薄发的实力,让乌镇成为世界互联网峰会的举办地,由此为乌镇带来了发展互联网产业的重大机遇。乌镇成为省级互联网经济创新发展综合试验区,智慧交通、智慧安防、智慧旅游、智慧社区、智慧医院等互联网建设节节开花,成为智慧小镇的发展典范。

互联网促进全域旅游深度延伸和旅游产业运营模式新升级。乌镇所在的桐乡作为首个国家级旅游综合改革试点县,将旅游业作为重要的战略部署,较早实践了全域旅游的"大旅游"观念。桐乡不断完善基础设施、旅游服务等,使其与景区协调发展,并通过全域景区发挥辐射作用带动周边区域。桐乡将建设乌镇国际旅游区、平安雅达养生养老社区、浙北现代农业休闲观光体验区、长三角新兴文化创意产业区、濮院历史文化时尚购物集聚区,从而形成"一轴两翼"的大旅游格局。乌镇开发出公共自行车租赁系统、地图 APP 和游览车智能调度系统,还开启了信用支付时代,比如支付宝芝麻信用在 600 分以上的游客可在乌镇西栅景区免押金借用雨伞、充电宝、出入证等。同时游客可通过"乌镇旅游官方预订"微信公众号、乌镇官方预订网站、乌镇手机网以及 OTA 等多渠道进行乌镇景区产品的在线选购,通过支付宝"口碑"、美团和大众点评等可以轻松进行门店交易,这些智能化的线上交易系统形成了"智能乌镇商业圈"。

(2)互联网促进传统产业融合发展与转型升级

区域的科技创新能力和产业融合发展程度决定了城镇化的质量。城镇化要以人为核心,提升城镇人口的生活质量也是新型城镇化的应有之意。我国首家基于可持续服务体系的"互联网养老"服务平台落户于乌镇,线上通过交互系统实现远程监控,线下通过"养老服务照料中心"的社区形式满足老人日常活动和服务,破解了城镇化过程中生活、医疗和养老的割裂发展,有效提升了城镇老人的生活品质,最大化整合了土地、基础设施和老龄化人群等要素,实现了居家、社区养老和医疗服务全面覆盖。不仅如此,乌镇还建立了首家互联网医院,实现了精准预约、在线复诊,达到了城乡医疗资源合理配置和医疗效率提升的效果,并切实提升了人们的生活质量,从而使基层被动医疗向主动健康服务医疗模式转变。互联网峰会的举办为乌镇带来了大众创业、万众创新平台,已吸引腾讯众创空间、凤岐茶社等30余个项目落户乌镇,随着一批众创空间投入运营,乌镇创客生态圈雏形已现。当地政府的支持和配套设施的完善提供了良好的创业环境,本地和外地大学生等人才的回流和集聚为本地发展提供了智力支持,并通过创业、就业等方式加快了就地城镇化进程。

(3)"互联网+文化"成为城镇发展新引擎

特色文脉认知、传承与文化创新水平保障了城镇的可持续发展潜力。坚持文化创新,以文化要素驱动乌镇旅游产业品质提升,将互联网基因植入产业发展,这是"乌镇模式"取得成功的重要原因。文化创意是传统产业和企业转型升级的"加速器",乌镇所在的桐乡集良渚文化、运河文化、蚕桑文化和茅盾、丰子恺等名人文化于一身,拥有1个世界非物质文化遗产"中国蚕桑丝织技艺"、2个国家级非遗项目和13个省级非遗项目。桐乡市是我国民间艺术、摄影和书法之乡,众多珍贵的文化资源为文化创意产业的发展提供了创作之源。乌镇集聚的濮院毛衫和崇福皮草生产、传统布艺、造纸厂等传统行业,也通过文化创意走上了转型升级之路:造纸厂在政府的支持下改进技术实现环保生产,并在场内建设造纸技术体验展馆,开启了生产与文化旅游共生的"工业旅游";华腾牧业采用了凤岐茶社的"智能农业"感知系统,实现了线下消费者领养宠物的"认领小猪活动",并在线上实现喂食等远程操作,传统企业植入互联网和文化基因达到了转型升级;乌镇凤岐茶社智慧农业和自媒体视频直播发展迅速,孵化各类企业30多家,包括推动本地濮院服装制造的视频电商发展,除此之外智能农机具的使用也为低碳环保、高效的农业发展提供了基础。

3.2 乌镇发展的借鉴经验

(1)政府科学布局,开拓市场思维

贯穿古镇建设始终的互联网市场动向构成城镇持续更新动力。乌镇作为千年古镇有着辉煌的历史,在年代的夹层和现代交通的开拓下失去了当年水路交通的中心优势,以农副产业为依托的市镇商贸功能的退化和以县城为中心的发展造就了古镇发展的边缘化,但这也在一定程度上保留了古镇的风貌。发展旅游业成为桐乡市委、市政府的适宜之举,于是开启了乌镇"迁、拆、修、补、饰"的保护与开发之路。随着取景于乌镇的电视剧《似水年华》热播带来的契机,乌镇旅游部门趁势请剧中演员刘若英为乌镇代言,并将拍摄的"乌镇,似水年华"视频广告放到优酷网播出,其中刘若英"来过,便不曾离开"的旅游宣传片网络效应蔓延迅速。另外乌镇在其官方旅游网站"虚拟旅游"板块还设置了《似水年华》场景、花絮等内容,将乌镇形象宣传与这部剧紧密地结合在一起。2003年乌镇西栅开发起初便前瞻性地埋下了宽带网线,在当时互联网业态尚未成熟和资金需求量大的情况下便有开发互联网的意识。同时,政府顺势提出要将乌镇建成"中国旅游第一大镇"和"国际一流风情小城"的目标,展开"两区三化"的三年行动计划。正是当地政府的科学引导和居民的积极参与让乌镇这个具有互联网和文化基因的古镇赢得了"互联网大会永久选址"的机遇,三届大会的成功举办已经让这个小镇站在了互联网发展的"高地"。不难看出,乌镇始终在跟进时代发展,善于借助专家力量谋求科学规划,根据发展的阶段性提出目标有序建设,互联网思维是从敏锐的市场意识逐渐探索出来的,先进的发展理念也为古镇的转型和健康发展提供了指导。

(2)抓住发展机遇,释放"互联网+"红利

互联网媒介作为产业融合的催化剂加速城镇功能的升级。产业升级和劳

动力集聚是新型城镇化的必然要求,城镇化结构优化、水平提升是以产业升级为基础的,产业升级带来的劳动力就业机会和公共空间建设加快了城乡一体化进程。传统业态在快速发展的时代被边缘化往往是缺乏市场思维的结果,产业搭载互联网平台而连通市场渠道又会焕发新生机。互联网在我国发展已呈现井喷之势,随之而来的互联网思维成为各行各业的改革动力,物联网、云计算、互联网金融、大数据、智能设备和电商等遍地开花。随着互联网大会永久落址于乌镇,开启了里程碑意义的"乌镇时间",乌镇互联网创新发展综合试验区的设立让改革创新之风融入了乌镇乃至嘉兴,嘉兴市也在积极创建中国互联网大学、网络空间培训学院,为互联网产业发展提供智力保障。互联网大会带动了创新创业大潮在浙江盛行,全省范围内电子商务、互联网金融、智慧物流等新业态快速发展。从事服装外贸的嘉兴格特兰制衣公司负责人姚云飞开发出一套魔镜网络试衣系统,还推出了线上"乌镇商城",搭上互联顺风车而打开了销路,通过互联网峰会展示的服装技术给企业带来更多启示,类似的企业在互联网峰会聚集人才、技术和资金的带动下收获了发展红利。互联网对于城镇来说是集聚创业人才、提升现代化水平、实现脱贫的重要载体,城镇要创造和重视有利于互联网发展的客观环境,敢于尝试和引进互联网技术设施,向城镇居民和企业传播互联网思维,涌入时代发展机遇,从而实现城镇的转型升级。

(3)搭建文化平台,创新管理途径

互联网文化平台所包含的技术逻辑和人文情怀决定了古镇的文化辐射力。互联网背景下文化产业进行着生产观念、商业模式等的改变,互联网提升和重塑了文化产业的平台经济,古镇在谋求经济效益的同时也承担着传播优秀文化的责任,"互联网+文化"成为城镇经济发展的新引擎。一般意义上,古镇景区的开发面临着原住民与开发者的矛盾,而着眼长远的整体规划和有效管理模式则是破解矛盾的基础,古镇文化传承需要居民搭台唱戏,因此这种保护与开发意义上的协调关系亟须处理。乌镇同其他古镇原本并无差异,但乌镇走出了一条对东栅和西栅的开发保护之路,保留了古镇水乡建筑和丰富的人文资源,并从中挖掘文化特色。乌镇每到养蚕时节就会有"烧香祈求蚕茧"活动,乌镇在东栅开放之年举办了中断长达50年的传统香市活动,继续挖掘出皮影戏、童玩节、水龙会和高杆船等传统活动。乌镇继续在文化创新的路上突围,凭借独特的古镇保护方式作为历史文化遗产多次亮相国际,通过乌镇戏剧节打造全国乃至国际文化大平台。互联网峰会让乌镇进入国际视野,第一届当代国际艺术节也在乌镇拉开帷幕,这也奠定了"乌镇文化平台"的国际化地位。在管理创新上整体产权开发、专业团队统一管理、成熟的质量标准管体体系,保障了原住民生活方式的延续和商业与文化、开发商与居民关系的平衡。对乌镇的探索表明单纯的景区营运需要向全面文化景区迈进,千篇一律的复制亟须向地方特色文化基因提取转型,互联网为古镇的现代化转型提供契机,文化基因并非只能从现有文化资源中提取,要突破地域发展局限思维,创造"水土相服"的文化盛事,打造文化品牌、搭建大文化平台。

3.3 "互联网+"视域下小镇建设的思考

乌镇智慧小镇的建设成果由旅游产业的协同化创新发展而来,为我国类似古镇提供了可供借鉴的经验和可复制的模式。但乌镇是在千年古镇逐渐转型过程中一次次抓住和创造了发展机遇,才成为如今的互联网发展高地和国际化文化平台,就其内部基因来看仍有可待完善之处。从乌镇的互联网产业发展环境来看,快速的发展与规模的膨胀对管理能力、方式提出了挑战;从乌镇的辐射强度来看,在桐乡市乃至更大的经济范围内尚未形成较好的区域影响力;从乌镇的空间营造和环境来看,适宜互联网发展的人才聚集条件和创客空间的形成有待完善。诸如乌镇这类具有鲜明文化基因而适合互联网产业生态建设的古镇亟须谋求现代化发展,而通过一种突破地域的媒介而产生地域质变效应,从而形成文化、经济和生态协调发展的制高点的变革将会陆续上演。

(1)做好顶层设计,创新管理方式

乌镇的智慧城镇建设和探索实践表明了古镇历史文化遗产开发和智能化过程中的整体性,要处理好古镇改造与生活环境、经济效益与文脉保护、产业升级与城镇功能、功能区布局与区域承载力、信息发展与项目引进、镇域规划与城乡目标等诸多关系,互联网的发展对城镇管理方式和空间发展规划提出了新的挑战,要有计划、有层次和有规范地淘汰和更新城镇产业布局。首先,在实现城镇智能化发展之下做好规划,为传统产业结构优化升级提供充足的发展空间,因地制宜地根据各片区的资源环境状况、经济发展程度、历史文化和人口因素确定互联网产业园区和功能分布;其次,加大政策和技术支持力度,不断完善公共基础设施,吸引科技、人才和资金等要素向互联网产业园区的集聚,制定科学的项目招商标准系统,项目引进要与本地产业发展相协调,不能盲目追求眼前利益,加快淘汰低效益、高污染等不协调的滞后产业;最后,推进治理方式的智能化、高效化和透明化,完善公共服务平台建设,整合公安、水电、民政、城管和信监等主要社会职能部门,构建实现部门联动、动态跟踪的集成化网络服务系统,为互联网企业提供快捷的审批、入驻和运营等服务,依托大数据、云计算等技术构建监督系统,及时掌握和监督垃圾、污水、水电供应等的运行情况。

(2)更新发展思路,盘活文化价值

互联网思维为传统小镇的发展提供了跳板,在更新发展路径的同时为小镇建设提供了新的增长极。互联网打通了小镇通往世界的渠道,互联网基因与城镇建设、文化基因与品牌平台搭建以及镇域发展与区域空间成长彼此交错、互为依托,新一轮的城镇转型升级和发展模式探索掀起了浪潮,在我国政策推动之下的城镇建设也将进入发展的快车道。在区域化发展方面,乌镇所在的长三角地区经济发展保持较好态势,已经逐步完成了发展模式由"要素驱动""投资驱动"向"创新驱动"转变,乌镇凭借戏剧节等文化平台和世界互联网大会等国际化舞台,积极融入长三角的区域网络经济建设,承担起长三角尤其是浙江省的展示示范和信息交流窗口功能,推动区域化产业集群创新升级。在内部产业融合发展方面,小镇的旅游观光基本功能要向文化旅游迈进,挖掘本地的文化基因和潜力,创建区域文化旅游品牌,融合互联网的智能化功能,开发互联网体验旅游产品和商业化应用软件;引导特色工业与文化旅游相结合,提升工业生产的文化附加值,创建品牌、提升研发和自主创新能力,并落实淘汰机制,保持更新效应;加快推进智能化农业建设,通过互联网技术发展品质高、附加值高、深度加工的产销一体化特色农业。

(3)深化空间营造,拓展功能布局

新型城镇化的核心是以人为本,小镇的持续发展需要人才的智力输入,而互联网产业所具有的技术密集性质为吸引高复合型人才创造了条件。小镇要更加注重空间营造,提供相适应的休闲化、宜居宜业的空间环境,构建有利于创新人才畅通交流的服务平台、丰富的文化休闲场所,尤其是在传统小镇面对群体语境下的空间系统,要科学规划游客、居民和创客群体的空间结构,构建有机的共生单元。在对历史悠久的古镇开发时要遵循"保护为先"原则,充分考虑人文遗产的不可再生性和宝贵性,保证古今建筑的协调性。互联网要与城镇化功能相融合,加强智慧社区建设,提供智能化生活、社区管理、就业、养老等服务;加强智慧景区建设,提供更加便捷、安全、人性化的服务;加强创客空间建设,提供政府政策、金融服务、创客交流平台等支持;加强智能教育建设,培养互联网空间管理、产业发展的人才,为从业人员提供培训和自主学习的平台;积极推进脱贫进程,为本地人提供就业和受教育机会,保障基本的公共文化需求和提升生活品质。

  新型城镇化是我国经济发展的重要引擎,特色小镇建设是我国实现新型城镇化的重要途径,而在小镇转型发展中互联网则成为其打破地域限制、实现产业升级和绿色发展、提升城镇功能的有效途径。乌镇用互联网思维赢得了古镇国际化平台发展机遇,以互联网作为媒介加速城镇化功能的升级和更新,以互联网文化平台传承我国优秀文化。乌镇的发展经验表明对于具有悠久历史的古镇开发,如何以集成化公共服务平台提升城镇治理能力,如何以经济文化大平台形成区域经济增长极、推动区域产业集群升级,如何以创客空间、智慧产业提升城镇功能,互联网已经成为我国城镇建设不可缺少的工具。

第四章　文化产业供给侧改革与塑造经济新动力

一、当前我国经济发展亟须解决的动力问题

(一)新旧动能接驳时期伴生的动力断层问题

改革开放以来,传统动力一直是驱动我国经济高速增长的主要动力,但是近年来其所呈现出的增长率放缓、动力缺乏的问题及其反映出的诸如"僵尸企业"、产能过剩等现象和投资收益递减、政策刺激效果不明显等问题,都说明经济发展的拐点已经来临。与之相反,新技术革命带来的新动力正在一些新的领域成为驱动经济增长的重要引擎。例如,2015 年第三产业增加值占国内生产总值的比重达到"半壁江山";消费占 GDP 超过 60%;"互联网+"、物联网、云计算、电子商务等新兴产业和业态蓬勃发展;2014 年中国高技术出口已经超过日本;等等。[①] 数据表明,新动力正在异军突起并日趋成为经济增长的新支撑。而在新旧动能交替的过程中,动力的接驳往往难以完全平稳对接,新技术导入期的漫长以及新动力介入期思维观念转变周期的漫长,往往会产生技术市场失灵问题和整体创新生态滞后问题,经济增长和社会发展不可避免地面临"阵痛"和压力。如何实现新旧动能的平稳接驳,打通新动力运行的"高速公路",为经济增长带来新动力,迫在眉睫。

[①] 郑世林. "S型曲线"理论 用新动能带动"新经济"[J/OL]. 中央政府门户网站. [2016—5—17]. http://www.gov.cn/zhengce/2016—05/17/content_5074156.htm.

(二)供给侧结构性矛盾导致的动力抑制问题

从供给侧角度看,支持经济增长特别是长期增长的"动力源",主要由五个要素构成,分别是劳动力、土地和自然资源、资本、制度、创新。主要的国际经验都表明,各个经济体在进入中等收入阶段之前,前面三项(劳动力、土地和自然资源、资本),对经济增长的贡献容易比较多地生成和体现出来。一般经济体在发展过程的初期与"起飞"阶段,强调所谓"要素投入驱动"、粗放发展,是和这有关的。在进入中等收入阶段之后,后面两项即制度、科技和管理创新等方面,可能形成的贡献会更大,而且极为关键。① 随着我国经济发展进入转型升级新阶段,当前的制度结构、生产结构已经不能满足庞大的中等收入家庭多元化、个性化的各类新需求,而经济社会发展中因供给抑制和供给约束并存、供给不足与供给过剩并存导致的动力抑制甚至衰减的问题正逐渐变得愈加突出。如何构建有效的动力机制,以"创新"为经济增长的发动力,从注重外延式拉动转向更加注重内生动力式发展,从注重短期高速增长转向更加注重持续健康稳定发展,势在必行。

(三)需求侧非均衡发展导致的动力约束问题

改革开放以来,我国城镇人口从1978年的1.7亿人增加到2015年的7.7亿人,常住人口城镇化率达到56.1%。快速城镇化在推动经济快速增长的同时也伴生了突出的经济矛盾、社会问题、城乡差距和区域鸿沟。从发展经济学二元经济理论的角度看,长期以来的城乡分割使得农业部门释放劳动力的潜力和工业部门吸纳农业剩余人口的能力均较低,在一定程度上抑制了农业现代化和工业化进程,阻滞了产业和城市的深度融合,"人的城镇化"的难于实现,导致了城镇化进程受到约束,以工促农、以城带乡的动力也就更加不足。这必然会削弱城镇化带来的动力源在经济发展中的作用,甚至因为"人的城镇化"滞后于"土地城镇化"而伴生了一系列社会问题,使消费刺激难以发挥效果,需求侧市

---

① 贾康.供给侧改革的三个问题[N].学习时报,2016-1-18.

场产生非均衡疲软。如何在新型城镇化进程中寻找原生动力,既可以有效解决需求下降和需求外移,又可以解决供给约束和供给抑制,从而破解要素问题,建立起城乡之间动力的要素流动转化机制,十分迫切但又任重道远。

二、文化产业的动力逻辑和动力特征

(一)文化产业基本属性的动力逻辑

供给侧结构性改革,重点是解放和发展社会生产力,用改革的办法推进结构调整,减少无效和低端供给,扩大有效和中高端供给,增强供给结构对需求变化的适应性和灵活性,提高全要素生产率。供给侧结构性改革的根本,是使我国供给能力更好满足广大人民日益增长、不断升级和个性化的物质文化和生态环境需求。从供给侧改革的出发点看,文化产业和经济领域供给侧改革既具有相同性,又具有特殊性。

从共同性看,文化领域供给侧改革是经济领域供给侧改革大局中的一颗落子,其共同目的在于从提高供给质量出发,用改革的办法推进结构调整,矫正要素配置扭曲,扩大有效供给,提高供给结构对需求变化的适应性和灵活性,提高全要素生产率,更好满足广大人民群众的需要,促进经济社会持续健康发展。从供给侧改革的目的看,文化领域供给侧改革通过提高文化供给的质量,满足人民群众文化需求多元化的要求,是对经济领域供给侧改革最大的配合。而从文化的经济属性来看,文化产业以成为国民经济支柱性产业为发展目标,则是对经济领域构建新支点、提供新动能、创造新增长点的最大贡献。例如从实现经济结构高级化角度看,发展文化产业有助于实现经济领域供给侧改革"减少无效供给"的去产能任务,为经济发展提供了新支点。从优化区域空间布局看,发展文化产业有助于实现经济领域供给侧改革"扩大有效供给"的"补短板"任务,在一定程度对经济领域"补短板"起到了重要补充,为经济发展提供了新落点。从壮大市场主体角度看,发展文化产业有助于实现经济领域供给侧改革"提高企业竞争力"的降成本任务,有效缓解了经济增长压力,激发并创造出经济增长的新动能。

而从特殊性看,文化领域供给侧改革因为文化的意识形态属性奠定了其特殊的角色和价值。人们往往在欣赏电影、观看戏剧、聆听音乐甚至是玩耍游戏时,潜移默化地被特定的生活方式和价值观念所影响,从而对全社会的精神结构产生深刻的影响。意识形态属性作用下的文化市场,自然不能完全等同于经济领域要发挥市场在资源配置中的"决定性"作用的方式,而是通过发挥市场在文化资源配置中的"积极"作用,从而在保持意识形态属性的基础上兼顾商品属性。

(二)文化产业的动力特征

文化产业是为社会公众提供文化产品和文化相关产品的所有文化生产活动。①《文化及相关产业分类》是《国民经济行业分类》的派生分类,而文化作为与经济、政治和社会相对应的范畴,同样与国民经济和社会发展相辅相成、相互促进。一方面,文化生产活动离不开国民经济体系支撑,经济发展和动能转换同样驱动着文化产业自身的结构调整和布局优化;另一方面,文化产业服务于国民经济的空间广阔,在文化产业和国民经济融合过程中,文化产业广泛而深入地渗透于不同行业、不同领域中,并因产业融合而发生裂变,在一定程度上推动并引领着经济领域的跨界发展和迭代创新。而市场主导和资本驱动下的现代文化产业,则在知识经济背景下快速成长,并逐渐凸显出以知识和创意为主要资源和核心资产的特征,为构建经济发展新动能提供了新思维和新范式。

第一,文化产业以创新驱动为主要特征,其所代表的战略性新兴产业具备接驳新旧业态,实现动力平稳过渡的能力。文化产业的实质在于创新,创新位列"创新、协调、绿色、开放、共享"的五大发展理念之首,是供给侧结构性改革的关键,也是"互联网+"时代最重要的经济和社会现象之一。在新旧动能接驳期,文化产业的驱动特点和动力特征体现出强大的动力"续航"能力。一方面,高度体现并践行创新驱动的文化产业作为一种经济发展新动力已经成为一个基于发展理念的共识。"十二五"时期我国文化领域呈现出蓬勃发展的态势,文

---

① 本文对文化产业的界定来自国家统计局《文化及相关产业分类(2012)》。国家统计局关于文化产业的定义及分类更体现"统计"特征,其看重统计数据可得性和注重统计数据比较性的特点,有利于为文化产业发展的宏观决策提供基础数据支持。

化产业增加值从2010年的1.1万亿元增加到2015年的2.58万亿元,增速远远超过同期GDP增速,释放出强劲的发展活力,成为经济发展"L"型走势下的新亮点。另一方面,文化产业融合创新和迭代创新的特征,又不断地颠覆原有的动力结构,体现着科技创新和产业发展双螺旋上升的基本格局,有效解决了新旧动能接驳期伴生的动力断层问题。2016年上半年,全国规模以上文化及相关产业10个行业的营业收入均实现增长,其中,实现两位数以上增长的5个行业中,以"互联网+"为主要形式的文化信息传输服务业营业收入为2502亿元,增长29.7%。① 这充分说明,新旧技术的转换更迭共同推动形成技术不断进步的高峰,进而带动"新经济"发展的趋向性特征越来越明显。随着供给侧结构性改革力度不断加大,文化产业市场主体创新创业活力将不断激发,骨干文化企业得以做优做强做大,新型文化业态得以培育,文化产业继续保持快速增长势头将有效推动经济发展实现动力的平顺接驳过渡。

第二,文化产业以融合发展为主要特征,其横纵联合和深度交融的产业黏性,符合经济社会发展向多元动力、混合动力转变的特征。从产业属性看,文化产业是一个综合性、渗透性、关联性比较强的产业,与多个产业存在天然耦合关系,具有跨界融合的深厚基础和广阔空间。文化产业的融合发展有效推动了产业结构、产业链条、产业形态的创新,实现了产业转型和动力接续。文化产业的融合发展还把与产业功能高度重合的城市功能剥离出来,通过创造核心产业彻底转变了城市形象,实现了城市驱动力的转型。从空间布局看,文化产业本身具备较强的跨界特点,空间界限的打破和行政藩篱的去除为文化产业重构经济地理格局、打破高度甚至过度依赖资源的掣肘提供了有利契机。随着"一带一路"、长江经济带和京津冀协同发展战略的推进,国内不同区域板块(东部、中部、西部和东北四大板块)间以及我国与周边国家的经济地理间的信息交流与能量交换,②构成了经济增长的新动力,文化产业的空间组织开始进入城市群和产业群协同发展的时代。以文化产业集群为代表的产业组织形态,以高度的集

---

① 数据来源:国家统计局官网,http://data.stats.gov.cn。
② 胡鞍钢,周绍杰.中国的新动力构成——"新常态"至少可延伸至2030年[J].人民论坛,2015(27):24—27.

聚性,实现了集约化、专业化和规模化的发展,形成了发达的产业体系和成熟的市场体系,构成了世界经济版图上色彩斑斓、块状明显的"经济马赛克"[①],其所体现并重构的多元文化、混合动力发展体系,不断成为全球创新活力最强劲的地区及资本、技术、人才等要素流通最迅速的地区,它们构建的创新生态为全球市场提供了优质的内容供给和有效的空间组织形态。

第三,文化产业以特色发展为识别特征,其因地制宜、以文兴业、以文塑城的发展特点,不但提供了释放城镇化的内生动力,而且在一定程度上消弭了城镇化伴生的社会问题。促进三次产业融合发展,强化产业支撑,是新型城镇化建设的内在要求。城镇化不仅转变了农民的身份,而且转变了农民的观念,使市场意识和商业意识逐渐渗透到农村生产、生活中。以文化为驱动力的方式所引领的城镇化,在尊重文化发展规律的前提下,挖掘先进文化基因,传承民族文化传统,可以有效破解人口城镇化滞后于土地城镇化的困境。例如,"特色小镇"建设中以自然村为单位,以农民为生产主体,以传统手工艺生产或休闲农业经营为主业,实现了"就地城镇化",创造出了城乡融合、产城一体、文化生态与文化旅游相结合的新业态,已经成为"就地城镇化"具有代表性的文化范式。而"易地扶贫搬迁"一旦与特色文化和资源禀赋对接,既可以有效解决农村剩余劳动力就业问题,使城镇化过程中的社会问题迎刃而解,还可以更好地传承本土文化,延续历史文脉,通过再造文化生产方式、营造生活方式来消除"异地"不适,使城镇化进程中的"乡愁"记忆和"家园"精神得到存续,激活主体空间的内生动力。

三、文化产业动力转换和再造的规律及思路

(一)以要素创新驱动业态创新

文化产业以要素创新为重要手段,其着眼于全面要素创新和擅长于迭代创

[①] "经济马赛克"现象的核心就是在一个地区,围绕一种主导产业,形成了原料、销售、科研、教育培训、文化、专业咨询、广告、商务中介等服务体系,这种产业丛群、企业集群的经济现象像一片马赛克一样镶嵌在土地上。"经济马赛克"现象的最大特征是系统集成,产业强大。据统计,美国新兴财富的绝大多数都是在"经济马赛克"分布的块状区域内被创造出来的。上个世纪90年代中期,美国380个产业集群生产了全美近60%的产出。

新的特征是突破传统动能发展遭遇"天花板"和新旧动能交替时期面临"玻璃门"的有效路径。文化产业是以创新为主要特征的战略性新兴产业,以科技创新为先导实现文化与科技深度融合的迭代创新,以跨界创新为主导实现文化创意和设计服务与相关产业深度融合的协同创新是文化产业创新之翼,它们共同构成了文化产业动力逻辑的主体。

一方面,文化产业借助科技力量不断突破发展的"天花板",实现自身转型升级,通过把握科技的规律、掌握科技的特点,解决"S型曲线"导入期市场失灵问题,着力营造创新驱动"新经济"发展的生态环境,注重营造创新驱动创业的社会环境等[①],重塑经济发展的新动力结构。另一方面,文化产业不断打破边界固定、行业分立明显的局面,以文化产业与旅游、信息、制造、建筑、体育、休闲、会展、商贸、零售等相关业态的融合,以文化产业与科技、创意、资本、市场、人才、品牌、渠道等相关要素的融合,不断实现行业的整合、要素的集聚,起到了推动新旧动能转换"加速器"的作用,并扮演着新旧动能转换"稳定器"的角色。

(二)以产业转型拉动消费转型

文化产业发展以产业转型为核心目标,其通过扩大有效供给和引导优质供给的发展动力是供给侧改革的核心,是解决"供给抑制"和"供给约束"并存矛盾的重要突破口。世界各国的经济发展史证明,在从中等偏上收入国家向高收入国家迈进的时候,恰恰是产业结构变化最剧烈的时候。在我国经济进入新常态、面临一系列新的突出矛盾和主要问题的环境下,产业结构供给侧失衡,供给抑制和供给约束共同存在的问题也开始显现出来。可以明确的是,供给侧的结构性问题,关键是供给主体的结构问题。只有供给主体充满市场活力、形成与时俱进的竞争力,才能形成供给侧改革的内生力量,源源不断向市场提供更优的有效供给,不断激活市场需求,创造消费动力。[②]

文化产业的产业特征表明,发展文化产业是在市场经济条件下满足人民群

---

① 郑世林.李克强谈"S型曲线"理论:用新动能带动新经济[J/OL].中国政府网.[2016—5—21].http://www.gov.cn/xinwen/2016—05/21/content_5075377.htm.
② 董小麟.着力优化供给主体结构和市场环境[N].南方日报,2016—3—14.

众多元化、多样化、多层次精神文化需求的基本途径。改革开放以来,我国居民消费结构出现"排浪式"变化,以"互联网＋"为基础的传统产业改造,以及相应的新模式、新业态、新经济共同推动文化消费转向更加多元和丰富的精神性产品和服务阶段,文化产业消费类型开始从以中低端文化产品和服务为主的基本文化消费向逐渐注重产品和服务的品质与体验价值的发展型消费及更加注重个性化与精品化的享受型消费转变,文化产业越来越具备为传统产业转型提供有效动能和为供给侧改革提供实验创新的可能性。

(三)以文化治理推动文化正义

文化产业以制度创新为根本保障,其着重转变政府职能和改革治理方式的创新路径为构建供给侧改革的政策支柱提供了强大动力。制度创新是最为重要的经济发展"发动机"之一,良好的制度环境是提高文化产业经营效率的重要保障,还是文化创意迸发、文化创新涌现的强大诱因。制度创新始终是创新体系中执行难度最大的内容,然而制度却提供了一种经济的激励结构;随着激励结构的演进,制度决定经济变化的走向是增长、停滞,还是衰退。① 文化产业供给侧结构性改革在经济发展动力体系构建中最大的贡献在于对文化产业政策的实验、试错和文化治理模式的探索、创新。

就前者而言,以国家文化产业创新实验区、国家文化金融合作实验区为代表的区域合作模式和发展范式,是对以制度创新为核心的实验机制的探索,更是对以"有形之手"破除"市场失灵",以"无形之手"解决"政府失灵"的制度创新的尝试。从后者来看,建立"文化治理体系"是国际上通行的成功的社会参与文化管理形式,也是推进国家治理体系和治理能力现代化的重大举措。改革文化治理模式即以市场经济的方式实现文化的政治、经济和社会的价值性转换,进而改变和重塑国家治理模式。文化产业供给侧结构性改革的制度创新之首便是通过有效的政府管理经济、社会方式的创新,形成国家文化治理体系。它增强了文化治理的协调性,并将与文化产业相关的工作纳入政府整体的工作体

---

① 李兴耕,李宗禹,荣敬本.当代国外经济学家论市场经济[M].北京:中共中央党校出版社,1994:158.

系、规划设计和考核制度,使文化产业成为国民经济的重要组成部分。同时,它激活了文化治理的能动力,充分释放文化市场的公平与正义,[①]更全面释放了经济社会的发展活力,为经济发展提供了有效动力。

四、发展文化产业对重塑经济新动力的启示

(一)永续创新塑造永续动力

创新既是文化的形态所需,又由文化的本质所赋。构建创新驱动型经济是我国实现可持续发展、促进经济结构优化、增强国际竞争力的必然要求。从国际经验看,文化创新在一定程度上优化了国家发展战略,重塑了新的经济路径价值导向。从历史的角度看,上世纪70年代欧美国家人均GDP先后达到5000美元进入工业化中后期时,这些国家出现了产业转型升级的趋势。在产业转型升级中,大众对知识、智慧、创新和审美等文化要素的需求更加强烈,将文化纳入国家发展战略,并以政府力量推进文化建设成为这些国家重塑经济动力的共识。以"创造性"为主题的国家文化发展战略的确立为这些国家的经济高级化构建提供了有利条件。可以说,文化产业在产业转型升级、经济结构调整优化中发挥了巨大的作用,并积累了丰富的创新经验。从当前的趋向看,世界正在酝酿新的科技革命和产业变革。"工业4.0"使信息化和传统精良制造结合起来,推动制造业更加智能化,形成新的国际竞争力。结合当前我国处于大力推进新型工业化、信息化、城镇化和农业现代化关键时期的特征看,文化产业已经跳出了作为战略性新兴产业的认知框架,而变成一种发展理念和发展思维。

文化产业对塑造经济发展永续动力的启发,首先源自文化产业自身的不间断创新。文化产业作为一种战略性新兴产业,以创新创意为灵魂,低耗能高附加值的产业特征,本身便是经济发展的新动力,其具备的强大的动力"续航"能力不断突破经济"L"型走势、不断创造发展亮点。而与此同时,文化产业自身也在不断进行供给侧结构性改革,力图进一步优化产业形态、集约空间布局、实现

[①] 胡惠林.在文化发展的实践中推进文化理论的创造性发展[J].中国编辑,2015(2).

经济结构合理化和高度化,为构建新动力、创造新动能提供稳固支柱。文化产业在永续创新中的自我更新,正是实现永续动力的基本逻辑。而事实上,以创新求发展,从来就是社会的进取法则与内在动力,也是经济发展的重要引擎与改革源泉。文化领域的创新和突破,不但颠覆了文化与经济基本属性二元对立的偏颇认知,而且更为经济发展和经济社会全方位的供给侧改革,提供了创新思路和创新立面。

(二)共生创新创造迭代动力

当前,全球化、技术的交叉渗透、产业界限与企业边界的日益模糊、信息技术的快速发展等,对创新提出了新的要求。开放市场环境和开源技术环境下,新产品、新技术的生命周期被不断缩短,市场要求的创新频率不断加快,新产品的开发与应用所需的投资也日益增大,传统的纵向一体化模式(从产品的设计到开发、生产、分销等产业链上的各个环节全部由一个公司来完成)[①]的创新,越来越难以独自实现。而随着文化与科技深层次、全领域的融合,文化市场的驱动方式也不断发生异质性变化,通过寻求迭代创新来源源不断地提供优质产品和服务的文化市场,开始以市场主体的自发力量展开基于创新链条的广泛合作。

在传统的经济学理论中,企业之间的关系不外乎竞争和合作两种关系,但无论是对抗性竞争,还是单一的合作,都有缺陷。对抗性竞争往往导致两败俱伤,而单一的合作会由于逆向选择和道德风险从而具有不稳定性。[②] 在这样的形势下,改变以竞争或者单一合作求生存和发展的战略,转而以竞合理念整合企业内外资源,与相关企业在竞争中合作、在合作中竞争,实现共同发展,就成为必然要求。文化产业的协作模式和共生生态,文化产业以集群方式构建的知识体系和创新网络,为经济发展寻求迭代动力、实现共生创新提供了有效范本。

文化产业对塑造经济发展迭代动力的启发,主要源自文化产业在集群模式

---

① 赵志耘,杨朝峰.创新范式的转变:从独立创新到共生创新[J].中国软科学,2015(11).
② 谭介辉.竞合战略:企业逆境突围的利器[J].中国经济周刊,2013(23).

的合作中构建的共生创新系统。建立在"共生"生态上的文化产业集群,是全球资本、技术和人才等要素流通最迅速、对创新和创造成果的应用最敏捷的地区,它们打破了单打独斗的"独立创新"范式,以生态链接构成了全球文化经济的协作网络。其"共生创新"的基本理念是,以智力成果和知识资源为集群凝聚的核心,以创新为动力,建立新的产业组织形态。可见,文化产业共生创新的核心在于构建了"共生"的系统,以及在该系统模块下创新单元、创新环境、创新基质和创新界面协同的网络。在共生网络中,创意阶层、创新环境营造者、创新制度和法制环境、创新反馈等共同推动着发展动力的更新、换挡、超越。

(三)跨界思维改造传统动力

随着国民人均收入和精神生活水平的提高,文化需求层次不断提高且日益多样化,文化产业消费类型开始从以中低端文化产品和服务为主的基本文化消费转向逐渐注重产品和服务的品质与体验价值的发展型消费,转向更加注重个性化与精品化的享受型消费,转向更加注重沉浸式和体验式的交互型消费。而新一轮科技革命又不断促使技术、信息、资本等要素跨国界、跨区域流动,以"跨界"为新供给特征的现代文化市场体系逐渐凸显出新的趋向。

从跨行业区间的要素融合看,文化与信息化的深度融合,将加速促使产业升级,增强产业竞争力;文化与城镇化的良性互动,将加快构筑优势互补、特色集约的城镇产业格局;文化与农业现代化的相互协调,则将加快形成因地制宜、产城人文有机融合的城乡一体化格局。不难看出,文化产业正不断通过创新驱动激活区域内生增长动力。从跨时间区间的资源整合看,文化产业擅长于从"时间"的逻辑主线中寻找素材,并力图通过历史与未来的对话,在"留住往日的时间"和"再造往日的空间"的过程中实现文化的时间价值,这正是一种跨界思维的体现。于传统工艺中寻求载体,在历史文化中寻求灵感,从村落记忆中寻找素材,这些做法不断催生新的产业集群出现,并在一定程度上推动了城镇化进程,更为重要的是,释放了二元经济地理结构下乡村的发展活力。从跨空间区间的区块链接看,文化产业以文化认同构筑文化纽带的特点,使它在区域空间中很容易形成新的逻辑框架——它们或者以"文化线路"的形式带状分布形成文化经济带,或者以"文化集群"的方式圈层扩散形成增长极。这些打破行政区划而由文化聚合力重组而成的区块,如同"经济马赛克"一般,闪耀着创新的光芒,并不断颠覆着传统动力模式。

跨界思维对传统经济发展动力的颠覆和重构,是建立在供给侧结构性改革基础上、适应和引领消费趋势基础上的裂变式创新。文化产业视阈下跨界思维带来的创新裂变,一方面打破了传统动力的线性模式,不断突破单一的、静态的串联式产业链而演化为复合的、动态的并联式协作的网络,重塑了以"大文化"为纽带、打通经济发展时空关联的动力机制;另一方面打破了传统资源的排他型消费模式,将传统生产活动和生活图景在市场化的环境下转化成文化商品,建构了文化经济的新秩序。

(四)平台思维激发内生动力

平台思维是基于"分享经济"的商业模式,它通过对使用权的重新安排使资源得到最大化的利用,又为市场需求者提供更优质的服务,实现了生产与消费的更好统一。平台思维也是适应供给侧改革要求的创新范式,它以按需分配为基础,以共同生产为纽带,使每个生产者同时也是消费者,每个人都可以按照自己的意愿与能力进行选择与发挥才能,从而实现人的自由发展。每个人都是"平台"上的节点,每个人都可以通过"平台"实现产品和服务的生产与供给,每个人都可以为满足他人的需求与发展创造条件。[1]

平台思维把知识的获取、共享、创新和应用建立在开放的平台上,打破区域行政壁垒,以文化创意资源的开发整理与重塑为主体,以文化创意和技术创新为驱动要素,能够有效实现资源的整合与市场的配置,往往成为政府经济调控的战略重点。开放平台的建立,能够对要素结构、需求结构和产业结构进行综合配置并在产业本身知识价值链的基础上展开分工与合作,实现资源共享。平台思维可以更好地推进隐性知识创新并提高隐性知识显性化所创造的产业附加值。隐性信息实现了各个具有不同创造能力和技术知识水平的创意企业依

---

[1] 姚鸿.分享经济释放社会发展新动力[J].红旗文稿,2016(7):24—25.

靠组织内部公开的界面规则或关系契约,在创意设计、生产、流通等各个环节实现灵活的专业化分工和松散的耦合,形成非线性、多层次、多功能的网络合作关系,[1]这种多层次的、灵活的网络通过创造"产业空气"激发市场主体的内生动力。

可见,平台思维是"文化＋"和"互联网＋"的高级阶段,也是将单一的"加法"运算向综合函数转变的复合法则。作为一种能够实现优质供给和有效供给的协同网络,平台思维激发经济发展内生动力的关键是创造优化经济发展的激励机制,构建产业结构优化的激励基础,完善市场竞争的激励机制,形成创新资本积累、创新制度积累、创新人才涌现、创新技术突破和创新治理渐进的动力机制,从而实现以开放的平台促进社会的公平与正义,以信息的共享促进社会的自由与开放,以高频与速度促进社会运行的效率提升,以永无止境的创新促进社会的不断进步[2]的改革路径。

总体上而言,文化产业近十年来的成长速度、产业黏度、联动发展特性和协同发展优势,越来越凸显出经济新常态下对转变经济发展方式、推动产业转型升级重要的配合作用,甚至在推动产业融合、推进城镇化发展、加速区域协同创新、参与全球文化经济角力及实现包容性发展等方面,文化产业也能发挥引领作用。当然,在文化领域配合经济领域供给侧改革的同时,必须认识到,文化产业的多重属性决定了文化产业动力逻辑的多元性,而文化产业政策价值取向的多样性又使文化产业动力逻辑呈现出混合性,以"经济性、政治性、社会性、文化性和意识形态性"[3]为多重性和多样化特征的文化产业,既遵循经济运动的基本规律,也具有文化运动的特殊法则。而正是基于文化的诸多特性,文化发展并未完全限于传统动力的桎梏中,而是通过不间断的创新重塑并创造了永续动力与迭代动力,通过跨界思维和平台思维改造传统动力并激发内生动力,这对经济社会全方位、各领域的改革创新都具有重要的意义和价值。

---

[1] 余晓泓.创意产业集群模块化网络组织创新机制研究[J].产经评论,2010,24(8):5—9.
[2] 韩智英.中国经济增长动力机制研究[J].知识经济,2016(13):9.
[3] 胡惠林.论文化产业的属性与运动规律[J].上海交通大学学报(哲学社会科学版),2007,15(4):5—13.

案例篇

1. 博物馆供给侧改革:从"深宫"走向生活深处

【案例导读】

每年5月18日是国际博物馆日,其中,2016年的主题是"博物馆与文化景观"。"让收藏在禁宫里的文物、陈列在广阔大地上的遗产、书写在古籍里的文字都活起来"与博物馆文化景观建设密不可分。文化景观视阈下的博物馆不再只是收藏与展示文物的场所,它一方面不断为当代的文化创新提供源源不绝的灵感和素材,另一方面正不断融入日常生活图景并与社区更新同步,创造着新的文化景观。

2.1 传统博物馆功能的局限性

(1)割裂了"物"与"人"的关联

传统意义上,博物馆包含收藏、研究、保护、展示、教育五大职能。人们过去将"保护"视为博物馆的天职,其最常规的保护方式就是以展品的形态保护文物。但展品形态的文物展示往往采用实体或课件展示的方式,虽然近年来出现了数字博物馆、虚拟博物馆等新兴陈列展示手段,但其本质仍主要突出"物"的价值和审美,而割裂了"物"与"人"的联系。从民族文化的传承和文化景观和谐发展的角度看,"文物"绝不能脱离造就它的物质条件、环境与民众基础。如果只在博物馆里摆放一些反映民族文化的"物质",那这些"物质"只能代表一个民族的"文化符号",而不能体现它对"非物质文化"所起到的作用和二者之间不可分割的紧密关系。

(2)拉长了"历史"与"现实"的距离

传统博物馆对文物的保护往往是静态的。在恒温恒湿的库房里,在"铁将军"把门的院落里,遗产确实得以抢救保护,却并不等于真正"活"起来。比如,南京云锦、金陵剪纸等"非遗",如果仅仅是"宅"在博物馆里,失去了在百姓生活中活的传承,那么这种保护无疑只能是变成静态标本、"临终关怀"。随着文创产业的发展,许多博物馆、美术馆、纪念馆的文物开始通过开发文创产品对接日常生活的基础,但在文创开发中,却往往因为发生资源配置错位而难以推进。例如,许多对藏品文物最有研究的人,往往待在仓库和办公室里,而从事策展和公共教育的人,却对文物缺乏深入的了解,博物馆文创产品与大众消费之间供需不对称的问题较为突出。

(3)划定了"馆区内"与"馆区外"的界限

文物是看得见的物质文化遗产,背后却蕴藏着看不见的非物质文化遗产。传统博物馆往往以"馆区"为具体界限,在馆区外难以感受到文物带来的文化浸润,也难以让馆区周边的居民因文化认同而产生文化自豪。许多自然地景与文化景观结合的博物馆,尽管在开发理念上以"没有围墙的博物馆"为原则,但由于利益驱动往往被打上"景区"的烙印。例如,1997年被列入"世界文化遗产"的丽江古城,其遗产价值堪与雅典、罗马、威尼斯等比肩,但十年后,丽江古城的纳西族居民从原来的四万人左右减少到几千人,大多数人搬离了古城,馆区内与馆区外的界限使文化遗产因离开本土而失去了精神空间和物理载体。文物是传统文化的载体,只有从中汲取对今天有用的灵感,对之进行转化吸收与创意研发,才能发挥博物馆文创的真正功用。

2.2 博物馆文化景观发展的趋势

文化景观反映了历史与自然有机结合和地理特性与人类活动变迁的有机结合。"博物馆与文化景观"命题的提出,为博物馆可持续发展提出了新的命题和方向。

(1)从文物走向文创产业

文物从来不是孤立存在的,市井街巷、建筑古迹与其中承载的精品文物、民俗文化、民间技艺等共同组成了传统的生活、生产方式。例如有着700多年历史的北京南锣鼓巷,拥有21处文保单位,极为完整地保存了元大都里坊的历史遗存。北京对这一历史街区的改造保护,并非圈起围墙、原封不动,而是融入文化景观、重建文化景观,让周边胡同里各种形制的府邸、宅院开门迎客,"四合院"里的老街坊们照常居住。这也进一步表明,文物不一定在划定界限的博物馆内才具有生命力,也只有把单件的"古董"、技艺重新归入到历史情境和文化景观中,才能给予当代人一个看得见、走得进、坐得下来的整体空间,在感受历史故事的同时,演绎自己的生活故事,如此,文化遗产才能变成与人亲近、有温度、有生命的存在。

(2)从"深宫"走向生活深处

过去博物馆的愿景主要在于保护、展示和传播自身的收藏,目前这一愿景正在被一种更加尊重博物馆机构本质特征的新观念所取代,即博物馆应该在研究、提供、获取、开发和共享其所在地域知识的同时,为生活在本地区的社区提供一种不同的方式来观察这些景观。以故宫为例,2015年,故宫博物院共有3款APP入选苹果商店公布的"2015年度精选"。被网友戏称为"红砖头"的《故宫日历》受市民热捧,创下日销5万册的历史纪录。故宫开发出的8683件文化产品,2015年上半年文创产品销售额就达到7亿元人民币,利润近8000万元。让人"脑洞大开"的文创产品的出现,只是博物馆与文创产业接触的开端。博物馆与文创产业的结合,还意味着博物馆行业正在走上一条转型之路:博物馆不再只是收藏与展示文物的场所,它还要为当代的文化创新提供源源不绝的灵感和素材。

(3)从静态保护走向活态发展

国外学者曾给传统博物馆和生态博物馆下过这样简洁的定义——传统博物馆:建筑+收藏+专家+观众;生态博物馆:地域+传统+记忆+居民。生态博物馆提倡的是一种文化的原生地保护,展品包括房屋、河流、节日、传统等,表现的是一切随时间变化的状态。所以与传统意义的博物馆相比,人们将生态博物馆称为"没有围墙的博物馆"。文化景观对博物馆功能的拓展,旨在打通馆区内外的界限,拉近历史与现实的距离,链接文物和民众生活,通过保护、保存和阐释其围墙内外的文化遗产,通过积极参与公共和城市政策制定,通过确定和实施相关的景观政策,通过构建某地域与其遗产、景观相关知识的方式,为开展尊重景观价值的区域管理作出重要的贡献。

2.3 推动博物馆文化景观建设的建议和对策

(1)重新认识文化景观,构建博物馆文化经济圈

一是保管好博物馆馆区内和馆区之外的遗产,并结合馆区周边开放状态的文化景观拓宽博物馆功能。我国台湾地区近年来在文化遗产保护创新方面做了大量工作,设计规划人员不仅仅考虑文化遗产自身的保护,还兼顾周边建筑和居民的诉求。他们做的保护规划往往体现了历史文化的延续,而非仅仅建筑物本身。如台南西中央街区保护规划,不仅考虑到区内文化遗产保护,还与城市发展计划相适应,在保护区周边建立缓冲区域,最大限度地减少对保护区内文化遗产和居民生活的冲击,保护了区域内遗产和文化的一致性、完整性。二是加强社区博物馆建设,做好社区文化遗产保护和传承。国外还有许多地区通过建立社区博物馆的方式,加强文化景观与社区居民的连接。社区博物馆管理主体是街坊顾问委员会,由来自社区各阶层的成员组成,通过定期开会,决定博物馆展览、教育活动等的内容和举办方式。三是构建博物馆文化经济圈,丰富和拓展文化遗产的精神空间和社会功能。博物馆文化经济圈旨在文化遗产保护与文化传承互动、与区域内经济发展互动、与地区居民联系、与都市发展规划联系、与生态自然和谐相处等方面,可以形成完整的生态体系,进而更好地发挥博物馆的文化功能和社会价值。

(2)丰富博物馆文化功能,推进文博创意产业发展

欧美国家特别强调博物馆的3E功能:Educate(教育国民)、Entertain(提供娱乐)、Enrich(充实人生)。发展文博创意产业,可以让文物更好地融入生活,走进民众。一是制定相关政策,鼓励、引导从文物中寻找文创素材和灵感。二是适应"互联网+"的发展趋势,利用互联网平台,有效组合资源、人才、创意、技术、资金等发展文博创意产业。三是大力培养文化创意人才(如委托有关高校),组建文化创意团队,为加快发展文博创意产业提供人才支撑。四是辟出专项经费,支持具有示范意义的文博创意产业项目,并对社会效益和经济效益俱佳的此类项目予以奖励,发挥导向作用。

(3) 创新博物馆治理模式,加强社区文化遗产规划

一是确立政府引导、专家指导、社区居民主导的管理方式。从政府治理角度,进一步增加文物保护经费的投入,彰显文物魅力;进一步落实对社会参与行为的补助和优惠政策,以"1"的投入带动"N"的社会资金,共同做好文物保护利用工作。从居民参与角度,发动居民从更广泛的角度收集藏品,围绕社区与其文化、自然环境的相互关系组织起来;鼓励搜集视听材料、文件、物质场所、传统仪式、口述史和社会关系等;建立数字化信息平台;引导居民自发参与保护活动,并为居民参与社区建设提供意见平台。二是加强技术体系构建,加强对文化遗产的本质内涵、界定标准、构成要素、固有属性、存续特征、分类依据、演化规律、形态保护与文脉传承间的内在联系以及遗产保护与可持续发展关系的系统性研究,逐步构建博物馆与文化景观协调发展的规划框架,建立以城市发展战略和总体规划为统领,以保护规划为基础,以城市设计为支撑,以详细规划和建筑设计为具体落实手段的规划技术体系。

2. 主题公园供给侧改革:塑造优质 IP,提高产业黏性①

【案例导读】

主题公园是一种根据某个特定主题建造的能满足旅游者休闲娱乐需求的现代旅游场所,是扩大文化消费、发展文化产业、实现文化传承的重要平台。1955 年 7 月,美国洛杉矶迪士尼乐园的建成标志着世界上第一个主题公园的诞生。迪士尼将人们所熟知的动画人物形象与动画场景运用到乐园的主题建设中,加上声音、画面等电影元素促使游客能够很容易地进入情境,从而打造出经久不衰的文化产业帝国。20 世纪 80 年代末以来,主题公园在我国开始迅速发展。2016 年,随着上海迪士尼开园和北京环球影城公园开工建设,两大热门外资主题公园强势来袭,成为炙手可热的文化产业现象,国内再次掀起了主题公园热潮。然而,在"主题公园热"引起了资本界、文化界和地方政府关注的同时,统计数据却并不乐观。据统计,目前全国已有将近 1500 亿的投资沉淀在 2500

---

① 本篇案例作者:宋鹏,中国传媒大学经管学部硕士研究生。

个各种类型的主题公园上,其中 70% 处于亏损状态,20% 持平,盈利者只有 10% 左右,约有 2/3 难以收回投资。"主题公园热"带来的产业拉动效应和其背后亟待解决的问题,值得思考。

2.1 国内主题公园的发展阶段与开发模式

我国主题公园的发展自 20 世纪 80 年代开始至今经历了四个发展阶段。

第一阶段是上世纪 80 年代的萌芽起步阶段。这一阶段以游乐园为主,主要是引进国外的游乐设施,其前所未有的娱乐体验在开放之初取得了巨大成功,以经济发达的东部地区如北京、上海、广东等地为代表。但问题随之而来,大量游乐园跟风建设且缺乏文化内涵,重复建设严重,到 80 年代后期,大部分游乐园已经难以为继,生存下来的寥寥无几。

第二阶段是上世纪 90 年代前后的探索成长阶段,以深圳的"锦绣中华"和"世界之窗"、北京的"世界公园"、江苏的"苏州乐园"等为代表。这一阶段主题公园一方面注重解决缺乏文化内涵、单纯依赖游乐器械等问题,另一方面立足本地文化,利用先进科技,引进互动性强的新型娱乐项目。但仍有许多主题公园由于没有进行严格的市场调查和缜密的科学分析,匆匆上马,致使出现经营不善、投资难以回收的局面。

第三阶段是本世纪前十年的快速发展阶段。经过前两个阶段的酝酿积累,主题公园逐渐进入快速发展时期。这一阶段的主题公园开始呈现分化状态,一方面,芜湖的"方特欢乐世界"、广州的"长隆欢乐世界"、大连的"发现王国"等主题公园,更加重视受众体验和建成后的经营管理;另一方面,一些低水平重复建设的主题公园开始退出历史舞台。

第四阶段从近几年开始,进入全面升级阶段。这一阶段的主题公园更加致力于打造自身品牌并更注重自主 IP 的开发,主题公园开始进入"文化+"时代,以 IP 为核心的全产业链、全景式互动开发和全方位综合开发,成为主题公园新的商业模式。与此同时,国外的主题公园开发企业纷纷进入中国投资建园,例如迪士尼、环球影城、梦工厂、乐天世界等,使主题公园竞争更加激烈,洗牌更加迅速。

2.2 国外著名主题公园集团的模式及启发

(1)国外著名主题公园的开发模式

迪士尼是全球接待量排名第一的主题公园。迪士尼乐园涵盖了五大产业——媒体网络、主题公园、影视娱乐、消费品、互动,它不仅是游乐场,还是集动漫、影视、服装、玩具、出版、电影、网络等于一体的美国文化产业的巨无霸,是全世界最大的媒体公司,背后有雄厚的资本基础、庞大的创意团队和广泛的产业链条。据不完全统计,迪士尼在全球授权推出包括服装、家居装饰、玩具、食品、文具、出版、电子产品等7大类消费品,在全球有3000多家授权商,销售超过10万种与迪士尼卡通形象有关的产品。

与迪士尼类似的依托主题IP全产业链开发方式布局的还有环球影城集团。随着环球大片在全球各地的热映,包括哈利·波特魔法世界、变形金刚3D历险、小黄人乐翻天、侏罗纪公园、河流大冒险等场景的再现,自然使观众产生了身临其境的向往。默林是接待量仅次于迪士尼的全球性主题公园。默林通过并购整合形成了众多知名IP汇集的主题品牌,如杜莎夫人蜡像馆、乐高乐园等。以乐高为代表的默林娱乐公园开发了互动式的全景体验系统,别出蹊径地获得了不同于迪士尼的竞争优势。

(2)国外著名主题公园开发模式的启发

首先,门票绝不是唯一来源,商业模式规模化以及盈利模式多元化更为关键。当国际主题公园以品牌模式进行发展后,它们不仅仅依赖门票收入作为盈利的主要来源。英国默林娱乐和美国六旗娱乐,通过跨国并购形成规模化的主题公园和旅游景点,再进行资源整合,从而形成具备规模经济优势的专业旅游经营集团。迪士尼则依托IP以特许经营等方式在全球开发主题公园和相关衍生品,拓展出纵向产业链,且以主题公园为中心,横向整合房地产、邮轮和旅游等业务。迪士尼乐园收入中门票、购物和其他三部分的比例基本上是3:3:4,门票收入只作为日常维护费用。

第二,以品牌为核心进行发展。国际主题公园都有自己独特鲜明的特点,例如迪士尼是以童话世界为主,环球影城打造影视剧场景,六旗则是以各种惊险的过山车娱乐设施吸引冒险的人们。大型主题公园已经形成了自己的知名品牌和特点,进入成熟期以后,它们以品牌为主进行业务的发展和衍生。

第三,高质量的服务和不断创新。当在迪士尼乐园、环球影城或六旗乐园游玩时,随处可见乐园的工作人员会尽最大可能提供各种景点的介绍或其他帮助。国外主题乐园总是不断推出新的惊奇和体验,以满足游客好奇求变的心理需求。

2.3 文化旅游供给侧改革视角下的主题公园路径创新

(1) 塑造优质 IP,加速内容创新

主题是主题公园的灵魂,创新则是主题公园的生命。要在竞争日趋激烈的主题公园乃至整个旅游市场中站稳脚跟,关键是要确立、挖掘和营造好主题公园的文化内涵。纵观世界成功的主题公园,具备 IP 内容生产或收购能力,并且有成熟的线上线下渠道平台延伸 IP 消费的主题公园往往生存下来,并在行业洗牌中成为赢家。此外,主题公园必须不断创新游乐项目,才能满足市场不断变化的需求。凡是成功的主题公园,在运营过程中都很注重推陈出新,在新产品的研究开发上投入大量的资金。例如,迪士尼被誉为是一座"永远建不完的迪士尼",总是根据时代的变化,尽量利用现代化的电子设备,每年补充创新娱乐内容和设施。迪士尼多年来惯用"三三制",即每年都要淘汰 1/3 的硬件设备,新建 1/3 的新概念项目,使游客常玩常新。

(2) 加强 VR 应用,深化体验互动

随着 VR 的火热发展,主题公园也迎来了 VR 时代。VR 以其跨时代的体验性和主题公园完美地结合在一起,达到了深化互动和沉浸的效果。VR 虚拟现实主题公园相比其他游乐设备及产品来讲优势显著,最主要是占地空间小,选址方便,能够同时支持多人互动娱乐。虚拟现实技术与游乐设备的紧密结合带给游客的真实体验感是其他游乐设施所无法媲美的,其市场潜力不可估量。按照目前国内外 VR 主题公园发展的态势,VR 主题公园将成为 VR 技术发展的重点产业方向和资本投资热点之一。

(3) 加强科技工具,延长产业链条

第一,推动我国主题公园从粗放式运营向规模化、集团化、多元化转变,促进主题公园产业分工细化,人才培养专业化,依据主题公园需求,有选择、有重点地推进主题公园方面的技术创新和应用。第二,主题公园的收益不应依赖门票的价格,仅靠门票的收益也很难收回巨额的投资。主题公园经营者应开辟多元化的利润增长点。从对主题公园产业链的横向和纵向挖掘来看,可以从以下三方面进行拓展:一是游乐产品,即提供有助于丰富体验(经历)的游憩服务以及相应的服务体验;二是综合服务,即在主题公园区域内提供餐饮、住宿、购物等相关外延服务;三是对外服务,即通过自身的节庆活动对外招商。

(4) 做好规划论证,提供有效供给

主题公园建设是一个系统工程,涉及创意、规划、设计、管理、机电、建筑智能、材料、土木施工、环境工程、园林规划等诸多专业和学科的内容,需要自上而下统筹规划,协调管理。因此,主题公园建设要做好规划论证,要因地制宜,找准地方特色定位,以资源为基础,提升主题公园的差异化竞争优势,避免同质化的恶性竞争,地区间还应相互合作互补。另外,还要注重主题公园的选址落地。主题公园的选址应该定位在经济发达、流动人口多的城市,这样不仅能有客源上的保证,而且可以确保高额投资的回收。据美国华盛顿城市土地研究所的研究,距离主题公园1小时车程内的地区是其一级客源市场,至少需要有200万人口;车程在3小时以内的地区为二级客源市场,也要有200万人口以上。此外,主题公园在选址论证中要充分考虑周边交通条件。

3. 特色小镇供给侧改革:挖掘历史,对话未来[①]
——以安居古镇和云栖小镇为例

【案例导读】

特色小镇是破解有效供给不足的重要抓手,拥有良好的产业基础是特色小镇的重中之重。纵观全球知名特色小镇,不难发现,其核心均在于文化,没有文化便没有灵魂。文化无界别,特色小镇所发掘和培育的文化允许多样性,即这种本土文化可以是朝气蓬勃的互联网金融文化,也可以是传承千年的手工艺文

---

① 本篇案例作者:徐亚玲,中国传媒大学经管学部硕士研究生。

化,既可以是融合异域的复合文化,也可以是创造经济新动能的新兴业态。在特色小镇供给侧改革的实践中,浙江云栖小镇和重庆安居古镇是两个典型的个案,前者以"云产业"为核心,以"面向未来"为主题发展新兴业态,打造产业集群,后者以"历史文化街区"为主题,依托和谐灵动的"山、水、城","面向历史"传承文化遗产。两者供给侧改革的成功实践共同说明,主业突出,多元业态共生,生活、生态、生产融合,居民与城镇共生,不仅仅是特色小镇的特点,更是其促进产业升级转型的根源所在。

3.1 特色小镇的两种创新模式

(1)云栖小镇:创新业态,对话未来

云栖小镇位于西湖区转塘一个青山环抱的山谷,既非地名学上的地理概念,又非行政区域上的镇域概念,而是中国首个"云计算产业生态小镇"。云栖小镇以"云产业"为核心,围绕云计算、大数据、物联网、互联网金融、移动互联网等业态,不断创造经济发展新动能,有效破解了当前我国经济发展中动力不足和动力接驳断层的问题。

云栖小镇的主导力量是以阿里云平台为基础,全力扶持云上创业创新的企业和团队,集聚包括游戏、移动互联网、APP开发、电子商务、互联网金融、数据挖掘等细分领域的优秀创新型科技类企业,引进风投创投基金机构,打造完整的云计算产业链。作为云计算空间集聚的发轫之地,云栖小镇自2011年建设以来,已集聚了阿里云、富士康、Intel、银杏谷、数梦工厂、华通、洛可可设计、猪八戒网、中航联创等两百多家企业。

(2)安居古镇:发现历史,传递乡愁

安居古城始建于隋开皇八年(公元588年),清雍正六年(公元1728年)并入铜梁县,至今已有近1500年的历史。安居古镇三面环山,呈半岛之势,依山傍水,阡陌纵横,山水静怡秀美,景色清幽奇特。在人文历史方面,安居古镇集龙文化、码头文化、书香文化、庙宇文化、巴渝文化于一身,具有深厚的历史文化内涵。

安居古镇以龙文化为载体,打出了"龙腾安居"的口号。2008年,北京奥运会开幕式上精彩的舞龙表演就是出自安居,在安居、扎龙、舞龙是从古传到今的风俗和习惯。安居古镇在文化规划和文化旅游发展中,还着力凸显"古城"与"新意"、"保护"与"开发"、"历史"与"生态"的良好融合,呈现地灵人杰的风水格局、鲜明的地域文化特色和时光穿梭的古镇生活画卷,对历史文化遗产的活化具有重要的启发和借鉴意义。

3.2 以全要素创新加速特色小镇供给侧改革

(1)云栖小镇:构建创新型产业生态群落

供给侧改革的一个鲜明特点是大力发展新兴产业。新兴产业创造了新的技术、新的产品、新的材料、新的市场,创造了新供给,释放了新需求。供给侧改革的关键在于全要素创新,而全要素创新首先要激发市场主体的创新意愿。云栖小镇全要素创新的实践首先在于,通过构建"创新牧场—产业黑土—科技蓝天"的创新生态圈,实现了产业集群和城市更新的协同发展。

"创新牧场"是凭借阿里巴巴的云服务能力,淘宝天猫的互联网营销资源和富士康的工业4.0制造能力,以及像Intel、中航工业、洛可可等大企业的核心能力,打造全国独一无二的创新服务基础设施。

"创新牧场"是草根创业者的舞台。"创新牧场"通过整合世界一流的设计、研发、制造、检测、电商、融资等基础服务,专注于扶持和帮助创业创新的中小企业成长。"创新牧场"从硬件方面为科技创新企业包括淘宝业主在内的中小微企业投资,帮助它们转型升级、提升品质,这正是对供给侧改革的有效实践。

"产业黑土"是指运用大数据,以"互联网+"助推传统企业的互联网转型。具体来看,"产业黑土"通过建设西湖创新研究院、互联网工程中心等,助推传统企业主动嫁接互联网,加快实现"互联网+"。"产业黑土"更好地发挥了市场决定性作用和政府调控性作用,通过技术供给,促进了企业创造有效的产品和服务。

"科技蓝天"是指创建一所国际一流的民办研究型大学,就是西湖大学。西湖大学着力于解决创新型人才有效供给不足的问题,可以为云栖小镇源源不断地输入新鲜血液。而以西湖大学为契机,云栖小镇可以与国内最优秀的高校建立合作关系。一方面,云栖小镇可以为高校学生提供实习工作的机会,甚至可以鼓励他们来此进行创业;另一方面,高校可以一直为云栖小镇输送人才,如此良性循环便可形成产学研用、互惠互利的"园区＋高校"模式。

(2)安居古镇:"文化＋"推动古镇永续创新

安居古镇距今已有1500年的历史,具有深厚的文化底蕴。近年来,安居古镇边保护边发展,借助历史文化发展旅游产业,并带动新型城镇化和农业现代化的发展,"做活"历史文化文章,走出一条独具特色、极具影响力的强镇之路。

"文化＋"规划,明确古城文化发展方向。安居古镇为打造一个"立体之城",坚持文态、生态、形态、业态等"多规叠合",在已完成的城市规划区域中,分为古城核心区、南部生活配套区、黑龙嘴养老养生区、琵琶岛休闲度假区、黄家坝户外运动体验区、波仑寺文化创意区六大功能板块。

"文化＋"活动,打造古城特色文化。一是以市场化运作方式举办"安居记忆乡音乡情叙乡愁"重庆安居古城民俗文化系列表演,利用端午节等假日举办"端午安居古城过生日""粽情粽意民俗体验活动""古城寻踪,粽有惊喜""全家包粽总动员大赛"等文化活动。二是每周末在安居古城景区新增加皇帝出巡、水龙翻跶闹古城、黄包车、滑竿等互动体验活动,进一步增强民俗文化活动的互动性,打造安居特色。

"文化＋"保护,还原古城文化风貌。一是成立了安居古城研究会,全面挖掘整理安居古城文化名人佚事、故事传说,组织专家编写并出版了《安居古城旧事》,目前正着手编辑安居旅游书籍《龙凤呈祥·天下安居》。二是积极申请上级资金,逐年修复安居"九宫十八庙"等历史文物,展现安居历史文化氛围浓厚的街区,挖掘、再现丝绸文化、码头文化等历史文化风韵。三是结合古城街区、建筑风貌、地理位置等特点,着手打造文化工艺品一条街,涵盖手工编制、书画、木雕、石雕、龙绣、龙灯等业态。

3.3 特色小镇供给侧改革的启示

(1)因地制宜塑造文化场景

云栖小镇和安居古镇均注重以顶层设计引导城镇布局,以文化规划优化城镇空间,通过塑造文化场景,优化人文体验,创造良好的城镇文化体验,更好地实现产城人文一体化发展。注重因地制宜,也是云栖小镇和安居古镇供给侧创新的重要经验。它们都注重从各地实际出发,遵循客观规律,挖掘特色优势,体现区域差异性,提倡形态多样性,彰显小镇(城)独特魅力,防止照搬照抄、"东施效颦"、一哄而上。因此,特色小镇建设应当做好文化规划,找准定位,绘好"路线图",加强整体规划设计,做到"一个规划管到底、一张蓝图绘到底";突出主题,强化特色,挖掘文化内涵,彰显小镇风格品位。一是要发挥不同层级政府的规划引导作用,二是要发挥城市群的协商机制,以提供有效供给和满足有效需求为导向,围绕产业和功能的特色定位,明确不同层级的特色小镇满足不同群体需求的有效配置路径。

(2)创新探索坚持产业建镇

产业是小城镇发展的生命力,特色是产业发展的竞争力。云栖小镇和安居古镇着力于立足资源禀赋、区位环境、历史文化、产业集聚等特色,加快发展特色优势主导产业,延伸产业链、提升价值链,促进产业跨界融合发展的探索和实践,对文化产业供给侧改革具有重要的启发和借鉴。

云栖小镇和安居古镇在特色小镇建设上均注重创新,不管是创新美丽特色小(城)镇的思路、方法、机制,还是着力培育供给侧小镇经济,或发展新兴业态防止"新瓶装旧酒"(云栖小镇),或激活历史文化名村镇创新活力避免"穿新鞋走老路"(安居古镇),都努力走出了一条特色鲜明、产城融合、惠及群众的新型小城镇之路。此外,云栖小镇充分利用属地企业在互联网和云计算方面的优势,而安居古镇则将文化旅游融合发展作为主导业态,它们都善于根据区域要素禀赋和比较优势,挖掘本地最有基础、最具潜力、最能成长的优势产业,做精做强主导特色产业,打造具有持续竞争力和可持续发展特征的独特产业生态,防止千镇一面。

(3)坚持以人为本和市场主导

优美宜居的生态环境是人民群众对城镇生活的新期待。云栖小镇按照政府引导、企业主体、市场化运作的要求,创新建设模式、管理方式和服务手段,提高了多元化主体共同推动区域发展的积极性。安居古镇围绕人的城镇化,以传承古镇历史、保护独特风貌为前提,充分挖掘文化内涵,彰显乡愁特色,致力于建设有历史记忆、文化脉络、地域风貌的美丽小(城)镇,既提高了古镇群众的获得感和幸福感,也使古镇的文化生态和文化产业更加协调。

第五章　供给侧改革背景下的文化规划

文化规划是提高城镇综合治理能力的重要手段,是应对人文生态发展环境和社会经济发展变化而采取的战略选择,是在一定区域范围内对城镇发展进行的总体战略和发展路径的系统部署。因此,文化规划整合了政治、经济、社会、环境、文化等方面的内容,以高度的集成性和系统的科学性,为城镇可持续发展战略提供综合指导。

供给侧改革背景下的文化规划,核心是通过有效的文化产品和服务供给,释放城镇传统产业的无穷潜能,将城镇经济形态从要素驱动、投资规模驱动发展为主,转向以信息技术创新驱动发展为主,促进研发、生产、输出环节的提质增效和全面升级。因此,供给侧改革背景下的文化规划,对"以人为本"提出了更高的要求,而应用大数据全面掌握和了解"人"的文化需求,更好地通过规划满足"人"的需求,是其核心和重点所在。供给侧改革背景下的文化规划,也意味着从粗放城市走向集约城市,从平面城市走向立体城市,从视觉城市转向行为城市,从功能城市迈入文化城市的创新实践。

一、城市规划的文化命题

文化规划作为城市创新和发展的工具,是在对城市文化资源深刻认知的基础上,探讨城市文化资源如何有助于城市的整体发展,从而进行鉴别创新项目、设计创新计划、整合各种资源、指导创新战略实施的过程。[①] 它整合了政治、经

---

① 屠启宇,林兰.文化规划:城市规划思维的新辨识[J].社会科学,2012(11):50—58.

济、社会、环境、文化等方面的内容,以高度的集成性和系统的科学性,为文化发展战略提供"顶层设计"的综合指导,为城市改造与更新提供协同创新的价值核心。

(一)文化发展为城市规划变革提出新要求

追溯城市规划的发展历史,弗里德曼于1986年提出"世界城市"标准后指出,纽约、伦敦、巴黎、东京等世界级城市的竞争力不仅体现在经济上,更体现在社会、文化等领域的综合竞争力上,文化对城市规划和发展的影响越来越显著。世界大都市的文化特征表现在以下七方面[1]:文化已经成为新世纪城市发展的新核心;文化战略先行是政府推进城市文化发展的必由之路;成功的城市文化发展与管理始终是政府与市场、民间互动作用相得益彰的结果;文化产业的创意本质在世纪之交被再发现与再定义;发展文化事业、保障人民的文化权益是现代城市政府义不容辞的职责;城市文化空间布局的"多中心"化趋势已不可逆转;城市文化成为城市核心竞争力的重要组成部分。[2] 文化为旧城复兴和新城建设源源不断地注入发展动力,又润物无声地提供增量支撑,在城市规划和区域设计中扮演着越来越重要的角色,它已经融入城市并改变着城市的生活、生产方式,甚至成为城市整体不可割裂的组成部分。

然而,从城市规划的角度看,我们仍旧面临困惑与掣肘。从我国城市规划的现实境况看,迄今为止由西方或苏联输入的规划观念和规划手法,受制于它们短暂的历史或过分渲染的工业化成就,对文化传统普遍存在某种忽视的倾向。即使是诸如对古城古街区保护这样的规划项目,也只着眼于建筑形体的维持,而对其博大精深的传统文化内涵未加阐扬。[3] 在文化日益成为城市生活场景和社会图景的创新时代,文化产业也日趋成为城市增量创新的增长点,并不断呼吁观念转型与技术突破。

---

[1] 陈超,祝碧衡,周玉红.世界大都市的文化特征及发展路径》[M].北京:社会科学文献出版社,2009:70—93.
[2] 顾朝林.城市竞争力研究的城市规划意义[J].规划师,2003,19(9):31—33.
[3] 林炳耀.21世纪城市规划研究的前沿课题[J].城市规划汇刊,1997(5):1—3.

从全球范围看,"文化城市"的历史性出场,使"文化"成为一种发展战略,日益受到地区和国家层面的推动与重视,并成为城市转型发展的基本方略和落脚点。"文化规划"是实现"文化城市"的顶层设计,是从战略的高度对"文化城市"的发展目标、路径选择和措施保障等方面做出的规划和指导。如英国伦敦作为工业化最早完成的城市,在经历了工业化的辉煌之后同样面临着进一步发展经济、改善民生的问题。正是在此背景下伦敦确立了以创意文化为核心的文化城市发展路径,相继以市长的名义出台了三份文化发展战略草案:《伦敦:文化之都——发掘世界级城市的潜力》(2004年)、《文化大都市:伦敦市长2009—2012年的文化重点》(2008年)、《文化大都市——伦敦市长文化战略草案:2012年及其以后》(2010年),逐步实现了由工业城市向文化创意城市的华丽转身,并针对维持世界创意都市地位、着眼未来城市创意文化发展、保持城市文化多样性和激发城市文化活力等问题进行了有步骤、有秩序、有重点的规划。[①]

文化的创新、文化产业的发展,为"文化规划"提出了新的要求,它不仅成为当前我国城市规划必须直面的挑战,而且成为城市治理的政策工具。运用文化的思维、融合文化的境界、导入文化的维度、容纳文化的尺度、应用文化的方法、掌握文化的技术手段来丰富和完善城市规划的科学性和完整性,提高城市规划指导城市建设的实际作用,已成为当前城市规划的迫切命题。

(二)文化营造为城市规划丰富空间尺度

城市规划是以城市发展演变过程的优化为目标的"顶层设计",文化与城市的演变过程一样,是一个"产生、聚集、演绎文化"的动态过程。文化是城市的特色和灵魂,而城市则是文化的容器和载体。"文化营造"旨在塑造一种富有吸引力的城市品格,树立一种开放积极的城市精神,形成一种和谐向上的精神风貌,以文化的力量凝聚起城市的发展共识,发挥出城市的增长动能。"文化营造"丰富了城市规划的空间尺度,创造出以"时间无限"弥补"空间有限"并改造、重构和创造新空间的价值路径,使城市成为折射着其所标榜的文化及其核心价值的

[①] 王林生."文化城市"理念出场的历史语境及理论内涵[J].人文天下,2014(4):17—23.

容器和载体。

一方面,文化贮藏了城市的记忆,"文化营造"以文化的传承为主线,将不断拓展城市的历史空间。这是因为文化一旦与区域社会文化发展相衔接,与日常生活图景相融合,便会逐步建立一种不同社会主体能够相对平等、动态地享有空间权利,相对自由地进行空间生产和空间消费的理想状态。从这一维度看,文化营造是活态的文化形成的生态组群及其构成的生态系统。例如,集合特殊文化资源结合的线性或带状区域内的物质和非物质文化遗产族群而形成的文化线路,把多样的地理、自然和文化景观关联起来,并由于地区和区域的不同而展示出各自的风格和特征,从而使城市文化从静态走向动态,拓展了文化的空间。

另一方面,文化激活了城市创造,"文化营造"以文化的创新为主线,将持续拓展城市的活态空间。这是因为文化是一种"充满永不枯竭的创造能力,具有吸收和代谢功能"[①]的时空存在,它不是在时间和空间上凝固不变的对象,而是深深植根于民间和民族个体的心灵深处,体现着各民族的价值观念、审美情趣和心理特征,承载着各民族特定的历史记忆和遗传基因,寄寓着各民族的生活情感与人生理想。从这一维度看,构筑活态的文化,是构筑了文化最优化的生存方式,也是构筑了城市最具活力的发展方式。而动态的文化则是避免将文化置于"历史断层"中而割裂其活态的存在,是一个城市与历史对话、与全球接轨的纽带。打一个形象的比喻,社会文化环境与文化遗产犹如鱼水,无"水"岂能活"鱼"? 即便有"水",若"水"质已经变化,而"鱼"未能与之适应,则同样无法存活。城市规划是塑造城市未来的战略设计,而"文化营造"可以无限放大城市的可能性,将历史的时间坐标不断拉伸,实现文化在城镇化进程中不离本土的动态保护、更迭创新。

二、供给侧改革背景下文化规划的立足点

"文化规划"将城镇化和规划均作为动态的"过程",旨在探讨一种将文化融

---

① 张保国.新疆对外开放战略研究[M].乌鲁木齐:新疆人民出版社,1989:167.

入城市并改变城乡生活方式的平衡式结构,探讨一种基于传承与创新的城镇化发展理念,更彰显着一种凝练城市精神、塑造城市价值的城镇化发展思路。

(一)转变文化观念,正确认识文化规划

文化规划是以文化价值引导城市成长、激活城市能量的重要途径。文化是城市保持其独特性和竞争优势的核心资源。以"文化绘标"的方式观察城市发展进程,凸显城市文化特色,规划城市产业发展,可以使城市的传统文化得到极大地挖掘与弘扬,现代文明得到极大地拓展与彰显,人的整体素质得到极大地完善与提升,进而实现城市建设、生态风光、人文景观、城市风貌和人居环境的全面、协调、可持续发展。

理解文化规划与建设的真正含义以及文化政策空间的核心内涵。在我国,文化规划从整体上而言大多由政府主导,借助智库力量开展战略性研究和策略性顶层设计。政府的职责是保证先进文化的前进方向,弥补市场失灵,提供公共文化服务。文化规划如何运用好政策工具和规划杠杆,为文化产业可持续发展和科学布局提供合理并富有成长空间的发展路径,是文化产业规划要解决的重要问题。

理解区域发展格局中文化规划与建设的内涵。应该以文化的思维对城市的各种功能加以认识考察,发现城市的创新空间和转型方向。文化规划要从文化的角度考虑和制定各类公共政策,在文化资源和公共政策之间建立一种相互影响、相互协同的关系,开展城市创新决策。这里的公共政策涉及经济发展、住房、健康、教育、社会服务、旅游、城市规划、建筑设计、市容设计和文化政策本身。开放性、跨领域、交叉式的思考能力、企业家精神、组织管理能力是文化规划的核心能力。

(二)重塑文化价值,优化城镇产业结构

文化规划是不断寻求城乡文化认同和消弭城乡文化疆界的过程。文化是一个民族的黏合剂,也是族群认同的根基。文化不断被消解,民族也将失去共同的价值信仰。城镇化是为适应产业结构调整和经济发展需求做出的战略调整,是为创造优化合理的生存空间、消费结构做出的发展布局,城镇化不应该泯灭文化特色、淡化文化传统、消解文化基因,而应在基于文化认同的前提下,以文化自觉为内在的精神力量,重塑文化价值,以文化创造活力激发城市探索集约高效、功能完善、环境友好、社会和谐、个性鲜明的新型城镇化路径。

文化规划有助于推动城市重新梳理文化资源,发现文化禀赋,重塑文化价值,进而促进城市能量的释放和产业结构的优化。以城镇化促进产业结构的优化,可以更好地将农民从个体生产和经营体制中解放出来,以现代企业制度实现分工与合作,有效提高产业效率;以城镇化促进要素结构的优化,可以充分地发挥政府的宏观调控和市场的资源配置作用,为农民提供生活安置和产业转移的地点,提供安置的配套环境与配套政策,从而消除"离土不离乡""进厂不进城"的现象,真正实现"人的城镇化"。

文化规划有助于推动文化产业的发展,通过产业融合、产城融合实现城市发展的迭代创新,拉动城市升级。当前我国尚处于工业化中期阶段,第二产业产值比重整体上升且在三次产业中占绝对优势,但其就业弹性低于产值比重仍然较低的第三产业,因此,中国目前的产业结构优化升级对于农村剩余劳动力的有效转移还缺乏真正的带动力,对城镇化的拉动作用还不是很大。[①] 文化产业具有的调整结构、优化资源配置、拉动城市就业等方面的特性,恰好弥补了城镇化的问题与不足。通过文化规划优化城市发展的产业路径,可以更好地实现城市有序更新与全面创新。

(三)保护文化遗产,传承城市基因文脉

文化规划是保护城镇化进程中文化遗产安全的有效工具。文化遗产以关注文化传承与创新为出发点,从文化景观到历史街区到文物古迹再到地方民居,从传统技能到社会习俗,构成了记录"活态性"、体现"传统性"、具有"整体性"的文化遗产群落。城镇化进程中的文化遗产,以其特有的作用,在历史文化教育、乡土情结维系、文化身份认同、城镇特色塑造等方面支撑着一个地区和民

---

① 杨文举.中国城镇化与产业结构关系的实证分析[J].经济经纬,2007(1):78-81.

族的文化生态系统,这一系统不仅构筑了人们生产、生活必需的物理空间,更构筑了人们赖以生存与发展的文化空间。保护、传承文化遗产就是守护文化安全,守护文化记忆,守护人们理想的精神家园。

城镇化破坏性开发是文化遗产记忆濒临消弭的主要症结。在文化规划缺位的城镇化进程中,旧城改造往往使历史城区、历史街区的整体环境日益恶化,本应成为城镇发展核心文化景观的历史城区、历史文化街区和历史建筑等遗产,在拆建中遭毁坏,而新城开发又往往忽略文化遗产的生存空间,城市功能、城市环境与城市精神、城市文化难以有机地统一起来。文化规划可以有效把控文化遗产的差异性和不可控性,通过构建城镇发展与活化文化遗产的规划框架,改变以单一保护规划为主导的技术框架,建立以城市发展战略和总体规划为统领,以保护规划为基础,以城市设计为支撑,以详细规划和建筑设计为具体落实手段的规划技术体系,从而对不同区域、不同禀赋、不同经济发展阶段和不同文化风貌地区的文化遗产展开不同路径的保护方式与创新手法。

三、重新认识供给侧改革时代的文化规划

(一)文化规划亟须"独立精神"和"全球视角"

城市代表了我们作为一个物种具有想象力的恢弘巨作,体现了我们具有能够以最深远而持久的方式重塑自然的能力;城市也代表着人类不再依赖自然界的恩赐,而是另起炉灶,试图构建一个新的、可操控的秩序。城市作为要素集聚的富饶之地,是多元文化、多维生态的熔炉,而城市规划是城市建设和发展的蓝图。以广阔的视角、全球化的眼光、战略性的思维规划文化发展路径,设计文化产业成长模式,是新型城镇化进程中文化创新和发展的有效方式。

1.秉持文化规划的独立精神

在全球化背景下,世界城市在城市形态、制度规范、市民行为等方面日趋雷同,只有文化上的区别显得尤为重要、更有价值。秉持规划的独立精神,是城市成长和建设的"破立并举"过程。一方面,文化规划的独立性是保持文化特色的

重要条件,是城市文化价值凝练的萃取过程和城市文化特色升华的推演过程;另一方面,文化规划的独立性是增加文化规划自觉意识的基本前提,是通过"顶层设计"优化城市结构、解决城镇化进程中的城市发展矛盾和文化发展困境的实现过程。

2.拓展文化规划的战略视角

文化规划的路径是全球视野下"顶层设计"与"路线图"并行不悖的有效范式。城市的演进展现了人类从草莽未辟的蒙昧状态到繁衍扩展至全世界的历程。文化规划即建立在传承城市记忆、绵延城市文脉、永续城市基因、发掘城市性格、重塑城市品质的基础上。文化规划的编制,首先需要广阔的视野和战略的思维,以广泛吸纳和融合世界城市多元文化和多维生态为积淀,以注入人文关怀、关注人文精神、融入人文内涵的思考和探索,设计城市文化产业发展的战略路径。

(二)文化规划亟待"以人为本"的工具创新

在快速的城镇化进程中,信息的"孤岛效应"一直是制约城镇发展的因素之一。要建造高效、和谐、可持续发展的城镇环境,需要合理的文化规划;编制合理的文化规划,需要了解城镇的发展历程,预见城镇的发展进程;了解城镇,需要掌握多方面的数据信息,并对信息进行汇聚和分析。

1.以"技术主义"满足"人本主义"诉求

供给侧改革的核心是从新供给的角度,为城市发展和城镇化提供基于人的全面发展和提升人的生活品质的创新路径。在这一背景下,文化规划需要逐渐从以"经济活动和建设用地"为核心的物质空间规划转向以"个体日常行为活动"为核心的社会空间规划。显然,以海量化、多源化和高精度数据为表征的大数据时代的到来,为精确认知和掌握城市居民的时空行为特点及进行科学的模拟预测提供了丰富的土壤。虽然大数据时代对城市规划的技术方法、内容及实施评价等带来了诸多方面的影响,但城镇化归根到底是人的城镇化,即城市规划需要"以人为本",关注个体的生活品质。因此,大数据的发展需要满足人本主义的诉求,并与技术主义相结合,协同推进规划设计、规划思路与方法创新,而非技术主义至上,过分夸大其对城市规划的影响。只有这样,才能将大数据转变为对城市功能品质和市民生活需求的切实提升,为新型城镇化背景下的城镇建设提供重要支撑。[1]

2. 以"区域规划"引导"城市规划"

全球经济一体化背景下,城市圈是国际交流、分工和竞争的基本单位。构建城市圈与全国、全球各城市圈之间进行交流、分工的广域交通体系,是强化城市圈国际竞争力的关键所在。[2] 随着区域之间的竞争逐渐演化为城市群与经济圈之间的竞争,区域之间的竞争合作更加密切,广域经济社会发展的联系愈加紧密。城镇发展与区域经济发展关联紧密,城镇发展各要素之间的流通和市场资源的配置,常常超越区域范畴,跳出行政区划,形成活跃的现代市场体系。这就要求在推进城镇化建设的过程中不能囿于一地之隅,而应"高瞻远瞩",及早谋划,主动融入大城市体系中,为城镇发展开辟和预留出更大的空间。

城市群与经济圈协同发展背景下的文化规划制定,必须考虑到围绕大数据海量信息处理能力而进行资源的有效配置。城市圈域经济的一体化和发达的基础设施网络,为大数据应用提供了有利条件,它们促成了圈域内产业结构互补和多元化发展,具有不断创新和向高级化演进的能力,并能从空间上不断地向外扩散和延伸,具有较强的外向型经济功能。[3] 从这一维度看,大数据时代的文化规划既要融入城市群总体规划,又要在区域格局中保持相对独立和具有特色,既要以城市群为消费市场,建立面向全球的特色城镇发展体系,又要以强大的杠杆来驱动本土社会经济的全面发展,以全面、综合的协同创新能力驱动城镇经济社会发展。

---

[1] 叶宇,魏宗财,王海军.大数据时代的城市规划响应[J].规划师,2014(8):5—11.
[2] 周牧之.要小城镇,也要大城市圈——关于我国城市化发展的另一种思考[J].中外交流,2002(10).
[3] 罗明义.论城市圈域经济的形成规律及特点[J].思想战线,1998(4):9—14.

(三)文化规划将着力聚焦城市发展的"有效供给"

1. 应用大数据技术制定"智慧规划",提高文化规划的实施效率

智慧城市是医治城市病的新药方,其核心特征是将信息资源作为重要的生产要素,来推动经济转型升级,再创发展新优势。智慧城市就是运用信息和通信技术手段感测、分析、整合城市运行核心系统的各项关键信息,从而对包括民生、环保、公共安全、城市服务、工商业活动在内的各种需求做出智能响应。其实质是利用先进的信息技术,实现城市智慧式管理和运行,进而为城市中的人创造更美好的生活,促进城市的和谐、可持续成长。智慧城市是以互联网、物联网、电信网、广电网、无线宽带网等网络组合为基础,以智慧技术高度集成、智慧产业高端发展、智慧服务高效便民为主要特征的城市发展新模式。智慧化是继工业化、电气化、信息化之后,世界科技革命又一次新的突破。利用智慧技术,建设智慧城市,是当今世界城市发展的趋势和特征。

"智慧"是赋予精神的一种境界,智慧城市则是高于数字化城市、智能化城市,让市民依托信息化基础建设的完善,充分享受城市信息化带来的智慧化城市生活。智慧城市的理念就是把城市本身看成一个生态系统,城市中的市民、交通、能源、商业、通信、水资源构成了一个个的子系统。这些子系统形成一个普遍联系、相互促进、彼此影响的整体。在过去的城市发展过程中,由于科技力量的不足,这些子系统之间的关系无法为城市发展提供整合的信息支持。而在未来,借助新一代的物联网、云计算、决策分析优化等信息技术,通过感知化、物联化、智能化的方式,可以将城市中的物理基础设施、信息基础设施、社会基础设施和商业基础设施连接起来,成为新一代的智慧化基础设施,使城市中各领域、各子系统之间的关系显现出来,就好像给城市装上网络神经系统,使之成为可以指挥决策、实时反应、协调运作的"系统之系统"。智慧的城市意味着在城市不同部门和系统之间实现信息共享和协同作业,更合理地利用资源,做出最好的城市发展和管理决策,及时预测和应对突发事件或灾害。

表 5—3 智慧城市的规划维度及规划方法

规划维度	规划方法
可持续的生态环境	要有良好的自然生态系统、较低的环境污染、良好的城市绿化和完善的自然资源可循环利用体系。
可持续的经济增长	合理的产业结构和布局、适当的增长速度;节约资源/能源的生产方式;低投入、高产出、低污染、高循环、高效运行的生产系统和控制系统。
可持续的社会生活	公众包括居民、企业以及政府机构,要有良好的环保意识并积极主动参与各种环保工作和活动,在全社会提倡一种节约资源和能源的消费方式。
可持续的基础设施	要有健全基础设施的相关法律和法规;整合基础设施规划和建设资金投入计划;保证城市的安全和效率;还要有一个和城市运营相结合的有效的制度保证。
可持续的城市形态	具有自然和文化特色的城市构架、街网和交通系统;具有空间标识性和地域特色;相对紧凑的空间布局和从城市中心区到乡村的空间序列。
可持续的文化精神	具有丰富的城市各个历史时期的文化遗产和文化场所;具有多元文化的包容性和再生能力;具有积极向上、充满活力的城市心态和城市精神。

2. 应用大数据技术评价分析区域资源,凸显文化规划特色

从城镇特色产业发展的角度而言,文化规划的关键是"以文兴业,特色发展",即加强对城乡文化资源的保护和开发,发展特色文化产业。具体而言,应充分发挥生态、历史、人文优势,体现区域差异性,提倡形态多样性,防止千城一面,发展有历史记忆、文化脉络、地域风貌的美丽城镇;推动城镇化进程中文化与旅游、体育、信息、物流、建筑等产业融合发展,提升品牌价值,增加物质产品和现代服务业的附加值和文化含量。

大数据时代,数据即资产。通过大数据技术,对大规模人群的喜好数据进行分析,能够明确目标受众的需求,创造出适销对路的文化产品;通过大数据技术,能够有效分析出用户的消费承受点,找到产品成本和运营收入之间的平衡点,从而在降低产品运营风险的前提下,覆盖最广的消费人群;文化企业通过搜集整理游客的情感体验数据,能够有效分析和提炼市场的时尚和审美发展趋

势,这些数据有助于企业实现"产业文化化、产品文化化"。① 利用大数据时代丰富的数据,文化规划研究可以发现传统统计周期中更多的变化,研究城镇及城镇化在更短时间内的运作方式,而不再受制于数据统计周期;可以更多地研究城镇流的运动和机动性,而不再局限于空间固定的土地使用场所。

大数据时代丰富的数据和新兴的数据处理技术,如智能手机的普及、车载GPS的推广和物联网的应用等,将为城镇在微观层面的研究提供基于个体的高精度的时间、空间数据,为深入挖掘个体行为差异及其对集合的影响提供可能。另外,文化规划研究将从相对简单的观察转向更复杂的模型模拟。利用大数据时代丰富的数据,文化规划研究可以更充分地验证当前城镇研究中的假定,采用更为复杂的模型分析城镇系统、模拟多变量的结果,甚至发展新的理论。例如,分析企业名录中的文本数据所代表的空间位置、商务关系,研究城镇网络复杂性结构特征。②③ 基于大数据本身的特性,其提供了从"小样本分析"到"海量呈现",从"滞后化"到"实时化",从"专家领衔"到"公众参与",从"人工化"到"智能化",从"分散化"到"协同化"等多维转变的可能。"众包实践"的规划变革,更加有利于实现"以人为本"的城镇化要义,有助于推进新型城镇化进程中的基本公共文化服务均等化,促进社会进步和公平正义,让全体居民共享文化发展成果。

表 5—4　大数据支持的城镇评价方法④

序号	主要方法	主要手段	具体案例
方法一	建立数据库监测城市发展	使用调研数据客观评价城市发展效果	西雅图政府通过各种途径调研收集到各年数据,其中包括公共共享数据,来自其他政府部门的数据,也有规划局自己持续收集的数据,从而实现对城市发展进行监测。

---

① 参见陈勇良在"大数据时代文化产业的机遇与挑战"高层论坛上的发言《推动洛阳旅游进入大数据营销时代》,2014年4月12日。
② 赵渺希,朵朵.巨型城市区域的复杂网络特征[J].华南理工大学学报(自然科学版),2013,41(6):108—115.
③ 张翔.大数据时代城市规划的机遇、挑战与思辨[J].规划师,2014(8):38—42.
④ 宋彦,黄斌,陈燕萍,等.城市规划实施效果评估经验及启示[J].国际城市规划,2014,29(5):83—88.

续表

序号	主要方法	主要手段	具体案例
方法二	利用规划专业软件进行评估	利用规划专业软件,如地理信息系统(GIS)和规划支持系统(PSS),进行评估	波特兰城市总体规划效果评估中的一项评估内容为波特兰是否实现其"建立更紧凑的城市空间结构,推动城市精明增长"的规划目标,即城市社区开发形态是否朝可持续性方向发展,该项评估指标计算借助了GIS手段。
方法三	公众参与规划效果评估	在公众了解规划成果的基础上,通过收集意见反馈进行公众满意度调查,从而对规划评估成果进行检视	温哥华政府委托第三方咨询公司通过网上和电话抽样调查方式调查公众对环境、居住、贫富差距、人口特征变化、文化、健康、教育、安全等问题(这些问题基于总体规划目标设定)的意见,将公众反映结果分为A、B、C、D、F五个等级进行综合评定,并通过每年持续对公众进行满意度调查,得出历年公众满意度变化趋势。

当然,文化规划的理论和实践不是一成不变的,随着文化科技的融合以及多学科参与文化规划的日趋活跃,文化规划的理论不断丰富,文化规划的实践也不断创新。随着大数据在文化规划领域的应用更为广泛和深入,以工业化、信息化、市场化和城镇化加速融合为典型趋势的城镇发展路径也将愈加清晰。

案例篇

1. 创新规划思维,推动文创设计与相关产业融合发展[①]

——以《北京市东城区文化创意和设计服务与相关产业融合发展规划》为例

【案例导读】

文化创意产业的发展是北京市东城区重要的产业类型,也是东城区优化产业结构和空间结构,提升文化创意产业发展能级的重要思路。然而,东城区面积在北京市各区县中最小,可拓展空间受限,空间资源十分紧张。以供给侧改

---

① 本篇案例作者:陈雪璇、宋鹏、李锦、徐亚玲、高国丽、冯明园,中国传媒大学经管学部硕士研究生。

革为核心,以高端优质产业为引领,通过文化创意和设计服务与相关产业融合发展拉动东城区经济转型和消费升级,成为东城区破解发展掣肘,解决发展瓶颈,寻求发展动力的有效路径。《北京市东城区文化创意和设计服务与相关产业融合发展规划》是本书作者负责的一个研究项目。该项目的出发点是以文化创意和设计服务的深度融合,实现文化产业结构的合理化和高度化。这既是东城区落实供给侧结构性改革的重要抓手,又是东城区经济社会发展寻求新动力的有效路径。

近年来,东城区按照北京市对新东城作为首都功能核心区的定位,着力打造文化新引擎,拓宽发展新空间,推进产业发展高端化、公共服务优质化、城市运行智能化、区域发展均衡化。文化创意产业是东城区重要的产业类型,也是东城区优化产业结构和空间结构,提升经济发展能级的重要思路。然而,从发展空间角度看,东城区的面积在北京市各区县中最小,土地资源有限,人口过度聚集,分布密度普遍高于纽约、东京和伦敦等世界城市中心城区。同时,东城区集中了众多的国家级文物保护单位以及国家机关、部委,并且是北京四合院最为集中的区域,这些情况都在一定程度上加剧了空间资源的紧张局面,制约了东城区文化创意产业的发展。因此,以供给侧结构性改革优化东城区空间结构和产业结构迫在眉睫。在这一背景下的《北京市东城区文化创意和设计服务与相关产业融合发展规划》,是东城区推进供给侧改革,以规划思维创新推动城市有机更新的政策框架的组成部分,其要义是以文化为引领,以供给侧改革为新动力,通过产业融合和产城融合,为东城区文化经济可持续发展提供"渐进式更新"的有效路径。

1.1 东城区产业和城市发展着力解决的问题

(1)"文化东城"资源配置和提质增效问题

东城区坐拥禅林雍和宫、故宫紫禁城、前门大栅栏、孔庙国子监、太庙社稷坛、老北京胡同、京城四合院、名人故居等众多历史文化资源,但它们尚未得到有效开发和深度挖掘。在新一轮的"文化东城"建设发展中,东城区的历史文化文物元素亟待盘活利用,资源创意活化水平有待深化提升。另外,东城区面积仅有42平方公里,不到朝阳区的十分之一,在城六区中占地最少,空间局促成为制约东城区文化创意和设计服务与相关产业融合发展的重要因素之一。一是土地和房屋所有权、使用权问题,在一定程度上影响了文化创意和设计服务与城市更新和产业发展的在地空间开发,不利于疏解非首都功能、培育高附加值产业形态;二是物理空间的限制和约束,不利于文化创意和设计服务与相关产业融合的跨区、跨界、跨域联动,制约了从辖区内外、线上线下进行产业横纵拓展和深度融合。

(2)文化创意产业供给侧结构性改革问题

东城区现代服务业占比较高,区内文化需求层次不断提高且日益多样化,文化产业消费类型正经历从以中低端文化产品和服务为主的基本文化消费逐渐转向注重产品和服务的品质和体验的发展型消费,以及更加注重个性化与精品化的享受型消费阶段。但从目前东城区文化创意和设计服务及相关产业领域的产品供给和服务供给水平看,仍存在着精品供给不足、品牌识别性不高、产品体系不够健全等问题。在下一阶段的发展中,亟待通过供给侧结构性改革,进一步发挥"互联网+""生活+""设计+"的融合带动作用,将文化创意和设计服务深度融入文化基础设施建设和现代市场体系建设,借力文化创意和设计服务延伸产业链,促进新东城实现产业结构的优化升级。

(3)文化创意产业融入区域发展战略问题

地处首都核心区的东城区是首都功能最主要的载体之一,是国家和北京市行政、事业机构的主要集中地,集中体现了北京作为国家首都的政治、文化中心和国际交往中心的功能。目前,东城区文化创意产业发展尚未能做到与城区功能定位合理匹配,文化产品开发和文创产业结构还有相当大的提升空间。在保留首都核心功能、疏解非首都核心功能的过程中,东城区应进一步强化功能建设,集聚高端要素,大力发挥城区文化影响力,立足东城,辐射周边,对接京津冀,联动国内外,通过文化创意和设计服务与相关产业融合,积极主动融入首都发展战略,实现社会、经济、政治、文化全领域的梯度发展。

1.2 围绕供给侧改革进行发展理念和发展思维创新

以文化创意为核心优化空间布局,塑造创意园区——创意街区(社区)——

创意城区的空间发展维度,以文化创意为核心加强产业融合,塑造重点产业——融合型产业——衍生型产业的产业拓展维度,为东城区经济社会全面发展提供有效支撑。

(1) 发展理念

设计理念植入,设计主体介入。将"设计"作为一种思维,植入东城区经济社会发展的全方位各领域,通过城市设计、工业设计、时尚设计、建筑设计、广告设计、媒体艺术设计、展览展示设计等设计主体介入东城区产业转型,构建文化创意产业优化、商业服务业升级、金融服务业、商务服务业和健康服务业创新发展的高精尖产业结构体系。

创意规划引导,文化市场主导。将"融合发展"作为一种"常态",围绕北京市构建符合核心区功能定位的"二三一"产业体系,发展符合首都核心功能,集聚人员少、占用资源少的知识密集、资本密集、附加值高的产业形态。全面深化改革,充分发挥市场在资源配置中的决定性作用,强化企业主体地位,激发企业活力和创造力;积极转变政府职能,加强战略研究和规划引导,完善相关支持政策,为企业发展创造良好环境;凝聚社会共识,加强市民参与,全面提高文化创意和设计服务与相关产业融合的发展质量和核心竞争力。

产业有机融合,空间有序接驳。将"文化创意"作为一种理念,嵌入东城区产业转型和空间优化的战略规划,通过文化创意产业的产品融合、产业融合、产城融合,加强创新链部署和资源链配置,切实解决传统产业供给侧动力不足问题。通过社区、街区、园区、社区和城区的弹性接驳,加快转型升级和提质增效,切实解决制约东城区产业升级的薄弱环节和空间拓展的瓶颈制约。

(2) 发展思维

协同创新。立足东城区区域功能定位与特色禀赋优势,利用京津冀一体化的发展机遇和北京市不断强化首都核心功能建设、加快非首都功能疏解的战略机遇,以协同创新为核心促进文化创意产业体制机制、资本运作、商业模式的全面创新,促进文化创意产业顶层设计、空间布局、产业架构的协同创新。

深度融合。立足东城区文化创意和设计服务与相关产业融合的基础,利用新技术催生文化经济发展模式变革带来的倒逼效应,加快文化创意和设计服务与相关产业的嵌入式融合,与城市更新的楔型融入,促进文化创意产业内部和外部跨产业、跨部门、跨区域渗透融合,释放文化创新活力,激发区域内生动力。

聚焦突破。立足东城区文化创意产业发展的主体功能空间和重点产业形态,围绕历史文化体验轴立体的时空形态、多元的创意业态和丰富的文化生态,突出文化科技和文化金融两大融合重点,聚焦文化演出、全媒体出版、艺术品交易和文化旅游业四大重点产业,聚焦重点,壮大品牌,做强创新主体。

嵌入生长。立足东城区文化创意和设计服务与相关产业融合的载体建设,围绕首都战略定位和北京建设宜居城市的整体要求,深化落实北京市"拓展发展新空间"的城市战略,秉持文化创意嵌入百姓生活的发展理念,坚持文化创意与人的价值实现相结合,高标准、高规格进行产城一体文化单元的规划、设计与建设。

1.3 通过构建多层次的融合性产品体系实现新供给

(1)"互联网+"产品体系

顺应"互联网+"发展趋势,充分发挥东城区互联网的规模优势和应用优势,推动互联网由消费领域向生产领域拓展,构建"互联网+"与文化创意和设计服务融合的产品体系,加速提升以互联网为引领的产业融合水平,以"互联网+"增强各行业创新能力,构筑经济社会发展新优势和新动能。

(2)"生活+"产品体系

顺应加快发展生活性服务业、促进消费结构升级的趋势,充分发挥市场配置资源的决定性作用,更好发挥政府规划、政策引导和市场监管的作用,挖掘消费潜力,增添市场活力,构建"生活+"与文化创意和设计服务融合的产品体系,适应居民消费升级的新形势、新要求,坚持创新供给,推动新型消费,开发适合高中低不同收入群体的多样化、个性化潜在服务需求。

(3)"设计+"产品体系

以创新驱动为核心,鼓励高端产品引领发展。依托东城设计资源优势,将创意经济与文化资源进行无缝融合,大力支持文创产品的开发,积极搭建设计服务平台,建立完善的设计服务体系。以制造"北京国际设计周"等城市事件为手段,激发高端产品创意设计持续创新能力,支持实施创意设计重大创新项目,打造具有国际竞争力的创意设计企业和高端品牌。引导相关设计企业创新融合发展,打造全产业链的设计创新服务,促进文化产业整体业态升级。

1.4 优化文化产业的载体空间

(1)园区、社区、校区三位一体融合发展

园区是东城区文化创意和设计服务与相关产业融合的重要载体和主要平台。东城区园区发展的核心是根植历史文化传承特色,延续城市空间布局特点,以"胡同里的创意工厂"为特色,形成园区与城区融合发展的空间蔓生格局。东城区园区发展的目标是以园区组织结构的优化为核心,加强园区之间的文化交流和产业合作,打造国家文化产业示范园区,形成各具特色、主题互补、具有产业示范作用的创意聚落。

社区是东城区文化创意和设计服务与相关产业融合的蔓生空间和潜力空间。东城区社区发展的核心是根植老北京民俗文化特色,激活生活空间创意活力,按照生产空间集约高效、生活空间宜居适度、生态空间紧凑有序的原则,以特色胡同和四合院为主要载体,整治社区环境,优化文化生态。东城区社区发展的目标是实现产业空间、商业金融、科研教育、公共绿地、生活居住等功能用地之间的相互匹配,实现空间上相融、相连、相连,打造创意生活美学主导的示范空间。

校区是东城区文化创意和设计服务与相关产业融合的创意高地和人才智库。作为创意阶层和创新人才的聚集中心,东城区校区发展的核心是以文化创意复合型人才的培养和输出以及创新创业型人才与东城区众创空间无缝对接为两翼,为文化创意和设计服务与相关产业融合发展提供源源不断的支持。东城区高校的发展目标是立足大学文化经济圈发展,辐射东城区文化创意产业功能区建设,打造产、学、研一体化的协同创新平台。

(2)历史轴线、文化街区、城市公园共生创新

历史轴线生长单元是东城区文化创意和设计服务与相关产业融合的主线,其核心是激发文化创意思维和设计理念在历史轴线、城市文脉、历史文化街区

中的沉浸式蔓生,打造创意东城的"文化走廊"和"文化动脉"。

文化街区邻里单元是实现文化创意和设计服务与相关产业融合的内生动力,其核心是在延续和传递以老北京风貌为代表的"胡同－四合院"居住形态基础上,打造宜居宜业宜游的功能空间,形成文化东城的"动态创意单元"和"文化旅游触媒"。

城市公园、滨水空间和生态休闲聚落是城市重要的生态系统和绿色空间,其核心是以生态公园和历史文脉为连接带,形成"绿带串珠"的发展格局,使城市公园成为文化创意和设计服务与市民生活深度融合的软性节点,形成产、城、人、文四位一体的蔓生空间。

2. 创新规划模式,推动文化旅游融合发展与项目落地

——以《贵州省遵义市文化旅游产业发展实施方案》为例

【案例导读】

文化旅游产业是适应人民群众消费升级和产业结构调整的重要行业,具有资源消耗低、带动系数大、就业机会多、综合效益好的特点。随着我国经济社会的发展和增长方式的调整,民生基础更加稳固,国际国内旅游市场的消费需求和消费能力更加旺盛,以信息技术为代表的科技进步及现代商业模式创新应用更加广泛,人民群众对适应消费升级的文化旅游产品和服务的需求更加迫切。作为贵州省域副中心城市和黔北经济区核心城市,遵义市良好的产业基础、优质的要素禀赋和文化旅游资源的比较优势,决定了其在全省文化旅游发展中的重要作用。如何加快实现文化旅游业从点线突破向整体突破转变,从观光导向向观光与休闲度假复合产品转变,从资源依赖型向产品和服务创新型转变,从粗放式、规模化扩张向精细化、品质化提升转变,从文化旅游产业单打独斗向文化旅游与多产业融合发展转变,已成为迫在眉睫、亟须解决的重大课题。

2.1 遵义市文化旅游发展面临的突出问题

(1)文化旅游供给侧面临的核心问题日趋突出

近年来,随着交通条件的不断改善,遵义核心市场范围逐步扩大,与各大城市群的时空距离日益缩短,遵义面临着巨大的市场井喷,迎来了良好的战略机遇期,全域范围内文化和旅游产业有了显著且持续的成长和发展,文化旅游业已经成为遵义市国民经济的重要组成部分和服务业的支柱产业。但总体上看,目前的发展水平与遵义市文化旅游可开发产品和资源的丰富性与高品级性、文化旅游发展的机遇性和建设的积极性仍不相匹配,文化旅游业供给端还存在诸多问题。

第一,文化旅游产品体系单一,消费拉动力低。从当前遵义市经济社会发展整体情况看,产业结构不合理、第三产业比重低、经济发展方式粗放等结构性矛盾依然突出,区域经济发展不平衡、城镇化水平较低、富余劳动力多使就业面临较大压力等问题仍旧严峻,创造能够与环境承载力相匹配、因地制宜、突出特色的经济增长点势在必行。

第二,文化旅游资源开发分散,品牌附加值低。从遵义市文化旅游资源开发看,一方面,传统产业资源优势增量创造不足,缺乏系统的文化旅游产品体系,文化旅游产业链难以向更高层级跃升;另一方面,特色禀赋资源优势存量开发不足,缺乏系统的文化旅游服务体系,基础设施与服务配套无法满足市场需求,两者制约了文化旅游产业跨越发展,亟须打破行业和地区壁垒,加强创意设计和规划,以可实施的文化旅游产品体系设计和文化旅游服务体系规划,提高文化旅游产业竞争力。从遵义市文化旅游市场半径看,遵义市的客源市场以周边城市为主:贵州省内为最大客源地,占据总体客源市场的47%;重庆和成都位居第二,与云南分别占据遵义客源市场的19%和12%;湖南、珠三角、长三角、环渤海等地也有一定客源,但比例很小,国内其他省市所占客源市场的比例就更低了,与遵义市文化旅游发展的整体目标和定位要求极不相符。从文化旅游品牌聚合度、影响力及附加效益看,游客在遵义停留的时间较短,86%的游客只停留2—3天,仅有少数游客停留在4天以上,与其他优质旅游市场相比,获得经济效益较低,品牌价值亟待提升。

第三,文化旅游项目开发混乱,开发模式和时序不清晰。从遵义市文化及旅游产业项目开发看,对项目开发模式尚未形成统一规划设计,对项目开发时序缺少梯度分时规划。一方面,全域范围内区县存在同类资源或相近项目各自开发、同质竞争的现象,行政区划与管理体制制约了核心景区和龙头项目的打造,项目间未能形成发展合力,集聚效应差;另一方面,项目缺少主题归类及针对主题产品、主题资源的详细规划和实施方案设计,存在项目开发主体参差不齐、项目规划设计定位不清、项目投资时序不明、部分项目因整体规划和资金投入等原因在实施过程中流产等问题。

第四,文化旅游市场运作乏力,管理制度存在一定障碍。从遵义市文化旅游市场开发情况看,文化旅游市场化、产业化、集团化程度不高,文化旅游专业化、集约化、特色化水平不高,文化旅游市场运作乏力,文化旅游资源行业分割、地区分割比较严重,资源整合不够;文化旅游与工业、农业、林业、文化产业等缺乏有效联结,产业联动不够;在对外宣传和旅游策划上单兵作战、各自为政、手段落后,缺乏高水平的市场化包装和营销,没有形成宣传合力,导致遵义市文化旅游品牌知名度与文化旅游资源禀赋优势不匹配;体制、机制性障碍明显,文化、旅游、环保、建设、林业、国土、工业、农业等部门存在管理职能交叉,同一景点多头管理,成本较高,重要景点和景区管理体制不顺;跨区域的景区往往由于行政障碍,影响资源整合,难以实现协同发展。

(2)文化旅游业亟待从重点领域先行突破

第一,战略层面突破。要实现遵义市文化旅游产业跨越发展,有效解决上述问题,必须在发展战略上率先突破。通过全局性的文化旅游发展规划和全域化的文化旅游创新路径,盘活文化旅游资源存量,创造文化旅游资产增量;解决文化旅游发展观念落后和文化旅游发展视野狭窄等问题,将文化旅游产业发展与经济社会全面发展、区域板块全线联动、城镇化全域推进、消费市场全产业拓展、产业结构全要素调整有机结合起来,突出重点,强化落实,全局统筹,以战略突破实现文化旅游业整体突破。

第二,资源层面突破。要解决文化旅游资源开发分散、品牌附加值低的问题,必须在文化旅游资源层面进行突破。通过打造支撑文化旅游产业持续增长的资源开发体系,解决文化旅游品牌影响力和核心竞争力不足问题,以文化旅游名片的打造,实现文化旅游要素的集聚,以主题文化旅游系列的情境营造,实现文化旅游的消费集聚,以多元化的文化旅游消费和体验,构建全面的文化旅游市场格局。

第三,产品层面突破。要解决文化旅游产品体系单一、消费拉动力低的问题,必须在文化旅游产品层面进行突破。通过构建支撑文化旅游产业全面增长的产品体系,解决文化旅游产业结构和产品布局的功能性障碍,以产品有序开发提高文化旅游产业增加值,以产业有机融合解决文化旅游产业结构性矛盾,打造循序渐进、梯层发展的支柱产业发展体系。

第四,制度层面突破。要解决遵义市文化旅游资源开发水平粗放、市场运作乏力和体制机制障碍明显等问题,必须推行"以文化旅游产业集聚为平台,推进特色产业内生增长"的发展模式,着力创建"整合—协同"的管理模式,推进遵义市文化旅游突破发展。通过文化旅游遗产保护上政府主导力量与社会参与积极性的整合,文化旅游资源建设开发上国家力量与社会力量的整合,文化旅游产业发展上政策资源与创意资源的整合,逐步形成互动强势、协作紧密、优势互补、利益共享的文化旅游发展共同体。

2.2 创新发展理念,推动文化旅游供给侧创新的思路

(1)"全天候+全季候"

树立"24小时不打烊、24节气不重样"的"全天候+全季候"发展理念,丰富文化旅游产业的内容,创新文化旅游产业的形式。一方面,着力开发夜间文化旅游、文化消费体验性产品和服务供给,打造文化旅游演艺、文化旅游参与、文化旅游景观项目群,完善文化旅游产品和服务体系,以吸引游客延长停留时间,拉动吃住行游购娱等消费;另一方面,着力加强四季文化旅游、文化消费差异性产品和服务供给,打造"春季赏花采茶、夏季避暑纳凉、秋季采摘尝鲜、冬季温泉美食"的时令文化旅游主题,形成"全天候+全季候"的文化旅游产业发展理念。

(2)"全景域+全产业"

树立"建设全景遵义、发展全域旅游",打造"全产业链、全服务链、全消费链"的"全景域+全产业"的发展理念。一方面,加快协同合作发展,发挥黔北地区经济合作协调机制的作用,打破自守"一亩三分地"的思维定式,跨区域构建文化旅游大产业体系,促进文旅农工多产融合、多业联动;另一方面,加快产业

对接协作,重组黔北地区文化旅游产业资源,提高城市群一体化水平,形成区域间产业合理分布和上下游联动机制,形成特色鲜明、差异性强、体验丰富、文化多元、动静结合的文化旅游体系。

(3)"以红带绿"+"以酒带茶"

树立以优势产品和龙头品牌带动全域文化旅游资源和产品开发、"以红带绿"+"以酒带茶"的发展理念。一方面,抓住优势产品的核心竞争力,以"遵义会议""四渡赤水"等红色文化旅游品牌和项目的开发带动山水景观、风土人文和乡村休闲等绿色生态资源开发,塑造亮点,突出特色,形成红绿结合、交相辉映的文化旅游格局,扩大遵义在国内国际文化旅游市场的影响力和吸引力;另一方面,以龙头品牌茅台酒系列商品的开发带动茶文化旅游产品开发,进而带动其他特色文化旅游资源的商品化,打造新的文化消费品牌,形成龙头产品与核心品牌相互补充、错位发展的文化旅游品牌体系。

2.3 以供给侧改革促进文化旅游全面创新的战略

(1)以文化旅游产品发展为引导的文旅升级战略

地方独特的文化资源、区域特点和区域定位,决定了地方文化旅游产业发展的战略定位,也是地方文化旅游产业发展的资源依托和重要基础。遵义市立足产业基础和资源比较优势,大力实施工业强市战略,将白酒、材料、装备制造、能源、化工、烟草、茶叶、竹产品、特色食品和制药十大工业及配套产业作为重点发展的主导工业,而主导产业中酒、茶、竹、食品和制药等业态,具备与文化旅游产业融合的条件,具有文化旅游产品和服务开发的潜质。

根据主导产业的分布,立足于地方的文化资源禀赋,为推动主导产品与文化旅游产业相互融合,可将文化旅游产品开发分为三大产业层级:

表 5—1 三大文化旅游产品开发层级

产品类别	主要特征	开发方式
文化旅游产品	为特色优势产品的初级开发层级	主要以特色优势产业的产品生产制作为核心,提供具有区域特色的文化旅游礼品(纪念品)。

续表

产品类别	主要特征	开发方式
文化旅游商品	为特色优势产品向文化旅游商品转化的中级开发层级	主要以特色优势产业的规模化、专业化、集约化生产为核心，逐渐实现从产品向商品的精品化过渡。
文化旅游品牌	为文化旅游商品向文化旅游品牌升级的高级开发层级	主要以文化创意和现代工业为双引擎，实现从工业产品到文化旅游产品再到具有品牌价值、科技含量、市场认同和国际设计的转变，实现特色产业和服务的规模化、集约化、专业化发展。

(2)以文化旅游资源开发为引导的时序发展战略

多样化、差异性文化旅游资源的开发，是拓展文化旅游产品形态，扩充文化旅游消费内容，延长文化旅游产业链的基础。遵义市文化旅游资源丰厚，旅游产品丰富，但文化旅游内容与市场需求脱节，同质竞争严重，产业结构单一，亟待通过差异性产品和服务分类开发的时序引导战略，进一步明确文化旅游产业的发展重点，把特色文化旅游资源开发与城市景观风貌、功能布局紧密融合，形成地域特色，避免千城一面。

根据文化旅游资源的差异性特征，立足文化旅游产品和服务的市场规律，从现代文化消费的语境和市场主体建设的模式出发，可将差异性产品和服务开发分为三大开发类型：

表5—2　三大文化旅游资源开发类型

开发类别	主要特征	开发方式
稀缺性资源	具有唯一性、排他性的特色文化旅游资源	与现代消费形态和现代消费市场对接，突出主题稀缺性，强调内容差异性，加强对文化旅游资源的"二次创作"，实现区域和民族特色文化旅游资源与市场的深入对接。
同质性资源	在人文脉络、景域特征等方面与周边经济区、城市群具备相同和相似性的文化旅游资源	在同质化中找唯一、做第一、创精品，提升文化旅游消费品质，打破地区、行业分割，对地缘相近、文脉相承的区域统筹协调，发挥跨界合作框架作用，推动产业要素有效配置，促进区域间文化旅游产业协同发展。

续表

开发类别	主要特征	开发方式
广谱性资源	在全国范围内具有广泛分布、在大众消费层面具有广泛认知的文化旅游资源	提升文化旅游配套服务,主动开放市场,鼓励各地企业投资发展依托广谱资源的文化旅游产业,鼓励其他行业企业和民间资本通过多种形式进入特色文化旅游产业,把引入外部资源和做强做优本地企业有机结合起来。

(3)以文化旅游项目建设为引导的要素重组战略

文化旅游资源本身是有限的,而资源的开发和配置模式却是多种多样的,文化旅游资源开发和利用效益在很大程度上取决于资源配置模式。遵义市文化旅游资源丰富,文化旅游项目数量多、跨度广,但面向消费市场的文化旅游资源配置方式不合理,文化旅游项目尚未形成与资源持有相匹配的拳头产品,亟待破除限制资本、技术、产权、人才、劳动力等生产要素自由流动和优化配置的各种体制机制障碍,推动各种要素按照市场规律在区域内自由流动和优化配置,形成优化组合的资产结构、产业结构、技术结构和地区结构,加快文化旅游项目建设。

根据文化旅游项目的开发建设模式,立足文化旅游发展的市场基础、资源特征、产品和服务类别,从项目立体开发、协调开发和开放开发的角度,可将文化旅游项目分为三种开发类型:

表5—3 三大文化旅游项目类别开发类型

项目类别	主要特征	开发方式
集成型文化旅游商业类	产品形态或服务空间布局相对集中,但发展方式有待集成	"X+Y"型运作模式,即文化旅游商品配套文化旅游服务,形成文化旅游综合体。
优化型文化旅游景区类	景区发展具有一定基础,市场发育相对成熟,但综合配套有待优化	"1+X"型运作模式,即一个核心景区(重点项目)或一条精品线路(区域精品文化旅游线路依托常规线路、文化旅游主线路和主题精品线路)。
升级型文化旅游服务类	文化旅游地理位置相对理想或处于文旅线路节点位置,但软件配置及品质要素等有待提升	"A+B+C"型运作模式,即每个文化旅游景区(空间枢纽)均连接相应的文化旅游配套服务区(商业中心)和文化旅游地产增值区(旧城更新社区、新城开发社区、文化旅游村镇居民区)。

2.4 创新文化旅游产品和服务供给的发展路径

遵义市文化旅游产业发展基础薄弱，产业配套相对落后，因此，从传统优势产业中寻找突破口，寻求与文化产业的嫁接，以传统产业优势创造文化商品的增量优势，是为一个可行的思路。基于此，笔者提出从产品层面进行整体突破的解决思路，要解决文化旅游产品体系单一、消费拉动力低的问题，必须在文化旅游产品层面进行突破。通过构建支撑文化旅游产业全面增长的产品体系，解决文化旅游产业结构和产品布局的功能性障碍，以产品有序开发提高文化旅游产业增加值，以产业有机融合解决文化旅游产业结构性矛盾，打造循序渐进、梯层发展的支柱产业体系。

具体到规划设计环节，笔者依据特色优势产业发展基础和成长条件，将"酒""茶""竹""美食""中药"这五大传统优势产业作为文化旅游产品布局的基础产业，实施"以酒带茶"的产品发展战略，以酒文化产品开发为龙头，以茶文化产品开发为支撑，以竹文化产品、特色美食产品和中药养生产品为补充，集中打造五大文化旅游产品体系，构建工农文旅等业态深入融合、"品质—品牌—环境—娱乐—体验—产品—商业模式"渐次推进的文化旅游产品开发链条。

具体而言，"酒文化产品"按照"集群化、集约化、品牌化"要求，充分发挥"国酒茅台"的品牌引领作用，引导文化遗产与文化观光结合、生产型与消费型文化产业结合、工业旅游与博览交易结合，着力打造酱香型白酒产业集镇、酒文化博览交易重镇、国酒文化旅游名镇。

"茶文化产品"因地制宜，突出特色，围绕"茶"文化主题，整合"生态、土地、文化、市场、区位"五大资源，设计"名茶精品系列、茶艺茶道系列、茶园论道系列"三大产品体系，以精品化、精细化、精致化开发为重点，提高茶文化产品的个性化和品质化，通过市场化运作，塑造内涵丰富、具有强大影响力的产业文化、产地文化、产品文化，不断提升遵义茶文化产品（品牌）的整体附加值。

"竹文化产品"遵循"调结构、拓市场、求高效、创品牌"的产业发展思路，以深化集体林权制度改革为契机，以市场需求为导向，大力发展以文化品牌塑造和经营为核心的竹子加工产业，促进竹产业与特色文化元素、传统工艺技艺在创意设计、现代科技、时代元素等方面深入融合,形成"主攻二产、发展三产、提升一产"的竹产业发展新格局,把竹产业建设成为促进农民增收致富、调整农村经济结构和带动县域经济发展的重要特色文化旅游产业。

"特色美食产品"秉承"在餐饮中注入文化,在文化中融入美食"的理念,挖掘历史积淀,弘扬美食文化,传承、培育、创新遵义地方特色菜系列和特色小吃,通过注册商标、包装宣传等手段,打响"游到贵州、吃在遵义"的品牌。

"中药养生产品"以"根治农业,施法养生"为基本思路,采用"1+N"的产业方式,将药业种植与中药养生产品开发、中医药文化遗址、博物馆、公园、中草药种植园、中药工厂等中医药文化内涵丰富的场所相结合,依托药业产业产地优势,打造特色中医药文化产品,建设中医药文化旅游示范基地。

从遵义市文化旅游产品规划的思路中可以发现,优势产业资源导向型规划的核心是将优势产业与城市发展相衔接,并为其注入文化的内涵和文化产业的外延,以文化产业提高传统优势产业的附加值,以文化产业推动城市转型和可持续发展。供给侧改革视角下遵义文化旅游产品和服务的开发与布局,旨在完善文化旅游业的产业结构,提高文化旅游业的功能层级,并以特色品牌塑造引领文化旅游服务拓展,以多元化的文化旅游消费和体验,构建全面的文化旅游市场格局。

表5—4 遵义市部分特色文化旅游产品规划思路和主要内容

产品类别	产品体系	产品内容
酒文化产品	"酱香白酒"系列	茅台、习酒、董酒、珍酒、鸭溪窖、湄窖、国台、酒中酒等酒类品牌产品。
	"国酒博览"系列	中国(遵义)酒文化博览城建设,发展工业博览(世界名酒经贸洽谈会)、节庆会议(国际酒文化论坛、国酒文化旅游节、窖藏封坛大典)、收藏拍卖(名酒品鉴拍卖会、国酒文化基金)、艺术展示(酒歌、酒令、酒技、酒俗、酒器的展示和表演)等。
	"美酒体验"系列	以"茅台镇"为核心,辐射习酒镇、土城市等白酒主产地,集中打造美酒文化旅游名镇系列,将厂区建设景区化,形成特色鲜明、产城融合的文化旅游小镇。

续表

产品类别	产品体系	产品内容
茶文化产品	"名茶精品"系列	以品牌授权为商业模式开发速溶超微茶粉、茶多酚、茶籽油、茶树精油、茶饮料等多元化产品。
	"茶艺茶道"系列	以茶文化传承品源为核心,融合茶艺茶道表演,开发茶具器系列产品,如茶坞、茶人、茶笙、茶籁、茶舍、茶灶、茶焙、茶鼎、茶瓯等。将茶文化与竹文化有机结合,开发茶杯、茶盅、茶托、茶壶、茶盘等竹编茶具系列产品。
	"茶园论道"系列	打造以茶海庄园为载体的特色休闲农业项目,形成"以茶思源、以茶待客、以茶会友、以茶联谊、以茶廉政、以茶育人、以茶代酒、以茶健身、以茶入诗、以茶入艺、以茶入画、以茶起舞、以茶歌岭、以茶兴文、以茶作礼、以茶兴农"的特色文化旅游功能区。
竹文化产品	文化生活产品体系	以竹为原材料的食品和饮料,如竹荪、竹笋生产加工和水煮笋、调味笋、笋干、竹饮料等;生活用品,如竹制家具、竹炭、竹席、竹地板、竹签和竹筷等家居装饰品及礼品、食品包装品、餐具、花园和庭院用品等。
	文化艺术产品体系	以竹为原材料的艺术工艺品,如竹简、竹匾、竹根雕等,以及采用竹雕、竹刻、竹编等手工艺制作的文化艺术产品,还有用竹制作的笛、箫、笙、筝、竽、箜篌、筚篥等各类乐器。
	文化制造产品体系	以竹为原材料的科技加工品、竹纤维系列,如竹屑棒炭类、原竹炭类、日用品类、调湿类、除臭类、洗涤用品类、工艺品类、保健品类、净化类和屏蔽类等。

作为遵义文化旅游产业发展的顶层设计,该规划方案在规划模式方面的创新主要体现在,通过项目开发模式和项目开发时序的归类设计,对项目的实施进行了商业模式和产业秩序两个方面的导引,以期通过政府引导和市场主导的方式,以"持续规划"实现文化旅游产业"滚动式发展",从而实现遵义市文化旅游产业跨越式发展的动态平衡和永续更新。

3. 创新规划理念，以国际思维和美学精神设计城市

——以《文化昆明建设规划》为例

【案例导读】

文化是一个城市的魅力所在，城市的个性、形象和品牌是一个城市区别于其他城市并能够脱颖而出的重要因素。然而我国在城市化进程中存在着一些误区，导致在大规模城市化的同时，存在城市文化传统和个性丧失、千城一面的怪圈。而我国也正处于工业化和城市化的快速发展时期，因此，如何从美学的角度，探讨城市发展过程中的美学形象建设，对于树立城市形象、加强城市形象交流、走城市发展的可持续之路，具有十分重要的理论价值和实践意义。《文化昆明建设规划》是本书作者负责的一个城市设计项目。该规划在设计昆明发展的文化战略时，将"未来时空"作为一条主线，以"全世界"为坐标系，旨在创造一种以国际思维和美学精神为核心的城市发展理念。事实证明，作为一种放眼世界、融入全球、赢得未来的城市理想，"文化昆明"在今天仍具有较强的引领价值和创新意义。

3.1 城市美学设计在城市建设中的作用

美学来源于城市生活，后者是前者的土壤。"美学城市"是人类赋予城市更加宜居、更加美丽、更加富有情绪的瞩望。以"美学城市"的观念观望城市，着手进行城镇化顶层设计，才能使城市更加以人为本。城市美学研究的是城市人的审美意识及其活动状态，研究城市人的审美意识是如何形成的，如何表现的，具有何种美学价值，并可能向何种方向发展等问题。

城市美学，首先是一种人文学意义上的美学研究，其次才是技术上的结构研究，或者说，首先是一种精神研究，其次才是一种表现形式的研究。只有这样，城市美学的研究才能形成它的独特性，即区别于传统的以乡村为主要研究对象的传统美学，才有可能在对城市人的审美意识的深刻把握中，建构以城市审美经验为内容的现代美学思想。[①] 在城市美学的观照下，当前城市建设和规

---

① 刘锋杰.审"城市"之美：中国美学研究的新支点[J].安徽师范大学学报（人文社科版），2004，32（5）：10—12.

划开始更多地融入审美文化与审美精神,而审美的要素、经验和认知也将让城市规划走向更加以人为本的层面。

现代城市规划作为区域发展计划的一种类型,其内容的变更和战略理念的转型是和区域发展理论乃至国家发展观念的调整相同步的。国际范围的城市规划体系从早期侧重建筑外形到重视经济发展计划,再到后来强调城市社会、经济、生态的协调控制,①逐步开始注重美学元素的使用和审美体验的融合。因此,对于城市建设而言,审美主要起到如下功能:第一,以审美认知凸显城市特色,突出城市形象,从而避免现代社会"千城一面"的规划弊病;第二,以审美体验影响城市居民,使公民文化素质得到极大提升,构成城市文明的中坚力量;第三,以审美评价引导城市建设标准,在城市评价中进一步强调文化品格和城市品质;第四,以审美精神作用于城市综合体建设,使城市文化空间、文化氛围、公共景观等基础设施融入审美因子,从而提升城市软实力。

3.2 国际化城市建设中的审美要素

(1) 良好的审美文化生态

加强城市人文精神建设,为构建社会主义和谐社会、提高城市核心竞争力打下坚实的人文基础,这是一个明智而具有战略性的选择,它对于提升城市的人文发展水平、建设国际化城市,具有至关重要的意义。当今世界的现代化城市都是人文城市,都关注自己的人文品位、人文魅力,如纽约、巴黎、法兰克福等,都是人文城市,有着巨大的文化流通量。② 城市建设的本质是以人为本,人文精神是国际化城市建设的重要组成。因此,在未来的城市建设中,需要以和谐的审美精神为出发点,从社会安全保障条件、生态环境水平、市民生活质量水平和市民生活便捷程度等监测角度,对社区的文化宜居指标作出评价,从而从本质上提升文化生态环境质量,以人文精神作为建设国际化城市的动力源。

(2)全面的公共文化服务

文化设施是营造城市文化环境必不可少的要素,具有国际水平的科技、文

---

① 李芸.现代城市形态规划理念的转型取向[J].社会科学研究,2002(1):112—116.
② 鲍宗豪.什么样的城市让生活更美好[J].社会科学文献出版社,2010(7):42—46.

化、教育设施及国际性科技文化交流中心,是评价国际化城市的重要标准。在欧洲,以大剧院为中心的文化广场比比皆是;在北美,更有近代的文化中心建筑组群,突出了文化设施在城市中的多元功能和优美形象。先进城市大多有独特的城市文化、优美的城市风貌和自然景观,以及丰富多样的休闲、娱乐设施吸引国外旅游者,从而形成了国际科技文化交流中心和旅游中心。①

(3)强大的文化竞争实力

要实现创意城市的物化,就需要在技术迅速扩散和普及的时代,实现产品创新转向价值创新,推动创意设计、创意策划以及创意成果的迅速孵化和多重应用。发达的文化产业体系是建设国际城市的重要组成,是衡量城市文化竞争力的主要依据。文化产业在激活城市内在文化要素、刺激消费需求、转变增长方式和调整产业结构、扩大就业规模、完善城市功能、展示城市风采、提高城市竞争力、美誉度和知名度等方面,发挥着重要的不可替代的作用。

(4)丰厚的文化遗产资源

城市历史文化遗产首先是一个水库,它积蓄着可能成为人们依恋对象的历史文化宝藏。历史文化遗产最本质的意义是对人类所作事情的记忆,历史文化遗产正是通过恢复人类过去的记忆而服务于现在的。② 如果一个城市的文化遗存保护和经济发展的关系无法充分协调,就将导致城市文脉的断裂,从而陷入"千城一面"的怪圈,失去城市的个性和特色,那么也就难以成为一个有吸引力和感召力的城市,自然无法有效地与世界对话。

(5)较高的公民审美素质

审美观是指人们对客观事物和现实的审美价值把握,它表现为人们从审美角度作出的评判、评价和行为倾向。③ 一座城市的精神风貌往往是市民在思维方式、价值取向、理想人格、知识水平、道德水平、审美情趣等方面的综合素质的反映。现代化的文明城市要求具有各种现代文明素质的市民与之相适应,而现代城市中

---

① 施源.深圳建设国际性城市的指标选择[J].特区经济,1998(9):23—25.
② 鲍宗豪.什么样的城市让生活更美好[J].社会科学文献出版社,2010(7):42—46.
③ 黄希庭,郑涌.当代中国青年价值观研究[M].北京:人民教育出版社,2005:248.

的经济、政治、科技、文化的现代化,也为市民素质的现代化提供了客观条件。[①] 只有全面提高城市经济发展、人的全面发展、社会全面发展的审美文化内涵,逐步建立城市文明的价值体系,拥有文明健康的社会秩序,较高文化素质的城乡居民,先进的思想观念和道德规范,淳朴的民风民俗,发达的科学教育,繁荣的专业文化、社会文化和文化产业,健康有序的文化市场,才能够成为文化特色鲜明、竞争优势突出的国际性创意城市。

3.3 国际化城市规划设计中的审美认知

确立文化发展战略,制定促进文化发展的政策,使文化与经济、社会同步发展乃至发挥引领、支撑作用,已经成为当今世界的一种潮流和趋势。21世纪的社会是以文化为基础的知识社会,城市竞争将是以文化为主的竞争。如果将经济比作城市的血肉和躯架,那么文化则是一个城市安身立命之本,它主宰着城市的命运,规定着城市的性质、特色和走向,是城市的灵魂。

(1) 重视文化建设是国际城市的普遍做法

从国际范围看,近年来,一些世界级城市纷纷从未来发展的角度提出了一系列增强城市文化竞争力的战略目标和部署。法国时任总统萨科奇2009年4月30日宣布首都巴黎未来20年的拓展计划,取名《大巴黎》(Grand Paris)。计划的目标是重塑巴黎,重组交通,把巴黎建造成可持续发展、具有国际竞争力、能创造财富和就业、不再有郊区概念的绿色环保大都市。《大巴黎》计划不仅提出了"维护自然环境与历史文化的和谐"的行动计划,而且进一步提出"在市中心建造一组外形犹如八片花瓣的新文化地标建筑"以实现"向诗般的巴黎倾注美丽"的目标,将城市文化建设从更高层面推向务实。伦敦市2003年公布了《伦敦:文化资本,市长文化战略草案》,提出要维护和增强伦敦作为"世界卓越的创意和文化中心"的地位,成为世界级文化城市。纽约市提出"促进和保持纽约文化的可持续发展,提高对经济活力的贡献度"。新加坡2000年制定《文艺复兴城市》战略,提出新加坡的发展目标是"21世纪的文艺复兴城市,即国际文化中心城市之一"。

[①] 吕冬雷,李灿明.对市民文明素质问题的分析与思考[J].社会科学探索,1998(1).

(2) 突出审美特征是国际城市的发展诉求

不同类型的城市应具有不同的审美特征。历史古城宜突出幽雅、别致、恬静、舒适、深厚的审美品格,现代型城市则以顺畅、繁华、开放、包容、活力为基本美学品格,流畅的线条、明快的风格、恢宏的气势,符合现代城市的发展理念,可激发市民巨大的创造潜力和丰富的审美想象。城市美学是一种为"巨视的美",具有这种审美特征的建筑多位于交通繁忙的地带,由于人们无法驻足静观,所以只有"巨视的美"才易于观者在疾驶的车辆中也能有所领略。城市美学还是一种为"细巧的美",具有这种审美特征的建筑或景观一般位于公园社区,它适合于人们闲暇游览时凝视静观,细细品味。① 前者本质上是一种流动的美,是一种时间艺术,后者本质上是一种静止的美,是一种空间艺术。前者的审美特征可以用"崇高"来概括,后者的审美特征可以用"优美"来概括。崇高与优美的交替变幻,组成了现代城市的欢快乐章。② 城市美学的概念介入和理论引导,对于审美特征和审美品格的追求,逐渐成为城市迈上国际化路径时的基本诉求。

(3) 塑造城市形象是国际城市的发展共识

一个城市成败的关键在于城市竞争力,即一个城市持续创造财富的能力。文化作为一种无形的、内在的要素资源,是城市竞争力的重要来源,它不仅具有巨大的凝聚力和辐射力,同时也是一种促进经济社会发展的鼓舞和推动力量。随着文化因素在城市经济增长、城市建设、城市管理中的作用日趋显著,世界上许多闻名城市都非常重视发展文化产业与树立城市形象的结合。③ 而具有鲜明的城市文脉和创意特质是世界名城建设的必备要素,例如"水上之都威尼斯、港口之都鹿特丹、旅游之都夏威夷、建筑之都罗马、音乐之都维也纳、雕塑与绘画之都佛罗伦萨、电影之都洛杉矶、时装之都巴黎、啤酒之都慕尼黑、博彩之都拉斯维加斯"等。以面向世界、主题鲜明的全球性文化名城建设为出发点,不断主动适应经济全球化、区域一体化趋势,增强昆明国际经济竞争力、国际文化影响

---

① 梁思成. 梁思成文集[M]. 北京:中国建筑工业出版社,1986:58.
② 曹晖. 城市美学论纲[J]. 城市问题,2007(7):21-24.
③ 田根胜,卢晓晴. 一种新的蕴涵高附加值的产业资源——城市文化的经济学解读[J]. 理论探讨,2006(3):93-96.

力、国际事务参与力和国际要素聚集力,是昆明在国际城市建设经验中得出的镜鉴与启发,更是未来发展的重要目标。

3.4 "文化昆明"城市设计中的美学思考

对于昆明市而言,当前昆明正处于工业化加速、城市化提升、市场化转型、国际化拓展的关键时期,在新一轮改革中,城市建设是实现上述目标的重要路径之一。如何在城市建设中融入文化元素,在经济社会发展中植入文化要素,在城市空间塑造上载入文化基因,在城市未来发展中传承文化脉络,是未来昆明城市建设中需要回答的主要问题。为引领昆明城市文化建设,提升国际文化竞争力,将昆明建设成为融湖光山色、滇池景观、春城新姿、人文景色和自然风光于一体,使现代文明与历史文化交相辉映,森林式、园林化、环保型、可持续发展的高原湖滨生态城市,成为经济景气指数高、文化特色浓、人居环境好、投资环境佳、社会安定和谐的面向东南亚、南亚的区域性国际化城市,笔者从城市美学的角度对"文化昆明"建设提出如下路径建议和创意构架。

对于昆明而言,其最核心、最富有特色和最具竞争力的元素就是"春"。"春城"是世界的春城。因此,对于昆明的城市精神和城市主题文化的设计和提炼,均以"春"为出发点。

"文化昆明"将按照以下路径进行诠释:将"春"(英文:Spring)解构为以 S—P—R—I—N—G 为首字母,包含六个新的英文单词,分别是 Sustainable、Prosperous、Receptive、Innovative、Nice 和 Global,具体阐释如下表所示。

表 5—5 "文化昆明"的创意提炼

spring 分解	英文单词	含义	引申义
S	Sustainable	可持续的	科学发展,以人为本的宜居春城
P	Prosperous	繁荣的、昌盛的	文化富民,发展共享的富强春城
R	Receptive	乐于接受的	兼收并蓄,海纳百川的开放春城
I	Innovative	创新的、创业的	创业创新,追求卓越的创意春城
N	Nice	友好的、美好的	优质服务,如沐春风的品质春城
G	Global	全球的、世界的	面向西南,链接世界的门户春城

将"春"的色彩赋予城市,昆明是森林式、园林化、环保型的绿色城市;将"春"的气息赋予城市,昆明是最具成长性、投资潜能和发展空间的城市活力型城市;将"春"的主题赋予城市,昆明是孕育多元文化、涵养传统文化、吸纳现代文化的魅力城市;将"春"的意境赋予城市,昆明是居住者生活和睦、投资者宾至如归、人文景观承久开新、自然景观欣欣向荣的和谐城市。

总体上而言,《文化昆明建设规划》的创意设计,核心是以国际思维和美学精神赋予城市一种气质和一种特征,这种规划理念也表明了世界美学城市发展的轨迹:从"异化"理论到"日常生活审美化",从工具理性反思到"大众消费"分析,"美学"与时俱进。而"美学城市"则以客观的角度思考城市化进程经历的城市化、郊区城市化、逆城市化、再城市化过程中出现的问题,通过广义的"设计"探索人与自然和谐、城乡共荣的城市化模式,主张都市与田园交融、工业与农业和睦,发展有机、有根、有情的"审美城市"。

可以说,"美学城市"是未来城市的一种预见。全球化经济和互联网世界改变了人与人、人与机器的交互方式,网络在改变生产方式的同时,也改变了传播、交通、娱乐等行为,智慧城市正在形成。"美学城市"还代表了一种不带功利性的反思,城市艺术家"闲逛",是艺术创造的原动力之一。[①] 新型城镇化的过程本身便是一个美学融入城市、审美方式改变城乡生活方式的过程,"美学城市"标榜着一种城镇化的发展理念,标榜着市民与城市在历史文化个性与其走向现代化、国际化过程中的共性、和谐与梦想。以"美学城市"为文化关照,新型城镇化建设应当更多融入审美文化与审美精神,而审美的要素、经验和认知也将使城市规划走向更加以人为本的层面。

---

① 杭间. 关于"美学城市"的理解[EB/OL]. http://www.design.cn/html/46/n-4646.html.

第六章 供给侧改革视角下的文化空间重塑

城镇化是未来中国经济持续增长和民生福祉提升的必由之路,也是最终形成中国发展模式的重要锻造车间。随着城镇化建设的不断推进,制度创新日益深化,市场经济日趋成熟,城镇空间结构不断适应市场经济发展方向和市场资源配置方向,逐步演绎出愈加丰富的形态和模式。但与城镇化相伴的,是不断湮没的城市记忆、不断消解的乡愁和难以均衡的空间正义、不断突出的文化空间与城镇空间以及文化传承与城镇化发展的结构性矛盾。然而文化这种控制城市空间的有力手段在现实中常常被忽略。一方面,文化在基于历史保护或地方传统的城市的发展策略中起着重要作用;另一方面,作为意象与记忆的来源,文化象征着"谁属于"特定的区域,[①]因而也日益成为时间、空间和日常生活之间的枢纽和特殊场域。文化治理的主体是"政府+社会",政府发挥主导作用,社会参与共治。可见,通过制度安排并利用和借助文化的功能,文化治理可以有效地克服与解决城镇空间演进中的问题。[②] 因此,以文化治理为主线,探索修复空间正义、塑造人本空间和优化时空关系的治理路径迫在眉睫。

一、供给侧改革视角下的文化空间分析

(一)地缘优势:交通网络与区域格局

地缘环境下交通网络与区域格局的战略地位,决定了文化规划的空间设计

[①] ZUKIN. 城市文化[M]. 张廷全,等译. 上海:上海教育出版社,2006:1—20.
[②] 胡惠林. 国家需要文化治理[J]. 学习时报,2012(13):20—21.

和业态布局。城市的地理特征、相对可达性、建设控制和动态作用是影响城市结构的四大要素;其中,地理特征较难改变,建设控制需要强大的行政力量,相对可达性则是最活跃的要素,因而决定相对可达性的交通政策和交通条件对城市结构有着极其重要的影响。[1] 其中,交通既是产业和城市发展的基础,又是发展的结果。产业和城市的发展增强了各自的联系,产生了更多的物资流、人力流、经济流、信息流需求,这需要有相应的交通载体与之适应;产业和城市竞争力提升的需求,对交通的通畅性、舒适性、安全性、服务及时性、交通方式的协同性和道路等级提出了更高的要求;产业辐射范围和城市腹地的扩大,促进了交通线路在地域上的推进。因而,产业和城市的发展促进了交通的发展,交通的发展又进一步激发了沿线经济的发展和人口、产业等要素的集聚,如此反复循环,使得产业和城市向交通走廊不断集中,逐渐形成了以交通走廊为依托的经济发展轴,结合分布于交通走廊上的城市,共同构成了城市空间发展的点轴格局。[2]

交通线以其关联效应成为城市发展的轴线,并形成了水运时期的单侧带状和散点状布局、陆路时期的星状或块状布局、综合交通时期的都市连绵带三种城市空间布局形式。[3] 交通条件是城市空间格局演变的主要引导因素,也是文化产业规划设计的重要出发点。空间地理关系诸要素中,资源的可利用性和交通的可达性及便捷度是影响城市、经济和产业发展的两大关键因素。在现代经济区域化、国际化的背景下,资源可以更方便地在全球范围内配置,因而对城市发展的制约作用逐渐减弱;交通的可达性和便捷度则成为影响城市关系和产业关联的最主要因素,直接决定着企业和产业的运行效率、时间与成本以及城市间的交流与联系,因而在很大程度上决定着产业和城市的竞争力。[4] 文化规划的空间布局和产业布局很大程度上均围绕交通的通达性和便捷性量体裁衣般地设计形式和业态。

---

[1] 汤姆逊.城市布局与交通规划[M].倪文彦,等译.北京:中国建筑工业出版社,1982:80—82.
[2] 张颢瀚,孟静.交通条件引导下的长江三角洲城市空间格局演化[J].江海学刊,2007(1):76—80.
[3] 王成新,梅青,姚士谋,朱振国.交通模式对城市空间形态影响的实证分析——以南京都市圈城市为例[J].地理与地理信息科学,2004,20(3):74—77.
[4] 同上.

文化规划的编制必须将地理因素和地缘状况纳入其中。从渊源上讲，城市的兴起是基于一定的地理位置和交通状况的，并由此影响到城市的功能和人们的生活状态，进而孕育出相应的城市观念和文化。在我国古代，由于城市具有鲜明的政治性和军事性，因而地理因素的影响更为突出。一方面，城市的布局集中体现了统治体系和地域控制的需要；另一方面，城市的辐射力局限于特定的行政区划和空间范围。在此基础上，城市文化的发展也呈现出单一性和地区性的特点。[①]

从城市演进的规律和文化发展的规律来看，文化产品和文化服务只有通过文化消费才能够产生更大的经济价值，而本土居民对文化消费的吸收力有限，优质的文化资源、良好的文化生态、富有创造力和吸引力的文化项目，应当面向城市群、都市圈甚至更大范围内的客源，作为跳出区域界限和形成区划的文化消费或文化旅游目的地而言，在一定的发展基础下，交通决定了其市场的繁荣程度和消费的活跃程度。而城市发展的历史经验也进一步表明，交通是城市发展的主要动力，它决定着生产要素的流动、城市体系的发展，甚至是城市的兴衰。交通枢纽和干线两侧通常是新城市的生长点，也通常是文化项目集聚的区域以及文化产业迅速增长的空间。现代社会经济一体化和都市网络化的环境下，城市不再是独立的地理单元，而是超出了地域限制，被纳入到区域循环的交流圈甚至更大的范围之中。城市的发展视野也不再限于小范围的行政区划，而是从区域经济、交流地位等方面出发确定城市的发展策略。城镇化既要立足于自身的地理条件和特点，保持和发挥本地优势，又要突破本地观念，整合区域文化资源。[②]

除了交通因素之外，地缘的接近性及城市圈范围内或区域范围内相关文化资源的互补性及相似性，也是文化规划需要着重考虑的因素。地缘经济条件下的文化特性既可以作为文化产业开发的优势资源进行利用，又可以以地缘相近为优势条件展开分工与合作。地理接近行使得文化脉络存在一定的相似性，共同的文化渊源使城市文化发展形成一个依托文化基因的完整的集聚区或主体

---

① 吴锡标.城市文化与城市化的互动性[J].探索与争鸣,2005(5):39—41.
② 同上。

功能区,为区域协调与合作、发挥城市机能、实现区域内外的协调发展提供了天然的优势。因此,文化规划在地缘战略下可以更好地以文化发展率先突破区域联系政策的束缚或行政管理体制的束缚,在经济、社会、文化发展空间、文化管理制度等要素上,通过文化协调发展机制促成区域协同创新与产业整合。

(二)文化优势:文化资源与人文生态

马克思曾经说过,工业文明是一本打开了的、体现着人类本质力量的书,这本书的灵魂就是产业哲学,它的骨骼与内容是一幅徐徐展开的、体现着人类本质力量的人文画卷,那就是城市文化。[1] 城市,尤其是国际化的城市,其政治、经济、贸易、金融具有强大的、超出城市本身的辐射半径;它的运行经常会产生某种新的利于文明进步的趋势和机制或是能够迅速接受新趋势和新机制;它的基础设施是一流的也是现代化的;它的社会发展稳定、有序、健康、迅速;它的法规和管理方法接近国际惯例或与国际惯例通行;它与其他地区和国家的人员双向往来频繁;它一般产生在世界经济发达地区并具有优越的地理位置;它的第三产业是发达的,就业于第三产业的人口比重为60%以上。[2] 就国际化城市指标来看,文化是不可或缺的因素,从文化产业规划编制的视角看,文化是灵魂性资产。

良好的审美文化生态是文化规划需要的条件,也是规划着重塑造的景观。加强城市人文精神建设,可以为构建社会主义和谐社会、提高城市核心竞争力打下坚实的人文基础。这是一个明智而具有战略意义的选择,它对于提升城市的人文发展水平、建设国际化城市,具有至关重要的意义。当今世界的现代化城市都是人文城市,都关注自己的人文品位、人文魅力,如纽约、巴黎、法兰克福等,它们都有着巨大的文化流通量。[3] 城市建设的本质是以人为本,人文精神是国际化城市建设的重要组成。因此,在未来的城市建设中,需要以和谐的审美

---

[1] 皇甫晓涛.城市文化与产业哲学——兼谈我国城市化中的城市革命与产业创新问题[J].文艺报,2007(118).
[2] 辛章平.国际化城市理论的基本要义——兼伦我国国际化城市的建设[J].城市问题,1996(3).
[3] 鲍宗豪.什么样的城市让生活更美好[J].社会科学文献出版社,2010(7):42—46.

精神为出发点,从社会安全保障条件、生态环境水平、市民生活质量水平和市民生活便捷程度等监测角度出发,对社区的文化宜居指标作出评价,从而从本质上提升文化生态环境质量,以人文精神作为建设国际化城市的动力源。

良好的文化服务基础(包括文化服务的软环境和硬环境)构成了强大的区域竞争力,是文化规划设计中应当充分利用的条件,也是规划能够实施的重要保障。文化设施是营造城市文化环境必不可少的要素,具有国际水平的科技、文化、教育设施及国际性科技文化交流中心,是评价国际化城市的重要标准。在欧洲,以大剧院为中心的文化广场比比皆是;在北美,更有近代的文化中心建筑组群,突出了文化设施在城市中的多元功能和优美形象。有独特的城市文化、优美的城市风貌和自然景观以及丰富多样的休闲、娱乐设施吸引国外旅游者,从而形成国际科技文化交流中心和旅游中心。[1] 要实现创意城市的物化,就需要在技术迅速扩散和普及的时代,实现产品创新转向价值创新和创意设计、创意策划以及创意成果的迅速孵化和多重应用。发达的文化产业体系是建设国际城市的重要组成,是衡量城市文化竞争力的主要依据。文化产业在激活城市内在文化要素、刺激消费需求、转变增长方式和调整产业结构、扩大就业规模、完善城市功能、展示城市风采、提高城市竞争力和美誉度及知名度等方面,发挥着不可替代的作用。

丰富的文物资源和城市遗产是文化规划的重要突破口,在保护文化遗存的基础上,通过文化产业的科学规划和合理开发,赋予历史遗产新的生命力,是文化产业规划需要解决的问题,也是规划的重要亮点。人类注定难以跳出传统的掌心。城市历史文化遗产首先是一个水库,它蓄积着可能成为人们依恋对象的历史文化宝藏。历史文化遗产最本质的意义是人类的记忆,历史文化遗产正是通过恢复人类过去的记忆而服务于现在的。[2] 如果一个城市的文化遗存保护和经济发展的关系无法充分协调,将导致城市文化脉络的断裂,从而陷入"千城一面"的怪圈,失去城市的个性和特色,那么也就难以成为一个有吸引力和感召力

---

[1] 施源.深圳建设国际性城市的指标选择[J].特区经济,1998(9):23—25.
[2] 鲍宗豪.什么样的城市让生活更美好[J].社会科学文献出版社,2010(7):42—46.

的城市,自然无法有效地与世界进行对话。

(三)经济优势:产业基础与组织空间

从根本上讲,经济状况决定着城市文化的发展水平和方向。经济活动中的生产、分配、交换、流通、消费等各个环节,既在创造着文化,也在改变着文化,因而,一个城市的经济模式在很大程度上决定了这个城市的文化模式。大城市完整的产业和市场体系以及多样化的经济结构,固然有助于形成丰富多彩的文化形态和强大的文化吸引力;中小城市相对单一的产业和市场优势,同样也有助于形成富有自身特色的城市文化。① 可以说,经济优势是文化发展的基础,是文化规划重要的立足点和支撑体系,经济的繁荣和市场的需求为城市文化的扩张提供了成长的空间。

从城市经济发展要素配置的角度而言,文化的产业结构、要素结构和需求结构是突显城市特色的关键,也是优化城市发展方式的关键,因而是文化规划的战略重点。文化规划的编制,一方面需要充分挖掘城市产业结构中有利于文化发展的信息和资源,对区域发展中的主导产业、相关产业以及对文化经济具有综合带动性的产业进行全面的分析,另一方面要以文化产业的发展优化传统产业的结构,以传统产业较为成熟的发展基础为文化产业发展提供嫁接的平台。

从城市经济发展结构优化的角度而言,文化规划主要致力于改变过度依赖第二产业的现状,并实现一二三产业的协调发展,即通过文化与旅游、科技、金融、建筑、房地产等产业的结合,实现文化业态的更新,通过文化纽带,实现文化发展与一二产业相结合,催生以工业旅游示范区、文化特色乡镇为代表的特色产业集群。这两者均体现出文化作为产城融合的节点作用和纽带功能,因而着力提高文化创新力和文化凝聚力是文化规划的重点和难点。

文化规划的重要目标之一就是将经济的优势与文化特色嫁接,将经济发展的基础与文化发展的禀赋融合,文化产业正是整合经济与文化功能的有效路

---

① 吴锡标.城市文化与城市化的互动性[J].探索与争鸣,2005(5):39—41.

径,是文化规划设计的主体和孵化的重点。文化产业的融合发展是创新文化发展方式的路径和文化产业升级的重要手段,也是文化产业规划设计的核心路径。在对区域文化产业发展基础进行优势分析时,应当充分挖掘文化产业各要素以及文化产业各行业之间可供融合的资源,挖掘文化产业与第一、二产业以及现代服务业中其他行业类别里可供整合的资源。因此,我们要关注并充分放大文化与科技融合的资源。文化与科技的融合发展已经成为社会经济发展的新趋势、新动力和新增长点。一方面,科学技术的每一次重大进步,都会给文化的表现形式、传播方式和发展模式带来革命性的变化,也为文化产品的生产、加工、复制、传输提供了更有效的技术支撑。党的"十八大"提出,要"推进文化与科技融合,发展文化新兴业态",全面构建文化科技支撑体系,加强顶层设计,科学战略规划,加强载体建设,推动自主创新,加强优化服务,营造良好环境,加强学科创新,培养专业人才等路径,成为文化规划编制中重点考虑的环节。

(四)社会发展优势:文化消费与城市规模

社会审美水平和公民文化素质的综合提升,决定着城市文化水平的高低。新型城镇化进程中对"新市民"审美观的重塑,是文化规划的重点要素,而这一要素的呈现形式,往往是渗透在规划的战略定位、空间设计、产业设计的整体表达中的。审美观是指人们对客观事物和现实的审美价值把握,它表现为人们从审美角度作出的评判、评价和行为倾向。① 一座城市的精神风貌往往是市民在思维方式、价值取向、理想人格、知识水平、道德水平、审美情趣等方面的综合素质的反映。现代化的文明城市要求具有各种现代文明素质的市民与之相适应,而城市中经济、政治、科技、文化的现代化,也为市民素质的现代化提供了客观条件。② 只有全面提高城市的经济发展、人的全面发展、社会全面发展的审美文化内涵,逐步建立城市文明的价值体系,拥有文明健康的社会秩序、较高文化素质的城乡居民、先进的思想观念和道德规范、淳朴的民风民俗、发达的科学教

---

① 黄希庭,郑涌.当代中国青年价值观研究[M].北京:人民教育出版社,2005:248.
② 吕冬雷,李灿明.对市民文明素质问题的分析与思考[J].社会科学探索,1998(1).

育、繁荣的专业文化和社会文化及文化产业、健康有序的文化市场,才能够成为文化特色鲜明、竞争优势突出的国际性创意城市。

从城市文化可持续发展的角度看,城市规模对文化消费的作用显著,这也将成为文化规划布局的重要参考系数。新型城镇化的重要指标和目的是农民市民化,使城市常住人口——市民群体在生产收入、生活条件、文化水平等方面得到全方位的提升,从而使全社会的素质得到大幅度提升,为构建和谐社会奠定重要的人文保障。而城乡文化市场的不断扩张,又为城乡居民就业提供了重要渠道。新型城镇化是由产业结构非农化引发的生产要素从农村向城市流动和集中促成的,农村的生产方式、生活方式逐渐与城市接轨,最终实现城乡一体化。城镇化过程中,失去土地的农民如何就业将是未来城市发展要解决的重要问题。我国高度重视文化产业,不断出台的各类文化政策形成了一定的虹吸效应,吸引了越来越多的有生力量投入到文化发展当中,促成了新的就业高地。

反过来,文化消费能力和消费水平的提升,又对城市规模化扩展起到了积极的促进作用,这也成为文化规划空间设计和产业设计的坐标。文化消费是人们生活的重要组成部分,它如同一把尺子,能衡量一个国家、一个地区、一个民族的进取精神和状态,同时也改变着人们的消费趋向。文化消费或者文化产业规划编制的重点因子,对当下文化消费能力的把握,对未来文化消费水平的判断,以及对城市圈内或更大范畴内文化消费能力的掌握和消费形式与内容的科学预测,决定了文化发展的方向、行业成长的方向、市场集聚的方向和项目设计的方向。我国居民的文化消费演变先后经历了"粗放型消费"阶段和"集约型消费"阶段,目前正在进入更加注重消费品质的"舒展型消费"阶段。文化消费占人均消费支出的比重越来越大,这一阶段,文化规划的编制需要充分利用文化资源,创新文化形式和内容,提供高质量、多类型的文化产品和服务,积极引导城市文化消费,丰富居民的精神文化生活,使文化在新型城镇化进程中发挥更加重要的作用。

二、供给侧视角下实现文化空间正义的基本要素

空间是当代资本存在的重要方式,正是通过不断的全球化空间生产,资本

及其生产方式才得以自我生成和延续。① 文化是城镇空间演进的黏合剂,文化治理视角下的城镇空间演进,使城镇空间不再是与人无关的、永恒不动的空容器,而是由具有观念、情感的社会人所生产和创造的地理空间和文化空间的合集,②是"自然—社会双向互动"以及"被改造的自然—社会双向互动"构成的动态有机体。

(一)本质:修复空间正义

城镇化的本质是实现空间正义。新型城镇化是不断构建一种符合伦理精神的空间形态与空间关系,逐步建立一种不同社会主体能够相对平等、动态地享有空间权利,相对自由地进行空间生产和空间消费的理想状态的过程。它以推动空间行动、建构空间正义为目的,主要由文化生产的空间性、文化消费的空间性和文化流通的空间性构成。

空间正义既是社会正义的重要组成部分,又是空间问题凸显的现实诉求。空间正义在形态上表现为空间辩证。城镇空间是形式与活动、静态与动态的统一。作为相对静止的形式,城镇空间表现为土地、建筑等物理结构以及人们的社会地位、财富状态等。作为相对动态的活动,城镇空间是人们在一定社会结构下的创造,"产生于最广义的社会生活及有目的、计划和政治性控制的'语境化'和'空间化'。"③

空间正义在本质上产生于集体行动。没有多元的空间性集体行动也就没有空间正义。因此,文化治理在空间形塑的表达,是一种集体的正义,是在追求城乡文化资源配置效率的基础上,最大限度地保护不同群体的基本文化权益,提供不同内容和形式的文化服务。

(二)核心:重塑空间尺度

城镇化的核心是"人的城镇化"。新型城镇化是寻求城乡文化认同,实现理

---

① 勒菲弗.空间与政治[M].李春,译.上海:上海人民出版社,2008:56.
② 同上,第38页.
③ 索亚.后大都市[M].李钧,等译.上海:上海教育出版社,2006:8.

想身份,消弭心灵距离的空间尺度重塑过程。它以一个"集中性"的人类社会形态,重构着全球文化演绎和世界要素推演过程中因人口和经济活动集聚形成的新空间。

重塑空间尺度的演绎过程是以文化关怀驱动城镇化,实现生产方式、生活方式、思维方式城镇化的过程。从这一角度看,城镇空间的重塑不仅仅是城镇建筑空间的无序扩大,更是城镇居民心灵空间有序升级的过程。因此,增强城镇空间公共文化产品的供给,提高城镇空间公共文化服务的能力,构建兼具时代性、创新性和开放性特征的公共文化服务保障体系,是适应"人的城镇化"的基础。

重塑空间尺度的核心价值,是给每一个生活在其中的人建构一种有人生价值的工作与生活方式。从这一角度看,城镇不仅是一个居住的地方,更是一个通过就业和创业实现理想价值的地方。[1] 因此,在城镇化的物理空间层面打造宜居宜业的便捷、高效尺度,在城镇化的文化空间层面打造具有人本价值和归属感的邻里尺度,是实现"人的城镇化"的重点。

(三)关键:优化时空关系

城镇化可持续发展的关键是创造新空间。新型城镇化正是以"时间无限"弥补"空间有限"并改造、重构和创造新空间的过程。文化治理路径的创新,可以有效地优化时空关系,放大时间的历史价值并削减空间的距离成本,进而创造新的时空关系的城镇载体。

优化时空关系要求在城镇化进程中体现时间价值。时间价值的实现过程是在"留住往日的时间"中"再造往日的空间"的过程。例如,文化遗产的历史价值使其在一定程度上能够以新文化经济形态的形式恢复和重建时间及空间。因此,从区域社会发展的角度看,文化遗产"不应是供移植或替换的模块,更不是铁铸石凿、僵硬凝固的古董,而是一种不竭的创造能力,其具有吸收和代谢功

---

[1] 张鸿雁.中国新型城镇化战略面临的十大难题及对策创新[J].探索与争鸣,2013(11):13—16.

能的结构"①,一旦与区域社会经济发展相衔接或融入新型城镇化发展进程,与城市更新相融合,必将促进产业结构的调整和升级,进而引起时空关系的优化和转变。

优化时空关系要求在城镇化进程中削减空间成本。空间成本的节约是在区位优势作用下形成的价格低谷。例如,文化产业园区的空间距离在一定程度上为企业节约了地租成本,但其文化形态却往往使其能够成为消弭城乡界限的文化节点。区位优势作用下形成的以园区为圆心的区域中心地,不断吸引着相近或相似产业(企业)的集聚,产业(企业)的集聚又带动了城镇配套产业(企业)的发展和完善,进而推动了城镇空间由内向外圈层式的扩张,从而加快了城镇化进程,最终在区域内形成相对稳定合理的均衡空间,缓解了中心城区或城市核心区域用地紧张、资源稀缺、成本高昂等现实问题,推动了城镇化的圈层式扩张。

三、供给侧视角下文化空间治理和重塑的思路

(一)空间治理思路:坚持文化弹性,加强文化自觉

1.从文化刚性到文化弹性

新型城镇化是以城乡统筹、城乡一体、产城互动、节约集约、生态宜居、和谐发展为基本特征的城镇化。"以人为本"的新型城镇化对公共文化服务体系的完善和提升提出了更高层次的要求。而当前我国城镇公共文化服务体系建设中最为突出问题之一,便是公共文化服务刚性供给与民众文化需求弹性发展的矛盾。

从城镇发展中公共文化产品和服务的供需关系上看,我国城镇公共文化需求总体上趋于弹性发展,主要表现为公共文化需求的异质性程度较高,基础性需求与差异性需求明显。随着城镇化对内需的拉动和对消费的释放,公民文化消费需求更加多元化,在注重公共文化服务满足普惠性和均等性的同时,对公

---

① 张保国.新疆对外开放战略研究[M].乌鲁木齐:新疆人民出版社,1989:167.

共文化产品和服务的内容及形式提出了更深层次的要求,地域性、特色性的文化服务供给呈现出因地制宜的特点。

与民众文化需求弹性发展相对应的是,我国政府公共文化服务目前仍然以刚性供给为主,主要表现为公共文化服务供给形式老套,活动稀少单一,难以满足群众基本的公共文化需求;公共文化服务经费供给不足,公共财政优先保障能力薄弱,文化设施管理脱节,难以维持正常便利的文化服务;民众文化需求表达机制缺乏,公共文化服务与民众的文化需求脱节等。[①] 因此,从文化刚性转向文化弹性,以本土化、多元化、差异化的方式为城镇化发展提供因地制宜的公共文化产品和文化服务,是提高城镇文化治理能力,优化城镇文化空间布局,提升城镇文化认知水平的重要路径。

2. 从文化规约到文化自觉

城镇作为诸多要素的集聚之地,是多元文化、多维生态的熔炉。文化能够以无形的意识、无形的观念,深刻影响着有形的存在、有形的现实,深刻作用于经济社会发展和人们的生产生活。只有劳动力的非农业化和劳动力的空间转移并不是真正意义上的城镇化,仅有人口的集聚和产业的优化而没有生活质量的提升和人居环境的优化也称不上高质量的城镇化。[②] 因此,新型城镇化的文化治理是建立在"文化规约"基础上,以文化价值观提高文化治理能力,实现"以文化人"的过程。

空间秩序的变革,不仅是空间层面的必然,而且是规范层面的应然。文化规约的任务是在城镇的性质和规模确定的基础上,在城镇规划的框架下,以在社会经济发展与文化经济发展的适用性评定的基础上做出文化发展的统一安排、合理布局和战略部署。而随着文化价值观与人们的生活方式的不断融合,形成了外在的文化治理能力,与行政管理模式结合,又形成了内在的文化治理能力。在文化治理能力的作用下,城镇化开始从以广阔的视角、全球化的眼光、

[①] 孙政,吴理财. 公共文化服务刚性供给与文化需求弹性发展的矛盾及解决之道——基于12省25县(区)的公共文化服务体系问卷调查[J]. 广州公共管理评论,2013(1).
[②] 石忆邵,等. 异地城镇化:新时期中国城镇化的主旋律[J]. 同济大学学报(社会科学版),2006,17(4):29—35.

战略性的思维规划文化发展路径设计文化产业成长模式的"文化规约",向在传承城市记忆、绵延城市文脉、永续城市基因、发掘城市性格、重塑城市品质的基础上,有序更新城市以实现整个区域的自然、经济、文化可持续发展的"文化自觉"转向。

文化自觉作为一种意识,本身具有极强的创造性和开拓性,其能够明白自身的过去、现在,知道自身的优劣所在,知道别的文化对自己的补益、针砭作用。能够理性把握自身未来的发展趋向,就会努力去创造未来,开拓未来,更新自身,发展自身。[1]文化自觉是城镇化的根基,是城镇化过程中人的内在精神动力,代表了城镇化过程中的软实力。新型城镇化是"资源节约、环境友好、经济高效、社会和谐、城乡互促共进、大中小城市和小城镇协调发展、个性鲜明的城镇化"[2]。新型城镇化对城乡发展过程中文化的传承、文脉的延续和历史的记忆提出了新的使命和要求,以文化自觉推动城市化进程,以特色文化资源的市场化与资本化进程驱动特色城镇的形成,可以为新型城镇化提供有益的实践和有效的模式。

(二)空间重塑思路:把握文化规律,实现多元治理

1.城镇发展规律与文化演进规律的双效统一

文化治理视角下城镇化空间逻辑的目标是实现地球的多样性和人类文化的多样性,从而在加速变化的社会里,为人类保存一个合适的生活空间,使城镇空间、文化空间和自然空间在社会生活中发挥积极的作用,并把当代成就与昔日之美纳入共同的目标中。

实现城镇发展规律与遗产演进规律的双效统一,需要在秉承文化演进规律的基础上,面向城镇可持续发展进行资源梳理。在对我国不同区域独特的自然地理环境、等级制度、文化信仰和长期生产活动进行田野调查的基础上,我国传

---

[1] 费孝通.反思·对话·文化自觉[J].北京大学学报(哲学社会科学版),1997,34(3):15—22.费孝通.费孝通九十新语[M].重庆:重庆出版社,2005.费孝通.文化自觉的思想来源与现实意义[J].文史哲,2003(3):15—16.

[2] 黄亚平,陈瞻,谢来荣.新型城镇化背景下异地城镇化的特征及趋势[J].城市发展研究,2012(2):11—16.

统的人工与自然、城邑与区域、空间与时间等要素的研究以及深入探讨时间维度和空间维度之间的内在关联性的分析和梳理,为城镇化建设进入追求质量、寻找特色的发展阶段提供了文化给养。

实现城镇发展规律与遗产演进规律的双效统一,需要在秉承城镇发展规律的前提下创新文化治理方式,通过借鉴国外保护经验和探索"社会化保护"新路的方式,即坚持"以古为本""以民为本"的保护理念而非"旧城改造""旧村改造"的开发模式,实施"新旧分开、有机更新",这样做还可以广泛探索历史村镇"社会化保护"新路,即地方政府在逐年加大财政保护资金投入的同时,采取政府补助、社会赞助、个人捐款等多种方式筹集保护管理资金,通过土地、房屋产权的置换或租赁等方式,吸纳民营资本、风险投资基金、民间集资、使用人出资等资本参与村镇历史建筑的保护利用和管理,[1]也就是以多元投入的方式创新城镇治理路径。

2. 区域发展规划与社区文化规划的"双规合一"

随着城镇化进程的不断推进,外部环境与内生动力的变化使得未来的城乡发展无法沿袭既有的路径,粗放、短视的治理模式已经难以为继。同时,随着城乡规划日益为社会公众所认同与熟悉,越来越多的社会主体要求通过城镇规划来表达自身的利益诉求。面向城镇整体战略性发展的协作规划和城镇局部建设性发展的文化社区规划的"双规合一",是以文化治理重构城镇空间的有效方式。

城镇协作规划与社区文化规划的"双规合一",是不断寻求城乡文化认同和消弭城乡文化疆界的过程,是在基于文化认同的前提下,以文化自觉为内在的精神力量,以文化创造活力激发人们探索集约高效、功能完善、环境友好、社会和谐、个性鲜明的新城市发展空间的主体行为,体现了以"文化弹性"和"文化自觉"推进文化治理的路径创新。它不仅仅是线性的"破旧立新"的发展过程,更是城市文化价值凝练的萃取过程和城市文化特色升华的推演过程。"双规合一"的路径始终可以将文化生态涵育、文化遗产保护、文化空间营造、文化民生

---

[1] 周乾松.加强历史村镇文化遗产保护的有效途径[N].光明日报,2012-2-1.

建设等纳入城镇发展战略之中,加强"文化评价"在旧城改造和新城开发中的作用;另一方面,加强城市设计工具在文化治理中的作用,从而建构省域、市域和县域相互关联的城镇地域结构一体化网状体系,赋予每个城镇新的生命和价值。

城镇协作规划与社区文化规划的"双规合一",通过主动寻求一种创造性文化增生的范式实现了文化的包容性发展,以较强的规训弹性,实现了沟通协作下的多元治理,有助于改善社会管理模式。[①] 沟通协作式规划是不同于传统规划手法的新路径,它是一个有广泛相关利益群体参与规划程序、共同体验、学习和建立共识的过程,可以被看作城乡规划、公众参与的高级形式,其规划成果表现为沟通交流后建立在共同认可的理性基础上的协议和共识。社会公众权利意识的觉醒使得他们要求参与到规划工作的编制过程中去,政府需要获得公众认同来保证规划的实施,规划工作者需要掌握各方诉求来平衡利益关系,通过协作式规划,在政府、公众、规划工作者三方之间建立起协作机制,[②] 从而建立常态化、法制化的沟通协作规划机制,实现从单向度的规划立法到多向度的规划协商,保障并规范新的文化治理机制。

3. 社会治理现代化与文化治理多元化双管齐下

社会治理现代化,意味着冲破中国一直持续的以行政为主导的传统,引入多种力量参与社会运行。文化治理视角下城镇空间的优化,无疑需要在原有的国家立场基础上融入更多让市场机制和社会力量可以介入的空间。[③] 作为改变国家治理的需求表达方式与供给提供方式,文化治理正在形成一种新的治理场域和供求互动模式。作为一种"约束性的城镇化战略理念",城镇治理现代化与文化治理多元化的双管齐下,要求城镇化发展战略和规划,除了传统的空间布局和公共服务配套等内容外,要形成完整的综合规划模本和范式,即必须具备

[①] 胡惠林. 国家需要文化治理[N]. 学习时报,2012—6—18.
[②] 佚名. 来自青年规划师的感悟和建议——基于"青年专场:城乡社区规划与治理"整理[J]. 城市规划学刊,2014(6).
[③] 黄建洪. 城镇化发展的"中国道路"与国家治理现代化——基于公共供求的视角[J]. 江汉论坛,2014(8):59—65.

合理的产业与就业系统规划、紧缩型土地优化利用系统规划、公共福祉和社会保障系统规划、历史记忆保护系统规划、生态循环发展系统规划和人的现代化行动纲领规划,由此构成中国特色的综合型城镇化规划。①

城镇控制规划的主旨是实现城镇文化空间的综合协调,包括与经济、社会、生态和文化发展有关的城乡建设和基础设施建设的空间布局协调,以及国土资源开发利用和生态环境保护整治的协调,不同行政区域之间及区域内城镇之间和城乡之间的相互协调。只有通过区域内的人口、经济、文化、科技、环境及资源等系统及其内部各要素之间的相互协作、配合和促进,才能实现城镇良性循环和文化全面发展的目标。②

多元文化治理的要义是激活城镇公民的自治能力和创新活力,即充分发挥文化在城镇治理中的功能,重视新型城镇化建设中文化综合实力的作用,让每个人都能参与到社区文化建设中,将"单向度"的治理变成"多元化"的参与,激活文化空间的内生动力;同时,当前城镇治理主体从传统"内部参与"的单一政府主体转换为"内外共同参与"的复合主体,通过机制创新和模式创新,使得这一治理结构能够有效运转,实现城镇化与文化发展时间与空间的效能耦合。

四、以供给侧改革优化文化空间的实践路径

(一)打造文化产业中心区

文化产业中心区是区域文化产业空间布局的重点关注区,也是区域文化产业辐射力的圆心所在。对于成熟的城市或区域而言,文化产业中心区往往是区域经济或商业的中心区。从经济学理论角度,克里斯塔勒提出了城市规划布局的"中心地"理论。他认为,中心地的等级越高,其所提供的商品和服务的种类就越齐全,而低等级中心地仅限于供应居民日常生活所需的少数商品和服务。③廖什运用抽象和演绎方法探讨了企业区位的决定因素,并提出"单一市场

---

① 张鸿雁. 中国新型城镇化理论与实践创新[J]. 社会学研究,2013(3):1—14.
② 魏波. 环境危机与文化重建[M]. 北京:北京大学出版社,2007:85.
③ 克里斯塔勒. 德国南部中心地原理[M]. 北京:商务印书馆,1998.

区以正六边形形状环绕每一生产中心或消费中心"这一观点。尽管"中心地"理论的提出具有一定的时代局限性,在当今城市体系和空间结构复杂性与交融性空间布局中,简单的"中心地"等级结构难以解释复杂的社会经济关系,但是"中心地理论却适用于研究城市体系、零售业、集市和以个人为对象的服务业"[①],这为文化产业集群在区域之间圈层分布的空间布局提供了一定的借鉴,基于社区的文化产业集群在整个产业圈层中扮演了"中心地"的角色。

克鲁格曼认为,规模经济和企业区位存在密切关系,规模经济存在的前提下,由于前向和后向联系,企业具有集聚的趋势,而且经济规模越大,集聚越明显;运输成本和产业集聚的区位存在密切关系,运输成本越低,制造业在经济中所占的份额越大,则厂商的规模经济就越明显,也就越有可能产生集聚现象;贸易成本越低,越有可能形成产业集聚,基于这个结果,克鲁格曼把最初的产业集聚归因于偶然的集聚及其后的"历史依赖性",即一旦产业开始了集聚就会发生累积循环的现象。同样,中心地理论也是文化产业地理空间选取的基本依据和区域文化产业成长发育程度的重要决定因素之一。

文化产业中心区的空间设计,是一种结合城市中心区进行圈层扩散的布局模式。这一模式往往应用于一中心或多中心组团式分布的空间发展中。城市的经济文化或商业政治中心往往成为区域范畴内文化产业的集中分布区,它们因为良好的发展基础和强大的中心区辐射带动作用而具备发展成为文化产业增长极的潜力和优势。文化产业中心区的形成或规划构成,往往有两种主要方式:一种是以文化(文物)资源集中的区域作为集散中心,成为区域文化产业空间布局的圆心进行存量资源的盘活;另一种是以行政(商业)资源集中的区域为集散中心,成为区域文化产业空间布局的圆心进行增量文化资本的整合和吸纳。

文化产业中心区的设计,往往与城市规划中心相关,因此,恰当的文化产业发展场地选址和文化产业发展空间的留白,是文化产业空间规划的关键所在。其次,中心区往往是城市文化的门户所在,在空间开发时,必须规划主导,基础

---

① 张文忠.大城市服务业区位理论及其实证研究[J].地理研究,1999,18(3):273—281.

先行,整体推进,通过精心的设计和精确的布局,充分发挥文化产业在城市设计中的作用,在城市文脉传承、轴线营造、标志性建筑的设计和建设、文化产业主体空间的设计和产业空气的营造以及重要接洽和主要节点等方面,进行科学、前瞻的规划设计。

(二)形成文化产业集聚区

对文化产业集聚区的定义建立在对产业集聚区和文化产业概念及理论的理解与分析基础之上,即,借鉴产业集聚区的一般性规律和特点,结合文化产业的定义、特征以及发展的特殊规律和与知识价值的紧密关联。产业集群的理论最早由迈克·E. 波特于 1990 年在《国家竞争优势》一书中正式提出。在该书中,波特从产业和国家竞争优势的角度对产业集聚区现象进行了理论分析,并由此提出了国家竞争优势的"钻石模型"。波特认为,产业集群或簇群是一种相关的产业活动在地理上或特定地点的集中现象,[①]产业集聚区包括一批对竞争起重要作用的、相互联系的产业和其他实体,经常向下延伸至销售渠道和客户,并侧面扩展到辅助性产品的制造商以及与技能技术或投入产业相关的公司,还包括提供专业化培训、教育、信息研究和技术支持的政府部门和其他机构。[②] 根据波特对产业集群的定义,可以认为,产业集聚区是一个类似于生物有机体的产业群落,它是企业及其相关机构有组织的综合体,它强调子相关产业中相互依赖、相互合作、相互竞争的企业在地理上的集中,这种集中是在竞争环境中产生和形成的,它不仅仅是一种生产组织形式,更是一种经营组织形式。[③] 文化产业指文化可发挥显著作用的活动或产业。本书对文化产业的界定采用 WIPO 的相关定义和分类。因此,对于文化产业集聚区而言,一方面,它是文化产业和产业集聚区的集合体,是关注文化产业形态的产业组织形式,另一方面,它与其

[①] PORTER M E. Clusters and the New Economics of Competition [J]. Harvard Business Review,1998:77—90.
[②] PORTER M E. The Competitiveness Advantage of Nation[M]. New York:Free Press,1990.
[③] 沈玉芳,张超. 加入 WTO 后我国地区产业调控机制和模式的转型研究——兼论区域产业群落理论和地域生产综合理论的替代关系[J]. 世界地理研究,2002,11(1):15—23.

他行业性产业集聚区相比,作为一个复杂适应性系统①,文化产业集聚区具有鲜明的特点。

因此,文化产业集聚区可以定义为:以文化及相关产业为主营产业的企业,按照一定关联性集中在特定空间范围内,形成的基于分工与合作的有机产业群落。具体而言,文化产业集聚区在形式上、组织方式上和系统结构上呈现出三个突出特点:在形式上,文化产业集聚区是与文化相关产业的企业以及该产业的相关企业在地理位置上的集中,是文化相关产业高度集中于某个特定地区的一种产业成长现象;从组织结构上看,文化产业集聚区作为一种中间性体制组织,具有企业网络的性质,但由于文化产业本身涵盖的行业门类众多,各行业之间的特点和运行规律差别较大,因而文化产业集聚区不是一般的企业网络,而是具有互补性、共享性和排他性的密集型创新网络;从系统结构上看,文化产业集聚区是一个文化相关产业的"种群生态系统",是在一定区域内的各种"生物群"有规律地结合在一起的结构单元。由于其行业的丰富性,文化产业的生态系统中常常会诞生主导产业和与之相配套的关联性产业,与其他产业集聚区不同的是,文化产业集聚区内的主导产业和配套产业大多数来自其自身分类中的不同层次,这些产业在特定区域范围内相互依存、竞合,并形成一个动态变化的有机整体。

作为产业经济的一种重要组织方式,集聚区的发展必须与区域发展紧密结合起来,把产业的发展区域具体化,并将产业经济发展的一般规律与文化产业发展的特性贯穿在规划的全过程中。区域规划是落实集聚区规划的重要工具和手段,它与产业规划相结合,从产业门类的视角,解释了区域选择的产业门类及推动产业发展的对策,又从区域空间的视角,诠释了区域产业布局以及区域空间组团的形成策略。集聚区可持续发展的空间设计和产业规划是集聚区成长的前提。"从全球范围来看,各国(或地区)的产业集聚区不可避免地有重叠和相同的成分,由于规划科学和政策的有力支持,各国着重扶持的产业集聚区

---

① 复杂适应性系统理论是霍兰(J. Holland)教授于1994年提出的,其主要内容是指按一定规则进行非线性相互作用的行为主体所组成的远离平衡的动态系统,这个系统通过自组织、自学习、自适应不断进化。

对提升地区经济乃至促进国家的经济增长以及创造就业机会方面起到了令世人瞩目的作用。"[1]近十几年来,无论在发达国家还是在发展中国家,集聚区作为一个地方化和区域化的经济发展概念,日益受到重视,因为集聚区能激发更高的竞争优势潜能。

集聚区产生的机理和演进的路径的前提是区域经济的协调发展及集聚区蜂聚产生的区域增长极。以产业集聚区的方式发展文化产业,有利于节约成本、提高效率、推进文化产业集成创新能力,但不容回避的是,当前文化产业集聚区发展中存在许多问题,诸如文化产业集聚区空间的集聚黏度不强,集聚区创新性与互动性不强,集聚区价值链层级不高和集聚区竞争力释放不足等。这些问题很大程度上源自集聚区制度及政策的针对性与执行力不强,前者造成集聚区内的企业主体缺少协同创新的积极性,难以激发文化创新的动力,后者造成集聚区企业之间因缺少产业关联度而比较松散。同时,由于政策限制,集聚区往往在一定范围内单兵作战,成为封闭的容器,本地网络的僵化及地方保护主义等弊病,使集聚区失去了逐鹿全球的市场竞争力。因此,研究、制定针对文化产业集聚区发展特征,适合文化产业集聚区驱动特征和空间特征的集聚区政策,研究、制定与区域经济社会发展契合度高,充分利用和发掘文化资源及区域禀赋并以此为基准设计空间布局和产业布局的集聚区详细规划,成为当前文化产业集聚区发展中亟须解决的问题。

当然,文化产业并非必须以地理集中作为唯一的空间组织方式,随着文化产业集聚区发展步入深水区,集聚区的内企业不可避免地因为集聚区存在"路径依赖"和"路径锁定"等一成不变的合作模式而导致弊病丛生,制约产业发展,集聚区的万能模式再一次受到挑战。从中我们不难看出,集聚区发展模式的成功与否是基于创新的引发或变革、知识的积聚和基于竞争的淘汰机制,仅仅靠企业之间的地理集中只能形成松散的空间布局,地理集聚固然降低了交通运输和能源成本,获得了文化产业集聚区发展的外部经济,但依靠压低成本的竞争

---

[1] WOLFF, M F. Japan's "New" Industrial Policy Revives Old Successful Ways[J]. Research Technology Management, 2004:2—4.

模式不是长久之计,其终将是一条面临淘汰的低端道路。而随着文化与科技融合的推进,以核心文化为价值凝聚的虚拟协作网络将成为新的产业集成模式。

(三)开拓文化产业新城区

新城作为一种现代区域经济发展模式,逐渐占据了经济发展的主导地位。发达国家的历史经验表明,一个国家走向现代化的标志之一,就是以科学技术为主体的工业化和为之服务的高度城市化。而城市新区正是工业化和城市化的有机结合,其不仅表现为单个城市资源的空间优化配置和工业化促进经济的高效率增长,而且还表现为多个城市新区资源的空间优化配置和经济协调发展,从而推进一国经济乃至世界经济的高速发展。区域空间结构随产业结构高度化变动而变动,在产业发展的不同阶段,城市形态发展也具有一定的规律性。

区域产业结构高度化演进,需要空间结构不断优化。新城是科技进步的结果,也是规模经济效益促使产业与人口在空间上集聚和扩散的结果,交通运输和信息产业高度发达是城市新区发展的主要驱动力。通过不断提高空间结构的有机关联度,从而创造有利于产业更新的良好区位条件、空间关系和环境质量,以顺应产业结构高度化的要求。空间结构的成长过程按阶段逐步展开,代表了区域空间结构高度化的演进过程,对应城市化发展的几个阶段(城镇—小城市—大城市—城市新区—城市区域一体化),从而逐步提高城市化、集约化水平。①

规划以文化产业为主体的新城市功能区,设计"产城融合"的区域发展模式,已经成为世界文化产业集群发展的共识。例如,日本筑波科学城以筑波大学为中心,加强科学园内各研究机构的相互合作和有机联系,从而使筑波地区成为一个综合的研究都市。其发展理念充分体现了"产城融合"的城市发展观念。②而法国马恩拉瓦莱新城位于巴黎北部城市发展轴线的东端,其形成于大巴黎地区城市化加速发展的进程中,是在短期内迅速建设而成的,因此马恩拉

---

① 王金军,陈华.国内外新城开发模式及机制比较研究[J].山东社会科学,2006(9):39—42.
② 白雪洁,庞瑞芝,王迎军.论日本筑波科学城的再创发展对我国高新区的启示[J].中国科技论坛,2008(9):135—139.

瓦莱新城围绕城市文脉，以城市优先发展轴、葡萄串状不连续建成空间、等级化交通体系和具有凝聚力的城市组团为特征形成特殊的空间布局，这种布局模式也被认为是城市规划设计领域的一次大胆尝试，新城在短短 30 年里的快速健康发展充分证明了这种布局模式的合理性。此外，美国哥伦比亚新城则以"创建一个良好的社区环境"为目标，以"以人为本，关注人们的生活"为理念，注重保护土地并提高土地的质量，延续地区历史，强调公共空间的开发，提倡环境为社区共享，构筑清晰的"新城—小区—组团"三级结构体系，实现社区人口构成的多样化，增强居民的社区感，充分协调了不同种族、不同收入者的关系，创造了令人愉快的生活氛围。

文化产业新城区开发的模式与城市开发建设的整体战略保持有机统一。首先，文化产业新城区的规划设计与城市发展战略和主体功能区的产业定位及空间定位相吻合。城市无一例外是一定区域范围内的中心，多表现为政治、经济、文化、交通、信息等领域的中心，通常为负荷中心，有时或有侧重。以产业为核心的城市经济活动是大多数城市赖以存在的基础。因此，确定城市性质时，专家常常花费较大精力来论证城市未来产业结构的发展趋势，大致确定城市主导产业的范围。① 文化产业新城区的开发建设，要符合城市在国民经济中的职能和分工，找准城市在区域中的地位和作用。

(四)建设文化驱动型特色小镇

特色小镇是指按照创新、协调、绿色、开放、共享的发展理念，结合自身特质，找准产业定位，形成"产、城、人、文"四位一体有机结合的重要功能平台。在经济发展新常态下，特色小镇建设对于促进经济转型升级、推动新型城镇化建设、彰显特色传统文化，都具有重要的意义。加快推进特色小镇建设，既是进一步促进城乡协调发展的有效途径，又是积极推动供给侧结构性改革，以文化促进发展，全面建成小康社会的重要内容。

发展特色小镇对优化文化空间，实现文化扶贫作用重大。文化扶贫是打赢

---

① 谭纵波.城市规划[M].北京:清华大学出版社,2005:147.

脱贫攻坚战的"重器"。文化扶贫不但要给民族地区、贫困地区"输血",更要培养其"造血"功能。贫困地区往往有丰富的民族文化资源和特色文化禀赋,要找出民族地区、贫困地区的文化特点,并与社会主义核心价值观相结合,打造出拥有民族、地区特色的文化,不仅给这些地区的群众注入新鲜"血液",解放他们的思想,开阔他们的眼界,还要培养这些地区的"造血"功能。可以说,发展特色小镇,打造以特色产业为依托的区域空间,依靠"文化创收",是实现物质文明和精神文明双丰收的重要路径,更是实现文化扶贫的不竭动力。

发展特色小镇为城乡一体化提供了有效连接点。经过改革开放30多年的发展,我国城镇化进程明显加快,但也显现出城镇化发展质量不高的问题,特色小镇是推进新型城市化、加快城乡一体化的新平台。特色小镇一般位于城乡接壤处,是连接城、镇、乡村的重要节点,其不仅能拓展新空间、集聚新人才、形成新产业,还可以建设绿色生产、绿色生活、绿色生态、绿色能源等融合发展的美丽新空间,更能打造一批独具文化魅力、人与自然和谐相处的统筹城乡发展区,使城乡二元结构带来的诸多问题得以破解。

此外,特色小镇的建设能起到改善居住环境,提高生活品质,提升地方经济实力,丰富经济发展内涵的作用,是城镇居民实现小康社会的完美平台。纵观成功的特色小镇,虽面积有大有小,但无论空间大小,都承载着协调发展的大战略。通过特色小镇实现协调发展,形成平衡发展框架,进而增强了城乡发展的整体性。大力发展特色小镇还有效加快了农村土地向规模经营集中、农业人口向镇街驻地集中。扩大农村人口就业,提高农村人口收入,是带动农民群众脱贫致富奔小康的重要路径。

特色小镇的核心定位是特色,是拥有特色鲜明的产业形态、和谐宜居的美丽环境、彰显特色的传统文化、便捷完善的设施服务、充满活力的体制机制,也就是说,既要"宜业""宜居"还要"宜游"。例如,文化小镇就一定要凸显文化特色,科技小镇、艺术小镇等也要展现出其主打产业的特色。

特色小镇的运作关键是创新。特色小镇的成败不在于政府是否给政策,关键在于企业是否有动力,市场是否有热情。因而,特色小镇不能由政府大包大揽,而是必须坚持企业为主体和市场化运作,由建设小城镇转向经营小城镇。

以企业为主体,建立健全的鼓励企业拓宽投资领域、扩大有效投资的体制机制,辅之以配套的产业基金或融资平台。

表6—1 特色小镇的创新维度

序号	创新点	创新内容
1	形态新	"特色小镇"不是行政区域意义上的"镇",也不是产业园区的"区",而是企业协同创新、合作共赢的企业社区。
2	业态新	特色小镇着眼于经济转型升级,既包括战略性新兴产业也包括传统产业。
3	功能新	特色小镇具有完善的投资拉动功能、生活社区功能、生态治理功能、旅游功能和文化功能
4	形象新	特色小镇强调"小而美""小而特""小而活",小镇选址独特、功能布局讲究、建筑形态别致、绿化景观优美,呈现生产、生态、文化有机生长的融合之美。

特色小镇的政策重点是靶向支持。特色小镇发展的基础是市场力量,构建有利于特色小镇的产业引入机制与市场环境,是各级政府的直接责任。例如,政府鼓励和支持央企到小城镇发展,允许上市民企以自有资金为主自行建设现代科技研发产业小镇,将对小城镇发展的具体项目资金支持转变为重点发展领域的资金引导。

世界上有许多著名的特色小镇或以人文景观引人注目,或以环境宜人让人驻足。例如德国赫尔佐根赫若拉赫小镇着重打造全球体育用品公司总部来发展产城融合型小镇,其中心历史城区、手工业发展传统以及就业市场的吸引力,让这座小镇有着高品质的生活,也是三家全球企业——阿迪达斯、彪马、舍弗勒的总部,为当地带来了16700个就业岗位。作为全球体育用品商的阿迪达斯是城市区域里最大的公司,每年营业额为145亿欧元,在全球共拥有4.7万名雇员。法国城市维特雷则是内陆型工业城镇成功转型的典型。瑞士的达沃斯小镇通过策划城市事件,实现了文化旅游和会议经济驱动型城镇发展。归结起来,国外特色小镇的成功经验主要有以下几个方面。

一是加强文化自治,加大文化投入。国外许多成功的特色小镇往往拥有强大的地方自治权,例如拥有独立的财政权利。瑞士中小城镇的大部分收入来自居民和企业的税收,每个城镇可以设定各自的税率,以此吸引更多的居民和企业进驻;此外,它们还重视对公共服务领域的投资。如德国设立了公共设施的等级配给制度,完善各级相应的属性成为地方公共管理机构职责的重要组成部分,保证了地方政府在发展和运营公共服务中能够得到相应的支持。

二是重视文化规划,引导专业集聚。国外许多成功的特色小镇往往实行严格的总规划师制度。如德国所有中小城镇的地方政府管理机构都雇有专业的城市设计师,负责指导当地的土地发展,颁发建筑许可,调解相关的法律纠纷,为当地发展寻求公众支持,并参与区域规划战略,与市民沟通并了解其需要。此外,许多特色小镇往往具有悠久的手工艺传统,小镇治理主体对私营企业和个体经营的重视和支持,使这些企业各自活跃于地方、区域或全球市场,由中小企业形成的互补、灵活、创新能力强的工业肌理以及体制的互动和良好的政治环境,使企业在全球化市场中凭借城市网络的聚集效应增强了自身竞争力。

三是加强人才培养,注重合作。国外许多成功的特色小镇往往拥有合格的人才,并十分注重对年轻技术人才的培养和素质的提升,使雇员具有可靠、勤奋、受教育程度高等优秀品质。在"大都市化"历史背景下,众多小城镇成为大都市区域和地方空间的交界点,扮演着"枢纽角色"。特色小镇起到了"衔接功能",让所有的区域都能和那些大都市相联系,故而国家的医疗政策、高等教育政策和交通政策都给予这些"中介城市"极大关注。国家通过"城市契约"推动地方性项目的进程并促进了中小型城市的基础设施发展。

案例篇

1. 产城融合:城市闲置空间的文化涅槃
——以山西晋华纺织厂旧厂房改造为例

【案例导读】

城市文化空间的形塑由城市传统文化的历史空间、城市现实文化的多元化实时空间和城市未来文化的伸展空间等三维向度构成。正是城市空间存在的不同形态、不同维度的互相融合及城市居民日常生活的有机嵌入,才使文化的空间形塑变为活态。山西晋华纺织厂旧厂房空间改造属于一次在城市文化空间重塑过程中,历史空间、实时空间和未来空间的共生和创新,是文化领域供给侧改革的一次创新尝试。

晋华1919文化创意产业聚落由始建于民国初年的旧厂房晋华纺织厂改建而成,建于1904年的正太铁路在工厂北区穿过。作为工业遗产,它们共同见证了晋商资本的繁荣和近代民族工业的兴盛,构成了富有民族记忆和遗产价值的故事元素,为园区物理空间的复活和记忆空间的复原提供了创意想象与文化符号。笔者参与规划的《晋华1919文化创意产业聚落项目》(以下简称《晋华1919》),正是以城市记忆和文化情感为主线,串联历史空间、实时空间和未来空间的开拓创新。该项目围绕供给侧改革进行文化主题和消费主体创新,通过单体项目和城市空间的有机融入,以市场为逻辑,以记忆为主线,打造面向文化产业发展的消费形态和产业项目,充实和扩张现有空间,以实现文化空间正义。

1.1 项目与空间形塑的有效契合

城市空间格局是城市物质空间构成的集中体现,其形塑过程反映了城市历史的演进、社会文化的变迁、城市特色风貌的变化等。作为体现人类精神追求的综合文化样态,城市文化空间有着超越物质存在方式的延展性特质,它以名胜古迹、典籍文献等为载体,通过主体进行历史观照,实现城市传统文化与当下城市空间的交汇互动,从而使之突破现有的时空界限,实现与历史传统文化的对接,从而生成城市传统文化的历史空间。[①]

在城市空间格局的形塑中,文化既是不可或缺的元素,又是赋予空间生命力的灵魂。而实现空间形塑的主要载体便是具体的项目。项目与空间形塑契合的规划类型缘起于城市文化的不同维度,其主旨是文化的时空关系。这是因为"创意空间"是时间的空间实验室。时代的先锋人物在此孕育,他们通过对生活和工作方式的种种微妙改变,创造了城市新的生活和工作空间。例如,文化

---

① 陈宇光.城市文化空间的三维向度[J].华东理工大学学报(社会科学版),2008,23(2):91-94.

产业园区往往是诠释文化遗产时空逻辑的重要场所。文化创意园区恢复并重建了时间和空间,体现了"时空交叉共存"的特殊价值。为什么那些被废弃的仓库、厂房、码头,总是由艺术家首先入驻?那些透露着历史信息的空间形态,往往有着艺术创作必不可少的"时间素材"。它不仅留住了往日的时间,而且再造了往日的空间。① 时间和空间素材提供了园区故事创造的逻辑,使园区形成了特殊的时空魅力。

在《晋华1919》的规划中,笔者以时空逻辑的混合为基础,最大限度地保留了晋华纺织厂的文化景观和历史风貌,最大限度地融合了城市居民的日常生活基调,最优化地重组了城市的未来图景,将晋华纺织厂的空间地块与城市存量空间及历史文脉空间进行了有机串联,将项目地块划分为"一园、九馆、一廊、两区"。在空间划分上,既体现出以历史传统和特色文化为主题的"晋华人"的传统精神和以供给侧改革为核心的创新理念,又反映出适应文化消费趋向的后现代精神以及以记忆怀旧和历史时光为主线的乡愁精神。

其中,项目规划空间的"一园"为晋华纺织工业遗产公园,由纺织厂的织布车间和穿扣车间改造而成,同时,为了保留历史记忆,笔者将厂区内的水塔也纳入进来。纺织工业遗址公园的设计理念以"大纺织"为概念,以怀旧时光和纺织物语为主题,在工业厂房中融入纺织元素,以保留区车间内存留的机器设备为背景和道具,打造工业遗产公园主体功能区。此外,还按照工业遗产保护与开发原则,修复和改造厂房外立面和内部构建,选择特色构筑物和特色机械景观,打造建筑景观地标;规划设计基于厂区功能的地面步行游线和架空步行游线,保留厂区工业气息浓厚的管道架系统,将其改造成为特色空中走廊,实现立体博览。

1.2 情感逻辑和和市场逻辑的双轮驱动

为了更好地激活旧厂房的文化价值,为城市居民文化消费提供新场所,为时尚文化消费提供新场景,项目还将9个库房规划为9个主题功能区,提供面向市场、面向泛区域消费的文化产品和服务。晋华纺织厂1—9号库房为科林斯风格檐柱和卷棚顶式的中西结合建筑,旧厂房的时空元素满足了人们对文化

---

① 胡惠林.时间与空间文化经济学论纲[J].探索与争鸣,2013(5):10—16.

"原生态"多样性、差异性和稀缺性的要求。在项目改造中,这9个库房被设计为9个主题区,它们分别是:纺织工艺博物馆、台湾创意生活馆、国际时尚艺术馆、民族工业博物馆、晋商会馆、晋华云图·艺海数据馆、晋华记忆·纺织蜡像馆、晋华量贩·旅游纪念馆和晋华情愫·雕刻时光馆。这些主题区域并不是闭合的,它们与城市商业圈、居民生活圈、高校创业空间有机融合,鱼骨型嵌入到城镇化的改造中,重塑了晋华鼎盛时期的历史。

表6—2 晋华1919文化创意集聚区9大主题馆空间规划

序号	规划主题	位置	规划内容
1	纺织工艺博物馆	现1号库房	以纺织工艺传承和纺织工业文明为主题,通过对原有建筑的保留与材质的复制,延续纺织工业与晋商文化的历史文脉,打造特色博物馆。
2	台湾创意生活馆	现2号库房	以台湾生活美学和艺术授权为主题,以创意生活为理念,引入台湾创意生活企业和生活设计师,打造艺术生活审美化的试验区。
3	国际时尚艺术馆	现3号库房	以国际时尚元素的引入和重塑为主题,以中西文化融合为理念,以工业建筑的原生态环境、古典怀旧的基础设施、开放式的创作环境为灵感的集散地和时尚新品的创作地。
4	民族工业博物馆	现4号库房	以民族工业发展历程为展示内容,以知识性、参与性和娱乐性集成为特色,打造具有爱国主义教育和红色旅游价值的工业旅游示范基地。
5	晋商会馆	现5号库房	以"晋商文化"为主题,复原边贸、票号、盐、茶等产业经营场景和砖雕、石雕、木雕等精美结构,引入山西梆子戏班演出,打造参观体验和游憩休闲的驿站。
6	晋华云图·艺海数据馆	现6号库房	以"智慧纺织"(e—textiles)为主题,以云技术为支撑,通过云计算技术与产业融合创新,以艺术授权产业和服务为核心,建立面向全球艺术家和设计师的作品数据库。
7	晋华记忆·纺织蜡像馆	现7号库房	以"晋华织造"为主题,以5D影像为展现方式,运用数字体验、虚拟现实体验,复原百年工厂的生产场景和繁荣景象。

续表

序号	规划主题	位置	规划内容
8	晋华量贩·旅游纪念馆	现 8 号库房	以"三晋文化"和"工业文明"为主题,以原创、贴牌和授权模式为路径,以文化产业全产业链开发为理念的衍生创意产品,打造面向全球的山西旅游纪念品集散中心和工业创意产品零售中心。
9	晋华情愫·雕刻时光馆	现 9 号库房	以"旧厂房、文艺范"为主题,以民谣、乡村、爵士、慢摇、灵歌等音乐风格为基调,打造"晋华的慵懒时光"咖啡吧,提供休憩和抒怀的个性空间。

从项目设计思路看,利用 9 个旧厂房进行主题馆的创意改造和城市更新,旨在优化园区功能结构,释放工业遗产的文化生产力,为产业的创意开发提供充裕的发展空间,进而形成与城市未来文化功能拓展、文化消费需求、文化产业发展相匹配的主体功能区。

1.3 城市形象和创意阶层的兼收并蓄

晋华纺织厂是民族工业发展史的实物载体,见证了我国计划经济、市场经济时期国有企业的兴衰历程,是见证中国民族工业发展史和中国工人运动史的重要工业遗产。因此,除了厂区空间外,改造公共空间,赋予展示价值和交流功能,也是项目在空间设计上的尝试。在厂区库房西侧的主干道上,项目规划设计了"晋华织造"工业遗产走廊。该走廊以晋华历史为素材,以城市雕塑、景观小品、主题地标为载体。该规划对走廊两侧的用地功能和开发强度进行了适度调整,形成了良好的城市公共界面,以集中体现晋华纺织厂在不同发展时期走过的历史足迹,打造成为工业区的"公共会客厅"和"历史画廊",形成串联"一园、九馆、两区"的综合利用带。

因为晋华纺织厂所在的城市晋中市北部设有高校园区,入园高校有山西理工大学、晋中学院、山西传媒学院、山西建筑学院、山西交通职业技术学院、太原师范学院等数十所综合性及专业类高等院校。学科专业涵盖面广,包括艺术设计、服装设计、工业设计、建筑设计、传媒与文化产业等创意类学科和以工业技术、轻纺服装、工程管理等职业技术类学科,具备较强的产业孵化与知识成果转移能力和产学研合作资源精细管理体系及探索多种产学研合作途径的可能性。如果与晋华1919文化创意集聚区发展有机结合,将会有助于推进山西省产学研用协同创新平台建设。本项目从供给侧改革的角度,结合高校创意阶层的特点和需求,规划设计了高校创意孵化区和高校平台服务区,为周边高校提供创意平台和优质配套服务。

高校创意孵化区在晋华纺织厂厂区西南部区域(可拆除)的废弃厂房区域的基础上进行改造,规划设计了SOHO式多层开放空间,使建筑与景观融为一体,创造了灵动型创意孵化空间,将各种开发元素与自然系统和可持续性策略相整合,建设拥有完备产业链体系、注重生态景观渗透和工业元素复兴、空间形态相互联系的"思想梦工厂"。在具体规划中,孵化区以艺术与商业的理性博弈和激情碰撞为主题,以创意思想的生产和孵化为主要功能,为高校师生的创意、创新、创造提供有效服务,使之成为直接面向北部新城陕西高校园区、具备文化创意孵化、文化技术研发、创意理念碰撞、创意产品开发、创新产权发布等功能和服务内容的平台。

高校平台服务区则利用厂区西北部区域(可拆除)的织布车间区域进行设计改造,创造与园区建筑风格和整体格调相协调的城市天际线,开发与设计紧凑而个性的地上空间、整体而灵动的地下空间,打造以文化科技融合、高校专业与产业开发融合的综合服务平台。针对高校园区对高品质空间的要求,规划项目完善了平台展示区公共服务配套设施,提升了服务水平与城市功能,塑造了有活力的城市功能区。以面向晋中、服务山西的智力辐射为半径,高校平台服务区形成了科技创新和文化创意双轮驱动模式,并通过全方位的创意人才培养和人才孵化,为晋中市文化产业发展提供源源不断的精神动力和智力支持。高校平台服务区加强市园合作,强化协同创新,推进功能延展,加大辐射范围,着力培育文化新兴业态发展,突破制约"政产学研用"合作的体制机制障碍,建立高等院校和科研院所创新成果向创意企业顺畅流动的新机制,同时,为高校大学生提供应职培训、创业投资等有效服务。

可见,在文化项目的策划中,将传统文化的历史空间、城市现实文化的多元化实时空间和城市未来文化的伸展空间有效结合,将城市遗产与区域社会文化发展衔接,与日常生活图景相融合,通过历史与未来的对话,便可以在"留住往日的时间"中"再造往日的空间",以"时间无限"弥补"空间有限",并在改造、重构和创造新空间的过程中实现文化的时间价值,并最终通过文化规划建立一种不同社会主体能够相对平等、动态地享有空间权利,相对自由地进行空间生产和空间消费的理想状态。从这一维度看,文化项目的空间形塑,是活态的文化生态组群及其构成的生态系统。

2. 文旅融合:打造主客共享的文化空间

——以北京古北水镇文化旅游创新发展为例①

【案例导读】

古北水镇充分利用特色文化资源,通过有效的产权模式、古镇形态设计、文化产品开发、专业资本运作等途径,成功打造了古镇形态主题公园,调动起居民的积极性,使居民主动参与古镇的城镇化建设,在自觉传承历史文化的基础上,创造了古村落在旅游功能的主导下向现代化城镇成功转型的范例,不仅打破了北方旅游小镇冬季的冰封期,而且成功开发出一系列非物质文化遗产主题活动和产品。古北水镇以文化旅游创新推动城镇产业转型的探索,为文化产业供给侧改革积累了有益经验,提供了有效范式。

古北水镇位于北京市密云县,项目规划总占地面积约 9 万平方公里,景区范围约 4000 亩。古北水镇距离北京仅 100 余公里,距首都国际机场和北京市区均有一个半小时的车程;古北水镇与河北交界,又处于(北)京承(德)黄金旅游干线上,高速公路可直达景区,距离密云县和承德市约四十五分钟的车程。该景区内有中国最美、最险的司马台长城。司马台长城全长 5.7 公里,是万里长城保存得最完好的一段。小汤河穿镇而过,在汤河上游有鸳鸯湖水库,古北水镇是京郊罕见的山水城结合的自然古村落,还是北京市唯一的历史文化名镇,古北水镇由于地理位置险要,自古为"京都锁钥",留下了宋辽时期的"杨令公庙"等诸多人文历史遗迹。古北水镇独特的地理位置和丰富的旅游资源为古

---

① 本篇案例作者:高国丽,中国传媒大学经管学部硕士研究生。

北水镇旅游产业的发展提供了契机。

2.1 古北水镇文化旅游的创新实践

(1)抓住发展机遇,开辟战略高地

把握国家战略趋势,搭上"特色小镇"建设的顺风车。在国家多项政策的支持下,特色小镇建设成为当下的热点。作为推进新型城镇化的重要突破口,特色小镇的建设势在必行。国家明确提出要培育特色小镇的战略目标,并公布了第一批中国特色小镇名单,而古北水镇就位列其中。这也为古北水镇的精细化发展提供了外部动能,特色是城镇建设的生命线,特色产业的支撑性和差异化、旅游文化产品的优质供给、产业形态的丰富等不断促进古北水镇内部的"供给侧改革"。古北水镇作为特色小镇,不仅有利于形成以观光旅游、休闲度假、商务会展、创意文化为核心的鲜明产业形态,增强吸纳周边劳动力的能力,而且集聚了客流、资金流和人才等优势资源,改善了当地的基础设施环境,将发展动力由农业转变为以旅游功能为主导的第一、二、三产业的有机结合,弘扬了以长城文化为代表的传统文化,将传承我国非物质文化遗产与旅游主题活动紧密结合起来。

立足区域市场,引领"古镇形态主题公园"的新风尚。旅游产业的发展与城镇化建设要相适应,旅游功能和景区的设计要遵循本地居民人性化和游客多元化的原则。古北水镇所在的密云县地处北京一小时经济圈,处于环城游憩地带,古北水镇在密云县统一规划政策的环境下,打造"古镇形态主题公园",建立了景区、居民和游客和谐交融的生态圈,将古北水镇打造成为高品质的文化型综合旅游目的地。在景观宣传上,"北方乌镇"成为景区宣传的代名词,山、水和长城成为古镇的代表元素,水镇的主题设计为古北水镇赢得了吸引力,并营造出宜人的居住环境。在景区资源、业态空间分布上,主要景区分为汤河古寨区、卧龙堡民俗文化区、水街历史风景区和民国街区,并以文化脉络贯穿其中,为古北水镇增添了生命力。在景区生态环境构建上,"乌镇"团队在"修旧如旧"的原则上进行缜密修建,向游客提供个性化住宿、餐饮配套设施、民俗馆、剧场等资源,古北水镇在提升景区承载力的基础上实现了高品质的体验。由此,古北水镇有效利用"司马台长城",通过专业设计、集成化开发、资本化运作,深度挖掘区域旅游市场,将旅游功能有机嵌入城镇化建设中。

(2)发展复合业态,升级产业结构

城乡二元发展的一个重要表现就是城市以第二产业和第三产业为主,而农村主要以第一产业为主,由此也造成了城乡收入的巨大差距。产业融合是指不同产业或同一产业内的不同行业通过优势资源的交叉融合实现相互渗透,建立新的产业链,从而逐步形成新的产业或增长点。[①] 城乡统筹之下的小镇,经过旅游功能改造,具备了更多的市场功能,休闲、会展、商务、观光业务等功能使得乡村成为了旅游综合体。由此,乡村的产业结构会由第一产业蜕变为第一、二、三产业的结合,并不断衍生出多种业态,加快信息在城乡的流动,促进乡村各个产业的发展。

由单一的景区向多功能的社区空间转变,构建生活邻里单元。以往小城镇的主要产业是农业,扮演着为城市提供保障的角色,居民收入水平较低、来源单一,而且生态环境相对脆弱,只能接受低消耗、低污染的产业形态。而旅游业以其可持续、高集聚性的特点帮助小城镇实现了经济转型,通过旅游产业将城市人流、信息流和资金流带进乡镇,促使乡镇功能转向多元化。古北水镇在开发之后改变了村民的生活形态,由原来的以户为个体单位转变成社区单位,他们既是古镇的土著居民,又是景区的经营者。游客既是古镇的观光者,又与居民构成了邻里关系。这就要求古北水镇不仅仅要作为景区提供单一的观赏、住宿功能,而且还要兼具旅游、生态、娱乐、教育、体验等综合功能。由此,古北水镇将与旅游配套的交通、保险、医疗等服务逐渐完善,这也提升了当地居民的生活环境。为了更好地构建与旅客的邻里关系,古北水镇组织了职业培训班,为本地居民传授制作面点及菜肴的技艺,让其以主人公的身份自觉参与景区的经营建设,使游客和居民的关系形成良性循环。从这个意义上来看,旅游业衍生出了新型的城乡关系网络。

由第一产业向多元化的产业空间转变,构建产业生态体系。古北水镇丰富

---

① 单元媛,赵玉林. 国外产业融合若干理论问题研究进展[J]. 经济评论,2012(5):152—160.

的资源为其打造多种业态创造了可能,不断推动着古北水镇的旅游途径创新,当地居民的收入趋于多元化,生活品质得到了不断提升。古北水镇打破了单一的门票经营制,在景区内多形态的开发使得景区内消费成为收入的主要来源。景区目前形成了门票、索道、游船、温泉、餐饮、住宿、演艺、娱乐等多种业态,在旅游产业链的延伸下实现了复合发展。此外,古北水镇投资方还与知名地产开发商龙湖地产进行合作,借助古北水镇巨大的游客量和消费能力,共同开发打造区域内唯一的房地产项目——长城源著,这种旅游地产也为人口、产业、基础设施的集聚提供了契机,将促成古北水镇城镇化建设的新高潮。

(3)创新主题活动,传承传统文化

以往城市文化处于强势地位,而乡村文化渐渐失去了赖以生存的物质基础,但是随着城市生活的压力加大,人们更向往朴实简单的乡村旅游,休闲旅游的中心又从城市转移到了乡镇。古北水镇作为长城脚下的度假村,延续了特色小镇独具的文化底蕴,城乡文化在新生空间上进行了交流和碰撞。在北方的传统观念里,冬季是旅游淡季,这是传统景区经营者的"痛点"。但随着现代消费观念的转变和人们生活方式的提升,季节已经不再是局限人们旅游出行的重要因素,这就需要景区运营主体发挥创新思维来开发跨越季节的特色旅游产品。旅游产品在某种意义上是一种"快消品",要想具有持久价值和吸引力,则需要赋予其文化内涵。

贯穿四季的主题活动构建了"城"与"镇"的共生文化圈。旅游产业把城市生活方式、消费习惯和文明观念融入小城镇,促使乡镇人们的文化素质得以提升,乡镇传统的历史文化和乡土文明也会带给城市人们新的启发和感官体验。古北水镇成为城乡文化交流的重要窗口,将历史文化与旅游产品的开发结合在一起,开发出贯穿四季的文化主题。古北水镇在春季推出以"寻春养生""觅春甜蜜""家庭探春"为主题的踏春活动,并根据需求差异推出了养生、浪漫约会和亲子娱乐等多样化套餐,让身处城市的人们感受到古镇的文化氛围。夏季会开展连续三天的、主题为"小镇灯初上,七夕夜未央"的七夕活动,传统的"七夕文化"唤醒了城与镇的文化情怀。秋季会开展"长城中秋月、古北团圆夜"等主题活动,包括传统的中秋拜祭月神活动、民俗表演、仙女迎宾、DIY月饼和赏月活动等,"中秋节文化"集聚了城与镇共同的文化基因。冬季有长城冰雪谷和小松鼠梦幻冰乐园等主题活动。其中,"古北水镇过大年"活动融合了社火巡游、庙会、接神大礼、烧头香、祭财神等习俗,汇集了城与乡共同的家庭祭祀文化。

跨越古今的文化创意架起了"城"与"镇"的沟通桥梁。非物质文化遗产的传承带来了跨越古今的文化交融,古北水镇承载了长城边塞文化及满汉蒙回等民族的习俗,并融入了现代时尚元素。古北水镇的民俗文化活动让传统文化的传承有了新的方式:现场演绎老北京杂耍、河北梆子、京东大鼓、传统说唱、天桥手艺绝活、皮影戏和染织工艺等。传统文化在古北水镇得到了充分体现。古北水镇联合国家大剧院上演了"五月音乐节"开幕式,让古北水镇迸发出横跨古今及东西的文化底蕴。传统文化通过古镇的创意有了新的生命力,城与镇有了共同的情感寄托和表达,也增强了古镇的文化自信和认同感。

2.2 古北水镇文化旅游发展的主要经验

(1)规划创新:明确市场定位,打造特色主题

古北水镇的选址有着显著的科学性,有机地贯穿起城市与县域之间的发展。古北水镇是在原有的三个自然村落的基础上修整改建而成,京郊和与河北交界的战略空间使得古北水镇拥有京津冀,尤其是北京市的广阔市场空间。在市场定位上,古北水镇立足于京郊"微旅游",结合密云县"生态涵养发展区"的整体定位,明确将自身打造为"在全国有示范影响的高端旅游目的地,京城的时尚旅游休闲度假新地标",古北水镇在与周边的旅游景区竞争中以深度的文化体验、时尚休闲的功能和高品质的服务树立了差异化定位。在景区设计开发与营造上,古北水镇以贯穿四季的特色文化主题体验活动打破了北方旅游的冬季冰封期,以民俗体验和非物质文化遗产主题赋予了景区深厚的文化情怀。古北水镇的区域发展实践表明,资源优势与区域市场具深入的关联度,产业形态与文化、生活、市场需求相互依托,城镇化是人、资源和市场共同发力的过程,创造以需求为核心的产业支撑和市场营造,会形成城镇化的经济脉络;文化遗产保护与开发的实践表明,文化遗产形成的文化脉络与经济开发相辅相成,通过将无形的遗产多样化、时代化,就会产生城镇化的文化支撑,实现在城与镇之间文

化遗产的活态传承。

(2)运营创新:政府与市场双端发力

在古北水镇城乡管理体制的建设中,密云县委、县政府坚持有序"放""管",市场和政府"两只手"结合,为古北水镇迅速投入市场产生效益起到了巨大推动作用。古北水镇的建设也体现了政府简政放权带来的效率提升,不仅推动了项目的进程,也为企业提供了发挥的空间,从而保证了项目进行的公平公正性,这也为其他地区的城乡管理体制改革提供了借鉴经验。古北水镇的建设和运营探索开辟了城乡管理体制的新纪元。

首先,在市场方面,企业为古北水镇建设试身蓝海。中青旅、IDG 战略投资、乌镇旅游、北京京能集团按比例共同出资构建了北京古北水镇旅游有限公司这个专门的项目运作企业,引进了成熟的团队进行多元化的市场拓展,为"古北水镇"量身打造了集观光旅游、休闲度假、商务会展、文化创意于一体的多重盈利模式。其次,政府方面为古北水镇建设扫除障碍。"古北水镇"项目被确定为北京市深入推进行政审批制度改革工作的试点,项目建设采取市级部门指导、区县政府牵头的行政审批模式,简化和缩短了行政审批过程,同时政府有效平衡了居民与企业的利益,积极引导企业与村民对接并形成战略一致性,此外还给予基础建设补贴。古北水镇的运营实践表明市场和政府二元引导的城乡管理体制需要"因地制宜",企业在城镇化过程中提供了资金、创意和市场开拓力,政府适宜的简政放权将会为小镇建设减负,我国的城乡管理体制仍在探索之中,古北水镇的政府简政举措为其他小镇建设提供了借鉴意义。

(3)管理创新:颠覆产权模式,"村民"变身"社区居民"

在产权处理方面,古北水镇借鉴了乌镇的经验,实现了颠覆性的社区重构形式。古北水镇将原来的居民全部迁出,政府积极引导全村居民统一将土地流转到集体,再将土地出租给镇政府,腾地后由政府进行招商,并按照市场价格将土地租赁给企业,在获得租金之外,村民还可以利用政府发放的补偿款回购政府所建的安置房,建立起有序的社区模式。此外,政府在古北水镇设立一万平米的民俗区用于对外招标,而村民可以享有优先租赁的权利,古北水镇在开发前就对吸纳当地人就业有明确的要求,要求优先培训本地人成为工作人员。司马台新村建设于2012年7月完工,回迁工程包括1136人、499套房屋,同时建立了一套打破传统村民小组建制的新型农村社区管理模式,完成了统一规划的交通网络、供水、排水、通讯等设施建设。由此村民实现了本地就业,并获得了更好的生活环境,村民与景区构成利益共同体,这也标志着村民"就地市民化"的实现。古北水镇的管理创新实践表明城镇化是以人为核心的,政府要处理好居民与企业的利益冲突,两者要在互利共赢、保障居民权益的基础上实现开发,将居民纳入小镇产业生态中,形成具有约束力和创新力的新型管理模式,提升居民的生活质量和环境,由此形成居民与景区建设的协同经营体系。

2.3 古北水镇文化旅游创新的启示

(1) 立足区域优势,科学规划为先

古北水镇的实践表明,因地制宜是实现发展的重要保障,古北水镇所处的密云县认为"休闲旅游"将会成为本县的支柱产业,这也正是在北京市"发展沟域经济,促进京郊经济发展"的战略背景下所做出的应时之举。将文化、区位、生态、交通、土地这些要素作为综合体来衡量一个地区的开发水平,无论是历史文化型、城郊休闲型、生态旅游型、高端制造型还是金融创新型,配之以成套的基础设施和服务,将居民就业、生活质量的提升等民生问题融入到产业的建设环节中,让居民的话语权与乡镇的发展同步健全。科学掌握古镇的生态承载能力,不盲目进行商业开发,要将生态保护理念深入到居民和开发商心中,古镇形态的新旧建筑和谐统一,保持了较好的人文氛围。古北水镇以类似的文化遗产古镇形式对乌镇模式进行复制并获得成功,对于文化遗产丰富、区位优势明显的此类村镇,古北水镇以区域旅游功能为主导,以颠覆产权形式的社区化管理、文化空间和活动再设计的就地城镇化无疑具有可推广性。而合理布局乡镇功能片区分布,立足于现有资源的保护和传承,将村民的生活空间与生产建设空间有机叠加,则需要加强科学规划与区域优势的结合。

(2) 发展特色文化产业,优化文化产品供给

特色小镇是积极适应和引领经济新常态、推进经济转型升级和供给侧改革、提升我国乡镇发展质量的重要战略举措。特色小镇的重点在于"特",要彰

显出地方产业特色、文化特色和生态特色,而"文化+""旅游+""生态+"的创新实践则是推进特色小镇建设的重要途径,"特而强"的支撑产业则是乡镇集聚人才、技术、资本等要素的核心竞争力。准确定位区域特色,形成错位竞争格局,立足乡土,传承历史文化,深入挖掘和利用地方特色文化,并积极引导其与现代文明相适应。特色产业要围绕区域的生态承载力、可支配空间情况、资源禀赋条件以及当地居民的生产意愿,而类似古北水镇这种古镇综合体验型的地区要不断优化和提升文化产品的供给,要注重体验性和内涵性内容的塑造,珍贵而具有独特性的文化遗产要在可持续性和多效益性的基础上加以开发,古镇大型户外主题演绎活动可以深化景区的体验感,又可以塑造文化品牌,产生原创IP、影视运作等连锁效应,当地居民可以通过多样化的方式参与文化遗产的传承和主题活动的演绎,并丰富和扩展居民的收入来源。同时也要保护生态环境和居民的生活空间,注重旅游体验的满意度和景区的美誉度,通过官网订票和预测机制保障每日客流量控制在合理的范围之内,通过优惠活动引导游客在工作日出行,分流周末的巨大客流量;更要通过配套设施的完善和服务能力的提升、开放面积的有序延展这些途径来提升地区节假日的承载能力。

(3)创新管理体制,多元资本驱动

新型城镇化过程中要解决的重要问题之一,就是城乡一体化的体制性障碍,城乡一体化就是要打破城乡二元经济结构,实现土地、劳动力、信息和资本的顺畅流通,这就要规范房地产开发、完善城乡土地流转和使用制度,而古北水镇项目建设就是凭借审批体制的简化和政府适当放权加快了落实的步伐并减少了前进的障碍,要充分利用市场和政府的双向作用,尽快建立城乡生产要素交易市场,积极引导企业作为市场主体承担起乡镇经济开发和资源有序流通的责任,但是市场的盲目性和自发性需要政府作为企业及乡镇的中介来平衡利益关系,保障乡镇居民的权益,并积极发挥其行政引导作用,建立并探索土地开发项目相关内容的高效审批机制,不要让制度成为乡镇开发的"拦路虎"。还要探索乡镇开发的合作机制,政府和社会资本合作的"PPP模式"已经成为当下解决乡镇建设问题的有效途径,以往政府主导下的经济开发存在资金链短缺和专业性不足等问题,而社会资本的加入则会提供充足的资金支持,并以丰富的经验进行成熟化运作,这也在一定程度上减少了项目的风险。

我国乡镇因拥有丰富又独特的文化遗产资源而受到资本的青睐,特色小镇建设也在如火如荼地展开,这为我国新型城镇化的推进和乡镇经济转型升级提供了"窗口",也是我国践行文化产业供给侧改革的举措。古北水镇作为特色小镇,复制"乌镇模式"并通过以旅游业为主导的产业开发深度契合了城镇化的推进,为其他类似地区的城镇化提供了可复制的模式和新的启示。古北水镇在规划创新方面,准确的市场定位和特色文化主题活动形成了以古镇、长城文化为品牌的错位竞争优势,在城镇化过程中把握了文化传承与产业发展的高度一致性;在运营创新方面,政府与市场双端发力为古北水镇的城镇化提供了效率和保障;管理创新方面,颠覆产权模式使"村民"变身"社区居民",为古北水镇的城镇化提供了动力也提升了质量。对于文化特色突出、生态环境特殊的乡镇来说,如何更好地将文化遗产传承的建设与生态能力的提升结合,如何将居民的事业与生活同乡镇的经济开发有效统一,如何使乡镇的审批体制更加简约和高效,这些问题仍待探索和思考,但是乡镇的开发始终要以"人"为核心。

3. 打造文化场景:商业区和创意社群的无缝对接

——以郎园 Vintage 旧厂房改造和运营为例[①]

【案例导读】

郎园 Vintage 地处 CBD 核心区,北临长安街,南到通惠河北路,是 CBD 核心区唯一的大面积低密度改造厂房。在郎园文化空间的重塑过程中,消弭艺术和生活、人文和商业边界的"日常生活审美化"思维,为老厂区注入了新的活力,让郎园华丽变身为极具工业文明特色的低密度文化创意街区。这表明,日常生活审美化正在消弭艺术和生活之间的界限,在把"生活转换成艺术"的同时也把"艺术转换成生活"。作为一种引领艺术和生活的创新理念,"日常生活审美化"或将成为创新文化产业园区供给侧改革的一种思维和一种远见。

[①] 本篇案例作者:冯明园,中国传媒大学经管学部硕士研究生。

3.1 郎园 Vintage 建设创意社群的文化实践

随着大审美时代的到来,日常生活的审美化已经不再局限于大工业批量生产的产品,而是延伸到生活乃至生产的各个方面。就文化产业园区而言,其发展不应偏重于硬件建设,过于追求商业利益,而应注重文化内涵的培育和文化空间的营造,郎园 Vintage 便是秉承"日常生活审美化"思维进行供给侧创新的典型个案。郎园 Vintage 将文化产业园区的运营艺术化、生活化,以丰富的文化体验拉近园区与企业的距离,以优质的文化活动平台拉近园区企业与企业之间的距离,以轻松的文化氛围拉近园区与居民之间的距离,让美的事物、美的体验渗透到园区运营的各个方面。

郎园 Vintage 坐落于北京 CBD 的核心地带,由 20 世纪 50 年代至 80 年代的十余座砖墙老厂房改造而成。在对文化空间进行形塑的过程中,郎园以尊重的态度对待这片土地,保留其时代外貌,以历史与时代的碰撞、时尚与建筑的结合为主题,遵循"城市记忆""低碳环保""数字化园区"三大改造理念,结合园林景观创造出舒适的办公、商业与休闲空间,为都市新贵提供了一处充满时尚亮点的新都市商业及社交生活中心,使新的审美理念与旧的工业遗留完美结合,成为 CBD 最后一片工业化遗址。

3.2 郎园 Vintage 基于艺术生活的供给侧创新

郎园 Vintage 坚持从日常生活审美的视角出发,这种审美的要求渗透到园区运营的各个方面,将文化活动当作一种无形载体来提升整个园区的创意氛围、文化内涵,以文化品牌活动构筑高端文化场景,以社群活动落实文化惠民行动,以文化教育活动促进文化素养提升。

(1)以文化品牌活动构筑高端文化场景

文化产业园区的运营离不开文化品牌活动的助力。郎园 Vintage 一年一度的国际创意文化节,自 2012 年创办伊始,以创意设计和艺术人文为核心打造集展览展示、高端论坛、跨界沙龙、公益盛典、创意集市于一体的文化创意产业盛会,人文理念贯穿文化节的主题,从 2012 年的"老厂房的艺术狂欢"到 2016 年的"文化创意 改变城市",这些主题将艺术与生活紧密结合。第五届郎园 vintage 国际创意文化节以开展郎园话剧节、手账市集、果壳万有青年大烩等系列活动构筑高端的文化场景,丰富人们的感受和体验。郎园话剧节中的电影研发体验活动"爱的谩骂与痛打",以话剧形式结合好莱坞最新电影测评设备以及线下调研问卷的方式,实时测评话剧现场的观众反应,并通过科学的数据分析法,为后续的电影市场开发提供科学的指导。这种以创新创意打造的高端文化生活场景,使人们获得了多元互动和更加新颖的体验,将其自然地带入一种艺术氛围并使其沉浸其中,获得美的感受,从而带动整个文化园区文化价值的提升。

(2)以社群活动落实文化惠民行动

文化产业园区的运营离不开社群活动的助力,社群活动是文化产业园区加强社会联系的纽带,更是落实文化惠民观念的具体行动。为了活跃园区氛围,增进朗园邻里之间的交流,郎园 Vintage 会不定期组织丰富多彩的活动,为园区内的企业提供了更加轻松的工作环境。无论是为预祝北京和张家口申办冬季奥运会助威的千人水枪"大趴"(party),还是为园区小伙伴们解决单身问题的"七夕情人节 in 朗园",都使员工从工作的紧张和忙碌中得到彻底的释放,为文化产业园区内部企业员工以及园区与周围的居民区之间的互动提供了一个开放的平台,还为它们打造共同的情感记忆提供了契机,深化了社区居民间的社会关系,营造出 CBD 核心区独有的人文气氛。郎园 Vintage 举行的 2016 北京波尔多葡萄酒狂欢节集结了数十家法国波尔多知名酒庄的几百款波尔多葡萄酒和甜品美食,为社区居民创造了近距离接触法国葡萄酒与葡萄酒文化的机会,让他们共同感受葡萄酒文化对品质生活的重要影响,拉近了普通人与文化艺术之间的距离,为建设"文化大院"提供了良好的文化氛围和产业空气,真正将文化惠民行动落到实处。从某种意义上来说,社群活动已不单单是朗园文化生活的一部分,更是一种将心比心的情感运营方式。

(3)以文化教育活动促进文化素养提升

除了精彩的品牌文化节及社群活动之外,朗园还十分注重文化养成项目的开展,并以优秀的文化产品和文化服务满足社区居民的教育需求,不断提升员工和居民的文化素养。《放学别走》本是一首充满青春回忆的歌曲,而在朗园却是朗园大学课堂系列活动的别称。朗园以提升员工幸福感为核心,开展了形式多样的培训和交流活动,不仅照顾到了社区居民的硬件需求,而且致力于满足其自身发展的长远需要。瑜伽课的开设使员工的身体素质得到提升,油画课、红酒品鉴课既可以深化人们的艺术体验,同时又可以提升他们的艺术情操,电影晚自习的开设也为人们提供了学习和放松的机会。总之,每个人都可以通过"放学别走"系列活动获得深层次的体验,加强对生活、对艺术的美的感受,以文化素养的不断提升深化朗园的创新创意氛围,推动朗园跨界发展。

(4)以服务理念构建全方位的服务体系

当前我国的文化企业大多是中小型企业,在资金、技术、人力资源、信息获取等方面处于弱势,而文化产业园区作为文化企业的孵化器,致力于整合各种资源为园区企业提供优质服务,解决园区文化企业的融资难题、技术难题,实现信息共享。朗园的公共文化服务平台是业界的领头军。朗园关注园区企业的人性诉求,始终坚持"搭建服务平台,促进文化创意产业自由跨界"的服务理念,并开设了"金融服务、品牌推广、孵化服务、文化交流、艺术服务、线上服务、会员交流、生活服务"等八大服务平台,以全方位的服务体系保障园区与企业,企业与企业之间的互动融通。朗园立足于文化传媒的园区定位,设立艺文中心和兰境艺术中心,致力于为园区企业提供了艺术活动、艺术跨界、艺术咨询、艺术顾问、艺术家服务、艺术空间场地等服务。一方面,这为园区企业提供了艺术交流、合作、展示的平台,可以充分利用艺术中心的品牌优势来扩大活动的影响力,取得良好的经济和社会效益;另一方面,园区品牌推广平台的搭建也利于彰显园区自身的文化品牌内涵,突出服务优势以吸引更多文化传媒类企业入驻,为园区带来更高的经济收益。

3.3 郎园 Vintage 打造文化场景、重塑文化空间的启示

朗园之所以能成为朝阳区的精神高地,与其高超的运营管理手段是分不开的,文化产业园区的建设,光有硬件是远远不够的,必须要有好的内容支撑,要以丰富的文化体验活动来营造公共文化空间,以"活动"为载体让美的因子在园区及周边涌动,以浓厚的文化氛围来带动企业之间的互动合作。

(1) 打造品牌节事活动，加强园区文化氛围营造

品牌节事活动从某种意义上来说，是园区品牌价值符号的承载者，其向外界传达园区的核心价值，并有助于企业提升自身价值。园区节事活动必须立足于其原有的文化元素。朗园立足于已有的文化产业传媒业态，依托已形成的创意机构office、国际创意商街、时尚艺展中心来打造一年一度的国际创意文化节，打造国际时尚创意"狩猎区"。因此，园区在开展系列文化品牌活动时，立足已有的硬件设施，深入挖掘园区的文化创意元素，将其进行国际化包装，打造符合园区特点的文化生活场景，以高端的文化场景来感染人们并提升周边环境的美感，进而提升文化产品价值。

(2) 开展丰富的社群活动，促进文化共生和邻里单元建设

郎园致力于开展主题性的社群活动，打造热点事件，激发园区活力，鼓励企业员工与社区居民自发参与；以文化活动和创意体验为纽带，加强企业员工与社区居民的互动和交流；深化园区与社区的联系，为普通民众提供平等的艺术欣赏和交流机会，并以此为契机了解、满足居民的文化消费需求，以适应消费结构升级的新需要，为建设"文化大院"提供良好的文化氛围和产业空气，让园区丰富的社群活动成为融创意和生活为一体的文化展示空间，从而打造和谐共生的邻里单元。

(3) 以服务理念为导向，促进园区企业互动融合

在专业化分工的今天，任何企业都不可能涵盖产业链的各个环节，因此园区必须以优质的服务平台来弥补文化企业的短板，并着眼于园区企业的公共需求，为其提供全方位服务，促成园区与企业及企业之间的交流合作。首先，园区要完善金融服务。资金问题一直是文化企业的痛点，文化产业园区通过深入了解文化产业的相关扶持政策，为交易双方提供可靠的信息，为企业提供专业化的融资、咨询服务，在拓宽文化企业的融资渠道的同时，也降低了融资成本和风险。其次，文化产业园区的企业大多是文化创意企业，创意是其产生价值的源泉，因此必须建立完善的知识产权保障体系。完善的知识产权保障体系可以营造出尊重人才、尊重知识的创意氛围，充分释放企业员工的创造激情和创意活力，为企业创造更多的价值。再次，文化产业园区除了实体运营之外，也应该重

视线上渠道的建立,充分利用线上渠道向全国辐射文化产业园区的创意魅力,扩散文化创意信息,以微信公众号、微博营销等多种手段来活跃社区氛围,并以信息的网络化来带动组织结构、资源、服务的网络化,为文化创意企业之间的交流、合作提供渠道。

第七章　供给侧改革视角下的文化集群创新

当前,全球的现代化、信息化、城镇化、市场化与分权化正在加速,中国的城市群蓬勃发展,产业集群在新经济地理空间上不断形成新的城市集群,为集群研究提供了更为广阔的空间,也为文化产业发展提供了新的栖居地。文化产业在世界发达国家的经济构成中贡献突出,它们往往以高度的集聚性,实现集约化、专业化和规模化的发展。发达的产业体系和成熟的市场体系,构成了世界经济版图上色彩斑斓、块状明显的"经济马赛克"①。全世界财富的大多数都是在"经济马赛克"区域创造的,这一区域是全球创新活力最强劲的地区,也是资本、技术和人才等要素流通最迅速的地区。集群代表着介于市场和等级制之间的一种新的空间经济组织形式。从产业结构和产品结构的角度看,产业集群实际上是某种产品的加工深度和产业链的延伸,从一定意义上讲,集群是产业结构的调整和优化升级,②但文化产业并非必须以集群形态发展才能提高产业效能。"产业集群热"现象的升温让稀缺土地资源的区域缺少有效、可持续的发展模式,在区域发展中,名义上集聚、实则分散的现象普遍,集群规模化扩张进程中,缺少真正有利于版权产业成长的商业模式和市场路径。

---

① "经济马赛克"现象的核心就是,在一个地区围绕一种主导产业,形成了原料、销售、科研、教育培训、文化、专业咨询、广告、商务中介等服务体系,这种产业集群、企业集群的经济现象像一片马赛克镶嵌在土地上。"经济马赛克"现象的最大特征是系统集成、产业强大。据统计,美国新兴财富的绝大多数都是在"经济马赛克"分布的块状区域内被创造出来的。20世纪90年代中期,美国的380个产业集群生产了全美近60%的产出。
② 刘茂松.经济发展方式转变的"集约化、集群化、集聚化"战略[J].湖湘论坛,2011,24(1):9—13.

一、供给侧改革视角下文化产业集群类型的创新特征

(一)文化产业集群的类型特征

文化产业集群是全球资本、技术和人才等要素流通最快、对创新和创造成果应用最迅速的地区,它们通过经济文化发展轴线相互串联,构成了全球文化经济的空间网络。文化产业集群最突出的特点是以智力成果和知识资源为凝聚核心,以创新为动力,建立创作、生产、传播、使用和消费基础之上的产业组织形态。由于文化产业集群的主体是企业,依照企业管理中的知识理论,可以将文化产业集群的类型划分为知识宽度型、知识深度型和知识强度型三种。

知识宽度型在文化产业集群发展中的核心在于把知识的获取、共享、创新和应用建立在开放的平台上。以突破区域经济发展瓶颈并高度匹配区域行业特征为目标,知识宽度型集群还着重打破区域行政壁垒。以文化创意资源的开发整理与重塑为主体,以文化创意和技术创新为驱动要素,知识宽度型文化产业集群能够有效实现资源的整合与市场配置,往往成为政府经济调控的战略重点。

知识强度型文化产业集群发展的核心在于推动消费升级。其主要通过对要素结构、需求结构和产业结构的综合优化与配置,在产业本身知识价值链的基础上展开分工与合作,在表现形式和发展趋向上倾向于以"产城融合"模式发展文化产业集群,实现资源共享,有效节约了文化产业的运行成本,提高了文化产业发展的效率,推进了文化产业的集成创新能力和再创新能力,有助于文化功能的发挥。

知识深度型文化产业集群的核心在于推进隐性知识创新及隐性知识显性化所创造的产业附加值。隐性知识创新是文化产业集群核心竞争力的基本构成,是形成知识深度型文化产业集群的重要路径,它是高度背景化和个性化的知识信息,集群中的隐性信息实现了具有不同创造能力和技术水平的创意企业的界面规则或关系契约,并在创意设计、生产、流通等各个环节实现灵活的专业

化分工和松散的耦合,形成了非线性、多层次、多功能的网络合作关系,[①]这种多层次的、灵活的网络关系既发挥了集群中创意要素协同创新的作用,又实现了企业间知识的传播、共享、吸收和整合。

在全球分工中的治理者或跨国企业形成的集群网络中,发达国家以知识为核心,通过外包文化产业的非核心环节,利用发展中国家产业集群成本较低的优势,增强了自身核心竞争力,构筑了高端环节的门槛,控制了文化产品的利益格局和价值链分配,使我国文化产业集群在全球价值链分工中十分被动,导致这种局面的核心原因正是因为我国缺少创造核心知识产权和创新隐性知识方面的竞争力,即基于知识深度和强度的文化产品开发不足。

(二)文化产业集群的驱动特征

文化产业集群的形成受经济、文化、政治等多重因素的驱动和影响,既具有一般产业集群形成的基本驱动因素,又具有因文化对原创力,尤其是排他性资源的挖掘与创造能力的更高要求而表现出的独特驱动因素。从总体上看,地缘驱动、资源驱动和成本驱动是文化产业集群成长的核心要素,它们主导着集群的区位选择、业态选择和商业模式选择。

以地缘驱动为主要模式的文化产业集群,核心是通过资源配置实现产业集约化发展。文化产业集群在地理空间上的形成,来自于历史偶然性与循环积累的双核驱动。把空间经济思想引入经济分析的克鲁格曼将最初的集群形成归于历史偶然性和循环积累的双重作用,即集群的产生首先是基于某一地区历史发展中的偶然因素并开始萌芽,而后经历了"路径依赖"阶段以发展壮大,最终经过长时间的"积累过程"形成成熟的集群。

资源驱动因素下形成的产业集群主要以盘活文化资源的方式实现产业的专业化发展。从传统文化中寻求载体,是文化产业创新的重要路径。例如在厄瓜多尔的西格乔斯,许多手工艺人生产陶瓷、编织品,并重新按照老的样式、设计和制作传统服饰。在叙利亚的阿勒颇,微型及小型企业在小城镇地区聚集,

---

① 余晓泓.创意产业集群模块化网络组织创新机制研究[J].产经评论,2010,24(8):5—9.

用有着三千年传统的古老方法生产绿橄榄肥皂。这些传统文化色彩浓厚、工艺特色鲜明的地区能够在其特殊产品的独特品质上创建集体知识产权,①并在对传统产业的有效改造的同时,创造具有核心竞争力的特色集群。在我国,许多传统文化色彩浓厚、民族文化多元的地区,以传统文化优势结合自然资源优势,使传统形式的生产活动在市场化的环境下生产出文化商品,集中生产与消费的自发聚集,逐渐形成了特色集群的发展雏形。

以成本驱动为主要演进模式的文化产业集群,是降低成本、实现规模化发展的基本出发点,也是所有集群发展必须面临的共同问题。正是因为经济活动主体的合作往往能够在社会文化背景和价值观念上达成共识,这种基于社会网络信任的合作分工,②既维持了集群稳定,又通过降低成本提高了集群的生产效率。降低成本不仅可以度过集群成长初期的困境,缓解在集群遭遇金融危机等外部环境压力时的被动局面,也是大多数文化产业集群增加市场收益的主要方式。

但应当明确的是,在文化产业集群的驱动要素中,地缘、资源和成本尽管是集群形成的主要因素,但单一因素无法主导文化产业的核心竞争力,以国民经济和社会发展规划、土地利用总体规划和城乡总体规划"三规融合"为导向的集群设计,是集群升级的制度原点。然而在现实发展中,因为土地资源稀缺的区域的发展模式缺少有效调控手段,名义集聚、实则分散的现象普遍,在现实中符合标准的产业集群集中度低、特征不明显,③因此亟待寻找符合知识经济时代文化产业集群特征的新成长动力。

(三)文化产业集群的空间特征

文化产业集群是文化产业的一种空间经济形态,集群的分布规律既符合文化产业要素集聚和流动的一般规律,又与区域发展,尤其是区域创新系统的形成和分布紧密关联。集群空间由地理空间、经济空间和社会空间共同构成,其

---

① 联合国教科文组织.2010 创意经济报告[M].北京:三辰影库音像出版社,2010:16.
② 刘世锦.中国产业集群发展报告(2007—2008)[M].北京:中国发展出版社,2008:66.
③ 宋昱雯,刘利.我国发展虚拟产业集群的问题初探[J].宏观经济研究,2006(11):57—59.

中地理空间是基础,为产业集聚提供了物理空间,而社会空间所产生的是动态的学习和创新活动、报酬递增效应和极化效应,经济空间所产生的产业链和价值链分工及共享使得交易成本大幅度下降;这些共同决定了集群的生命周期。

文化产业集群形成的紧密型关联体和松散型关联体构成了基于知识的社会经济系统。根据文化产业集群在空间分布上的不同层次,可以将其归纳为城市群的点网结构、区域内的圈层结构和集群内的线性结构三种形态。

点网结构是基于增长极理论的空间分布结构。通过文化产业集群形成的集聚效应带来的要素高度集中、经济快速发展和文化消费活跃等,构成了区域增长极。增长极成为城市群中重要的创新节点,它们就如同"经济马赛克"一般,呈现出星罗棋布的分布格局。串联这些创新节点,便构成了以区域为单位的创新网络。文化产业集群的点网结构往往以集群形成区域的增长极为节点,通过跨区域资源配置和流通的区间布局为市场半径,以整个城市群或城市圈为空间形成产业网络。

圈层结构是基于中心地理论和产业空气理论,在区位比较优势的作用下形成的以文化产业集群为圆心的区域中心地。文化产业主导企业的活跃,不断吸引着相近或相似产业(企业)的集聚,企业在分工与合作的市场机制中,形成了适合产业创新和集体学习的产业空气。由此,区域内逐渐形成了以文化产业集群为核心的圈层结构。在圈层结构中,集群往往在"向心力"形成生产集中和居住集中后,达到一定的区域要素承载的饱和状态,从而再进行基于"离心力"的分散,最终在区域内形成相对稳定合理的文化产业集群布局。从群居到群聚,从居住性集群到生产型集群的转变,使文化产业集群实现了集群单一围绕中心城市或中心区域集聚的转变,即通过"向心力—离心力"的均衡式空间分布方式,实现了城市功能的组团拓展,缓解了中心城区或城市核心区域用地紧张、资源稀缺、成本高昂等现实问题。

线性结构是基于产业价值链理论,以文化产业主导企业为核心形成的产业导入形态。文化产业是以"智力成果权"为资源,以知识创新为动力的产业形态,其产业链的结构也依托产业特性,以文化形象原创为起点,构建了"创作—生产—传播—使用—消费"的线性产业模式。因此,集群内部的文化企业之间分工与合作的出发点是线性链条上的某一环节或某几个环节之间的知识共享。这种共享又可以分为串联和并联两种形式。前者是集群内企业基于产业上下游分工与合作形成资源互补性合作的产业组织方式的过程,后者则是随着社会分工与集群和产业链之间互动性的加深,集群的分布规律从单一的、静态的串联式产业链合作逐步演化为复合的、动态的并联式协作的过程。

从文化产业集群的空间特征看,城市群中跨区域的文化产业集群围绕中心城市和区域经济中心形成点网结构,构成文化要素的协同创新和文化资源的统一配置,提高了文化产业效率;区域内的文化产业集群围绕主导企业形成圈层分布的空间格局,而主导企业以较高的文化因子和关联企业之间形成有序的线性分工与合作。正是由于点网结构、圈层结构和线性结构在文化产业发展中的有机互动,使文化产业的资源配置和要素流动打破了二元经济地理结构,在区域空间上产生了新的格局,从而优化了文化产业的组织形态。随着当前中国区域经济发展进入城市群时代,跳出行政属地,以全球市场为资源配置和要素流通的半径,建立基于文化合作的城市群合作组织与相关制度安排,是构建文化产业集群新空间秩序的基本原则。

二、文化产业集群的发展困境

(一)区域空间和地理制约明显

1.区域条块分割现象明显

集群空间由地理空间、经济空间和社会空间共同构成,其中地理空间是基础,为产业集聚提供了物理空间,而社会空间所产生的是动态的学习和创新活动、报酬递增效应和极化效应,经济空间所产生的产业链和价值链分工及其共享使得交易成本大幅度下降;这些共同决定了集群的生命周期。在现实发展中,文化产业集群的形成和发展与区域经济的发展基础、市场发育程度密切相关,但文化产业集群布局往往违背了区域空间分布和产业分布规律。在行政主导下的文化产业集群,往往存在产业集中度低、特征不明显等问题。"泛地理集中"的概念往往取代"地理集中"的概念,从而出现"统计出的集群"现象,偏离了构建产业集群的初衷。① 集群的组织形态和集聚空间不再以产业竞争为凝聚力,不再以产业发展和演变的历史积淀为组合方式,而是以政府主导的方式进行企业集中,集群内基于产业链或价值链的合作不明显,条块分割的独居现象较为普遍,不但缺少根植性,而且可能出现"集聚不经济"的发展状况。地方政府或行业主管行政部门对产业集群的集约化存在认识误区,常常将集群载体建设看作是产业集聚的核心。

2. 地理区位制约文化功能发挥

按照地理填充法则,城市作为一种复杂的地理事物,填充了某一特定的空间,城市即可界定为是多种经济活动空间集聚形成的地理实体。同时,构成城市的地理要素与固有的空间要素相互作用,从而改变了原有空间的本底,并形成特定的城市空间结构,而中心城市或区域中心内部的经济与产业分布较为紧凑,表现出强大的吸引力、辐射力和综合服务力。② 中心城市或区域中心具有"经济集中度高、社会分工发达、智力密集、技术创新与扩散的中心、区域经济的控制和决策中心以及第三产业比重大"等六个方面的特征,这是文化产业竞争力的重要决定性或配套要素。但从当前中国文化产业集群的地理空间看,集群选址往往处于非城市中心区域,这在相互依存的文化产业集群和部分文化产业集群中体现得更为明显。文化产业集群的地理位置往往距离中心城区或者城市的商务中心区较远,这也使得文化产业集群除了文化产品生产之外的其他功能难以发挥。而在理论上,文化产业集群应当具备较强的文化观光、休闲旅游、体验娱乐等特质,不仅成为城市文化的地标,而且成为重要的文化名片和旅游目的地。其次,非核心文化产业集群的生产环境制约文化效能的实现。相互依存的文化产业集群和部分文化产业集群的文化功能与生产功能是混合型的,而作为制造业的生产、制作和交易基地而言,其多数处于不规范或者非规模化、集约化和高端化状态,集群的竞争力提升空间受到一定制约。总体上而言,集群

---

① 宋昱雯,刘利. 我国发展虚拟产业集群的问题初探[M]. 北京:宏观经济研究,2006(11):57—59.
② 张凤超. 金融地域系统研究[M]. 北京:人民出版社,2006:95.

竞争力的发挥。不仅与一国的产业结构政策相关,也与一国在全球产业分工体系中的地位与变动方向有着密切的联系。

(二)集群市场失灵与政府失灵并存

1.市场失灵:集群难以提高发展效能

"市场失灵"是政府干预的基本依据。集群的市场失灵问题具体表现为:集群内部出现市场垄断;存在大量的信息不对称和外部性,使企业之间互相恶性竞争,集群资源配置效率低下,资源基础薄弱;企业在相对封闭的环境下运作,不能使用战略性知识;企业在自利行为驱动下存在搭便车行为和"非合作博弈",引起价格机制失灵,并使集群内知识共享和溢出功能失效;集群及企业缺乏发展的共同使命感和一致性目标;集群缺乏能够增加协同作用的关键性要素。集群作为一个组织系统,同样存在"系统失灵"的问题。系统失灵是在相互关联的机构、组织或交易规则之间出现不协调或不一致时才会发生,它是指在组织制度设计上的缺陷不能为技术创新提供有效的激励,或者系统的技术能力与需求不匹配,从而限制了创新潜力的发挥。① 而且,集群的发展由于遵循新制度经济学中的路径锁定(Lock in)效应,集群内企业的创新性随着时间开始收敛(如通过模仿、合作、标准化的相似性等途径),产生了竞争的"盲点",由此限制了集群企业的创新潜力。② 市场失灵和系统失灵问题所造成的致命创伤可能包括集群的脆弱性、锁定、僵化、竞争压力减弱、自满综合征和内在衰退等一系列陷阱和风险,构建一种适合集群持续创新的制度显得尤为必要。③

2.政府失灵:集群难以参与全球化分工合作

从我国经济社会发展的宏观改革进程来看,以文化核心技术为引领,以文化产品和服务的自主品牌建设为重点的文化产业集群,是参与国际产业分工、

---

① 刘恒江,陈继祥.国外产业集群政策研究综述[J].外国经济与管理,2004,26(11):36—43.
② Pouder R W, John C H S. Hot spots and blind spots: geographical clusters of firms and innovation [J]. Academy of Management Review, 1996, 21 (4):1192—1225.
③ 刘恒江,陈继祥.国外产业集群政策研究综述[J].外国经济与管理,2004,26(11):36—43.

转移和合作的重要载体。这一基本发展思路要求文化产业集群必须跳出单一属地管理的刻板模式,站在全球城市群角度进行管理创新和技术升级。当前制约文化产业集群发展的重要障碍是以权利意识为导向的集群管理制度。这一具有中国特色的制度性障碍的本质是宏观文化管理体制的制度缺陷。我国原有的文化宏观管理体制习惯于用计划经济的手段管文化、办文化,政企不分、政事不分、管办不分,把经营性文化产业混同于公益性文化事业,由政府统包统揽。[①] 在这种管理体制下,集群内企业的自觉性和自主性难以调动,文化产品的创造和生产缺乏活力,缺乏市场适应能力和竞争力。随着文化产业渐渐成为国民经济的支柱产业,以文化产业集群为代表的文化产业聚落,开始成为区域发展的重要载体,以政府主导为背景的集群,成为迅速成长的主力军,国有资产背景的文化产业集群,成为政府主导下价值选择和权利意识导向的工具。从我国文化产业集群的类型特征看,在集群成立之初或初具规模之前,许多集群都是市场主导的企业自发集聚而成,当集群成长具备雏形或产生一定行业影响力后,地方政府开始"积极热情"地参与集群管理。但对于面向全产业链、与国民经济和社会多元行业相融合的文化产业集群而言,往往需要跨区域、跨行业、跨所有制进行资源整合和战略扩张,政府主导下的区域属地管理使集群发展遇到了行政分割、各自为政、重复建设等具有中国特色的制度障碍,制约了集群成长。集群的属地管理制度和政府的包揽式管理制度,使文化产业集群在面对多种所有制共同发展、国外文化不断涌入、文化市场空前繁荣的新形势时,难以应对市场,生产力与生产规模无从拓展。

(三)集群政策针对性和执行力不强

1.进入集群的标准不统一导致集群地理"扎堆"现象普遍

产业集群形成的自然地理条件主要是基于生产成本和物流成本的核算,而集群形成的必要性是其可以有效控制成本,实现生产资源从要素回报率低的地区流向要素回报率高的地区,以便适应激烈的市场竞争。而就当前文化产业集

---

① 范建华.中国文化宏观管理体制改革建议[J].行政管理改革,2012(5):27—30.

群的形成与演进而言,由于大多数处于发展周期的初级成长阶段,因此,空间载体大于内容载体、存在形式大于存在意义的现象仍然比较普遍,许多文化产业集群并没有因为集约的物理空间而在资源和平台共享方面拥有更多的便利,而是利用当前文化产业或文化产业发展中用地价格较低,税收优惠政策尚存以及政府的其他各种政策优惠条件等,使产业集群之间将竞争的重点放在低价格要素成本的竞争以及对企业入驻辖区的竞争上。而随着文化产业发展趋于成熟、大规模产业集聚造成要素成本的提高、各种优惠政策期限的截止以及文化产业发展由政府主导走向政府调控与市场自发调节的阶段,集群的综合优势将不复存在,集群内的企业也将外迁或流失,从而对集群自身的生存构成挑战。

2.文化保护政策执行力度低导致集群无法发挥资源特色和优势

改革开放以来,我国以著作权法为核心,以相关法规和国际公约为补充,建立起一套符合中国国情和国际规则的现代版权法制度,有效保护了文化产业的原创价值。同时,中国著作权的相关执法机制、服务体系日益健全,全社会的著作权意识逐渐提高,但是相对于以自主创新为命脉的文化产业集群发展而言,文化制度的应用和文化保护所体现的经济价值依然不尽完善。由于我国文化产业发展中存在"相关法律法规不完善、信用制度尚不健全、市场营销能力较差、代理机构不发达"[1]等问题,文化产业集群的发展同样因为产业本身制度建设和市场发育的问题难以在自主创新和文化保护之间获得平衡,从而走向依靠文化提升经济效益的规范式生产,这一问题也将对集群的可持续发展构成严峻挑战。

3.区域统计和评价机制不完善影响文化产业集群的发展速度和质量

当前的文化产业集群,产业增加值以及增加值占GDP的比重成为衡量文化产业集群发展效果的重点指标。诚然,这一指标体系反映了产业存量空间和增量空间的释放速度,反映了文化经济增长的水平和速度。但是GDP"虽然能够有效地反映一个国家或地区一定时期内的生产总量,便于人们监测和比较各国的经济发展状况,然而这一指标也存在着若干缺陷。例如GDP忽略了一国

---

[1] 李建伟,王志刚.版权贸易基础[M].郑州:河南大学出版社,2004:63—65.

在生产活动中对自然资源和环境的损耗,并不能真实地反映一国的财富增加和人民生活水平的提高。各级地方政府在追求 GDP 增长的驱动下可能出现大量的无效投资和投资浪费,并且人为地加快了固定资产的损耗速度。虽然在统计上促进了 GDP 增长率的提高,但由于大量投资项目的失败和低效,生产能力未能相应提高,使得中国的投入产出比不断降低"。[①] 我国文化产业所处的发展阶段是产业集群生命周期的起步加速期,文化资源的规模化和集约化还需要进一步培植,但在发展过程中,仍存在文化产业集群过分追求经济增速而导致盲目竞争、无序发展的问题,这些问题是集群发展所处阶段不可回避的难题,也必须用发展的思路予以解决。

三、文化产业集群的发展路径

（一）解除集群治理障碍

1."有形之手"与"无形之手"结合

改革开放以来,我国加速推进城市化和工业化,在大规模兴建产业园区的过程中,产业和城市脱节的现象比较普遍,产业园区与新城空间在功能上形成"两张皮",制约了城市的整体发展和城镇化的优化选择。在文化产业集群的发展进程中,也存在同样的问题。政府主导或引导的文化产业集群,往往处于城市边缘区或城市群连接带,集群与社区缺少连接性,集群往往成为地方政府盲目追求 GDP 的城市建设载体,在一定程度上成为衡量产业效能、测度税收贡献的"生产机器",产业集群变成了缺少人文生态的"区域孤岛"。在这一境况下的产业集群,改变"交界地带"的"真空作用"是第一要义,从集群治理的角度看,要以政府、企业、居民三类行为主体为核心,实施差异化的集群战略和发展策略,以"有形之手"破除"市场失灵",以"无形之手"解决"政府失灵"。从政府层面上看,产业集群与政府制度供给密切相关,政府往往通过强制性制度创新和诱致

---

① 林民书,张志民.GDP 增长、投资低效与居民福利提高[J].福建论坛(人文社科版),2007(4):10—15.

性制度创新促进产业集群的形成和发展,①但政府为集群提供制度供给并非是万能的,以"服务型政府"的方式提供制度供给,通过产业集群的公共文化基础设施建设和配套服务的完善,通过以人为本的制度创新,可以避免因扭曲性的经济政策环境而出现"政府失灵"。从企业角度看,企业是集群的细胞,也是全球化产业分工中重要的节点。企业因为产业价值链整合而实现了地理层面的集聚,由此形成了全球范围内具有竞争力和辐射力的"经济马赛克"。在居民层面上看,创新可以源自集群中专业化的生产,但更源自居民个体的文化自觉与创新意识的积累与循环。因此,以社区为单元的集群,开始实现生产与居住功能的整合,一方面,依托社区文化网络本身的根植性,使集群发挥雄厚的社会资本优势,另一方面,依托集群的经济外部性,广泛获取来自全球的域外信息、知识交流和知识创新。

2. "长期性"与"动态性"结合

在实践中,经济活动的空间集聚并非是个体企业和消费者的理性决策所产生的,也不是政府投资所能打造的,而是自然发展的地方化过程,是企业互动和知识积累的结果。② 产业集群的缘起因此带有很大的不确定性。在看似日趋一体化的全球经济体系之下,独特的地方因素在国家和区域经济社会发展中的作用不是减弱,而是增强了。跨国资本和其他经济要素的加速流动,以及全球和地方经济管制环境的变化,使经济活动的区位变动频繁而复杂。扎根于地方经济社会文化的产业集群也成为所在区域连接全球经济体系的载体。通过市场、技术和人员流动等途径,将不可捉摸的全球化与实实在在的本地人的日常生活和工作联系在了一起。而这种开放的网络联系又加剧了地方产业集群的发展环境动荡,使集群的结构处于不断变动与重组之中。③ 外部环境的不确定性和多变性使集群发展充满了变化,而政策层面上,"产业政策"可能导致的有害竞争使集群更加难以按照既定方案实现"落地管理"。中国区域产业规划的执行

---

① 霍丽,惠宁.制度优势与产业集群的形成[J].经济学家,2007,4(4):71—75.
② 王缉慈.超越集群——中国产业集群的理论探索[M].北京:科学出版社,2010:91.
③ 王缉慈.超越集群——中国产业集群的理论探索[M].北京:科学出版社,2010:168.

力度以及规划的人为变更因素进一步导致了集群的发展偏离初衷。因此,建设与区域发展、城市建设、产业优化和企业成长空间高度契合的文化产业集群,应当制订动态和适时更新的"影子规划"①,以应对全球价值链片段化对知识分解的加速并满足对创新速度的要求,通过长效的机制确保规划和产业发展的持续性,使文化产业集群的建设路径和方案会因为产业发展规律与市场环境变化而做出修订,但不因决策群体的变更而发生改变。

(二)提高集群产业效能

1. 提高"集群效能"

产业集群的竞争优势是集群效能的耦合。集群效能的提高表现在通过构建知识共享的创新网络提高集群创新速度和创新效率。例如在文化产业集群模块化网络组织系统内部,由于规模和地位相当的中小企业数量众多,搜寻成本减少,便于在价格、质量和产品差异化程度上形成一定的评价尺度,因而在各模块供应商、中间商和产品制造商间存在着一定程度上的竞争。而企业集聚面临的竞争压力迫使企业必须不断加大研发投入,在产品质量和产品差异化上增加技术优势,通过持续创新不断提高技术水平,不断满足消费者个性化、多样化的产品需求,从而形成整个集群的核心竞争力,共同对抗集群外部更加激烈的竞争,也进一步促使整个网络的创新速度加快。此外,集群内部形成的创意模块使得各模块企业通过正式或非正式的契约在设计、技术开发、生产、市场营销等创造价值的活动中选择性地与其他模块企业结成长期稳定的合作关系。合作形式包括基于专业化分工的合作、基于资源使用上的合作、基于知识关系方面的合作以及基于市场需求的合作等。通过这些合作形式,集群中的模块企

---

① "影子规划"是在理查德·雷吉斯特思想的基础上提出的。1992年他在澳大利亚阿德莱德参加第二次生态城市会议的时候,惊奇地发现澳大利亚政府的部长和内阁被称为"影子部长"和"影子内阁",于是提出了"影子规划"的设想。"影子规划"向我们展示了在具有非常清楚的城市生态规划和发展框架情况下,应该如何创建生态城市。澳大利亚阿德莱德市是一个成功的"影子规划"实践案例,它的时间跨度为300年,从1836年早期的欧洲移民来到澳大利亚,到2136年的生态城市建成,描述了300年来澳大利亚阿德莱德地区的变化过程。

业可以利用地理位置的毗邻和产业的关联,通过知识资源共享、优势互补、共同投入、风险共担方式进行合作创新,这样既可以克服创新资源不足的困难,又可以分散风险,提高创新能力和创新效率,①进而进一步提高文化产业集群本身的生产效率和创新能力,从而成为区域经济发展中富有活力和价值的经济实体。

集群效能的提高还表现在通过协同创新与区域合作形成互补,使比较优势转化为竞争优势。例如利用文化的关联、地缘的接近和旅游线路的串联,跨区域文化产业合作可以有效打破区域行政壁垒,进入以市场主体为主导的深入实施阶段。随着文化产业发展愈加科学、理性,文化产业行业之间"无边界"的问题也将进一步凸显,不仅行业之间,文化产业的区域竞合也将呈现出愈加明显的趋势,因此,应当通过有效利用资源和平台协作,形成突出优势、错位竞合的发展格局以提高文化产业的区域竞争力。跨区域的文化产业合作以文化集群的形成为核心,以跨地域的文化经济圈为载体,有效利用了资源和地缘的优势,以形成核心竞争力吸引更大的市场,获得更广的关注,在当前文化消费形态日趋多元化、文化消费市场不断扩张的时代背景中,必将有利于区域整体文化产业增加值的提升。

2.完善要素结构

在当今全球价值链分工体系下,产业发展的比较优势已不再仅仅体现为一个具体的产业、行业或某种特定的产品,而是更注重对价值创造链条上的环节或工序进行投入。② 优化文化产业的产能结构,转变文化产业集群的增长方式是完善文化产业要素结构、实现文化产业集群内涵式发展的重要路径。经济增长方式是指一国国民经济实现长期增长所依赖的基本机制与路径以及由此表现出来的总体特征。③ 文化产业集群有效推动了传统产业的转型和升级。文化制度的完善,文化环境的优化,传统制造业中文化因子的提升以及以文化产

---

① 余晓泓.创意产业集群模块化网络组织创新机制研究[J].产经评论,2010,24(8):5—9.
② 郭炳南,黄太洋.比较优势演化、全球价值链分工与中国产业升级[J].技术经济与管理研究,2010:130—133.
③ 周振华.增长方式转变[M].上海:上海社会科学出版社,1999.

集群的形式实现文化资源的规模化、集约化和专业化,可进一步提高文化产业对经济的贡献率,推动传统产业在文化制度和文化环境下有序升级。完善文化产业的产业结构和消费结构,是扩大文化市场、提高集群竞争力的重要方向。产业结构升级的动力首先是消费需求升级。不同产品需求的收入弹性不同,随着居民收入增加,需求弹性高的行业增长较快,从而带动产业结构升级。[1] 随着恩格尔系数的降低,我国居民对消费品的需求种类日趋多元化,体现在核心文化产业的产品中,表现为对消费的形式和内容要求的提高,体现在非核心文化产业的产品中,表现为经济与文化的融合促使一般性消费品对文化因子提高的要求更为强烈(例如在工业设计和建筑设计中对原创性与艺术性的要求直接影响了工业制造业产品的销售和地产业的销售业绩)。此外,技术创新对产业升级的拉动也十分明显。不同行业技术进步速度不同,技术进步越快、劳动生产率越高的行业规模扩张越快,它们在经济中所占的比重和贡献度便不断提升,从而带动产业结构升级。[2] 在产业结构完善的发展策略上,过去单纯地依靠原始的比较优势或者要素禀赋(如各种资源的丰裕程度)来定位一国对外贸易在世界经济中的角色,[3]如今已经不存在绝对的比较优势。从我国产业分布和集群发展的现状来看,以劳动密集型和自然资源密集型产品为主仍是集群发展的主要方式,而缺少具有自主知识产权的原创性文化产品和服务,这使我国文化产业发展处于价值链的中低端,因此,着力于"以知识溢出作为产业集群内企业技术创新和产业集群整体技术升级的源泉,能够降低集群内企业创新的门槛,并激励关联企业的协同创新"[4],进而以全球视野谋划和推动创新,提高原始创新、集成创新和引进消化吸收再创新的能力。

---

[1] LAITNER. Structural Change and Economic Growth[J]. Review of Economic Studies,2000(67).
[2] GARY,PRESCOTT. Malthus to Solow[J]. American Economic Review,2002(92).
RACHEL,PASSARIDES. Structural Change in a Multi-Sector Model of Growth[J]. American Economic Review, 2007 (97).
[3] 杨小凯,张永生.新贸易理论、比较利益理论及其经验研究的新成果:文献综述[J].经济学(季刊),2001,1(1):19—44.
[4] 徐元旦.我国产业集群创新效能的形成机理与实现路径[J].国际技术经济研究,2007,10(3):42—46.

(三)推进制度创新与试验

1. 从"产业政策"走向"集群政策"

文化产业的种类繁多,在国民经济中涵盖多种行业和门类,其复杂性对制度建设和管理提出了更高的要求。毋庸置疑,"政策必须因地制宜,认真分析政府能做什么,如何进行公共干预,一方面提高现有的经济基础,另一方面把更多的相关企业和机构吸引到集群中发展"①,而产业政策在为重点发展产业提供更好的空间的同时,对市场的高度保护和资源配置上的倾斜可能不利于竞争。②以产业的规模扩张为直接目的的产业政策一方面容易造成产业发展的盲目性,另一方面其最大受益者是行业内的主导企业或龙头企业。我国文化产业正处于快速增长阶段,增加值增速远远超过国民经济与社会发展的平均增速,文化产业的发展以及文化产业集群的发展正处于快速规模化时期。因此,区域范围内,以产业集群政策代替或优化产业政策,不但可以促进区域文化产业竞争力的提高,而且可以有效规避因为过度关注规模化扩张而忽略集约化和专业化的发展误区。文化产业集群的发展具有产业集群的共性规律,同时基于文化对智力成果创造、运用、保护、管理的格外强调,文化产业集群往往表现出不同于一般地区的发展落地和产业轨迹,集群政策的设置旨在"以集群空间为载体,通过制度上的空间构建与突破,实现对经济要素的引导和吸纳,从而实现不同于其他区域(非集群空间)的特殊生产力的提高与释放"③。

2. 从"产城割裂"走向"产城融合"

在大规模集群建设中,基于区位理论和土地成本因素,政府往往以远离城市中心地的区域或城市边缘区作为大面积集群建设的发展空间。正是"资本的本性驱使着新建空间的安排遵循级差地租效益最大化的原则。也就是说,在单

---

① 王缉慈.关于发展创新型产业集群的政策建议[J].经济地理,2004,24(4):433—436.
② 聂鸣.培植竞争力:从产业政策到集群政策[G]."产业集群与中国区域创新发展研讨会"会议资料汇编.中国软科学研究会,2002:82—85.
③ 郝寿义.国家综合配套改革试验区研究[M].北京:科学出版社,2008:146.

中心的城市空间里,土地和住房的价格大多随着与城市中心城区距离的增加而减少。这一变化与区位对应的便利性直接相关。越接近城市中心,各种便利条件越集中,土地的价格及房价也就越高,形成单中心圈层式空间地域布置格局。这一区位特征直接决定了城市中心区、城市边缘区、城市郊区的总体空间划分,形成了"城市社会空间分异"①。尽管远离中心地的产业集群一定程度上实现了产业集聚,但功能的集约化进程却远远滞后,缺少社区单元和公共服务配套,使集群缺少活跃的文化消费市场和流通要素。同时,因为集群距离中心城区和居住主体区尚有距离,集群与中心城区之间的连接带往往成为高峰时段的交通拥塞路段,导致了与现代化和城镇化相伴的城市病,在城市整体布局中形成了"产城割裂"的格局。而在当前的旧区改造动迁过程中,作为代表公权力的地方政府,其公共性明显异化,自利性越发加深。公权力已经逐渐为资本所侵蚀而资本化,表现在内城改造中,关切居民根本利益的城市规划"关门决策",缺乏居民的参与和表达,以至于城市规划成为个别官员追求政绩而随意进行"权力造城"的工具,②从而使产业与社区融合功能的实现化为泡影。

新城市发展观要求集群功能集约化、企业集聚化和服务专业化,"产城融合"的集群发展模式,是文化产业集群破除发展定势,打破权利意识的封闭心态,从功能集群走向文化集群的重要路径。产城融合的发展理念,可以在最大范围内实现产业依附于城市,城市服务于产业的功能融合,使文化产业集群与城市成为良性互动的有机整体。随着新型城镇化建设的推进,产城融合发展规划的实施,将推动文化产业集群成为城市重要的功能区。新的城市规划更加强调城市、产业和土地的"三规融合",也更加注重生产、生活功能的协同与土地价值最大化的复合。以"弹性规划"的发展理念设计未来集群的发展框架,在旧城改造和新城建设中,为文化功能的拓展和文化价值的发挥预留更多的公共空间,是集群规划和设计的重要前提。

---

① 根特城市研究小组.城市状态:当代大都市的空间、社区和本质[M].敬东,谢倩,译.北京:中国水利水电出版社,2005:15.
② 左广兵."隐蔽的公理":城市社区地域空间的性质及其塑造[J].北京行政学院学报,2012(3):54—59.

案例篇

"从全球范围来看,各国(或地区)的产业集群不可避免地有重叠和相同的成分,由于规划的科学和政策的有力支持,各国着重扶持的产业集群对提升地区经济地位乃至促进国家的经济增长以及创造就业机会方面起到了令世人瞩目的作用。"[1]而为了促进产业结构调整,提高区域竞争力,许多国家从集群顶层设计入手,将产业政策的重点转向集群发展,以科学的管理运营和公司化的治理促进机制保障集群可持续创新。

1. 以立体设计思维优化文化产业集群空间

——以日本六本木新城和韩国 U-IT 产业集群设计为例

【案例导读】

"集群设计"[2]既是集合建筑师群体参与建筑创作的实践,又代表了复合型、多元化的集群空间设计,彰显了社会文化的包容力与生命力。垂直空间设计理念对建筑设计的贡献在于,它是土地资源稀缺状况下实现区域资源集约化发展的一种路径选择。

1.1 垂直空间设计

垂直空间的设计理念在国土面积狭小、资源稀缺的经济发达国家和地区应用十分普遍,日本六本木新城便是典型。而作为集合文化创作、研发、生产及文化产业配套服务的建筑综合体,六本木的集群设计首先是基于日本国家规划的

---

[1] WOLFF M F. Japan's "New" Industrial Policy Revives Old Successful Ways[J]. Research Technology Management,2004,(6):2-4.
[2] 集群设计的概念发轫于德国柏林自 20 世纪 20 年代以来主办的一系列实物建筑展,其中 1927 年"德意志制造联盟"(Deutscher Werkbund)的魏森霍夫试验住宅区(Weissenhof Siedlung),被称作现代"集群设计"的开山之作。1957 年,以"明日城市"(Stadt von Morgen)为主题的国际建筑展(Internationale Bauausstellung)邀请了 13 个国家的 53 位建筑师对未来城市住宅区和建筑群进行设计,有 36 个项目建成。

战略布局。2002 年日本制定了《都市再生特别措施法》,提出以东京、大阪和名古屋等大东京城市圈核心城市的城市复兴为目标,要求城市增强活力、创新能力并提升国际竞争力。

东京六本木综合体是在东京以未来理想都市"文化都心"为构想的设计下,以东京旧城更新为契机,整合分散的要素资源建造而成的集约式综合体。六本木充分利用地铁交通系统与都市公共交通系统,将地区商业活动与东京整体观光旅游相结合,这十分值得借鉴。良好的区位和环境为六本木新城建设提供了要素基础。六本木位于东京都港区,是各国大使馆、外资企业、传媒和时尚集中的区域,作为东京重要的交通节点之一,六本木周边的地铁有日比谷线、南北线、大江户线、千代田线等,周边地区分布着新桥虎门商业街、青山赤坂商业区、麻布和广尾高档居住区。六本木新城将规划区内一半以上的区域作为户外开放空间,加强地区与都市之间的融合与协调。

表 7—1　六本木新城公共空间艺术作品

妈妈	蔷薇花
露易丝·布鲁乔亚作品。高 10 米的巨大蜘蛛像是来自世界各地的人们聚集一堂、编织新的信息的场所之象征。	伊扎·简兹肯作品。远远超出人的身长的巨大蔷薇是六本木新城爱与美的象征。(由好莱坞美容美发集团公司提供)
COUNTER VOID	壁画作品
宫岛达男作品。玻璃屏幕上飘荡的数码式数字唤起人们无穷的想象力。	索尔·露维特作品。这是为朝日电视台入口大厅而作的活泼多彩的圆环形象,由朝日电视台委托制作。
安娜之石	只将爱……
托马斯·珊黛尔作品。斯德哥尔摩海岸群岛旅行时的回忆是我的设计的全部。(设计师语)	内田繁作品。与爵士乐名曲同名的椅子是根据想从东西中除去某种重力的思考而设计的。
公园长椅	DAY TRIPPER
加斯帕·莫利森作品。设计概念就是椅子本身。它的意图不是挑起好奇心,而是表现与环境的平衡。	朵鲁格设计集团/约尔亘·贝与克里斯查尼·欧珀瓦尔 & 尼尔万 V.D. 威尔登作品。家具被结合在人类形成的波形上。

在发展定位上，六本木新城以打造"城市中的公园，公园中的城市"为目的，以展现其艺术、景观、生活独特的一面为发展重点。六本木新城不乏广场和花园，"垂直化"的设计理念和空间资源的高度集约及有效利用是六本木新城的特色之一。六本木新城通过增加大楼的高度来增加更多的绿地和公共空间，并缩短办公室与居住区之间的距离，减少人们的交通时间。六本木新城的生态公园——"屋上庭院"建在剧场楼顶，种植着水稻和其他植物，在收获和播种季节，会邀请在六本木新城办公和居住的人参与劳动，带给大家美好种植体验的同时也降低了楼顶的温度，是非常好的生态环保设计。六本木广场本身又是装置艺术和城市雕塑的展示空间，六本木新城主要的八个公共空间内均陈列了享誉国际的设计师的代表作品。

垂直空间设计理念改变了以往集群空间布局的思路，是对当前文化产业集群快速发展中存在的"圈地运动"现象的有力回击。六本木新城不但创造了紧凑型创意空间，将创意阶层的工作、居住、商业、游憩、休闲娱乐和教育医疗等功能聚集在一起，又将全球具有竞争力的大企业总部进行广泛汇集，而且实现了城市复兴，以艺术中心、美术馆、博物馆、城市雕塑、装置艺术等形成艺术街区，塑造了面向全体市民开放的城市空间创新集群。

1.2 多元立体设计

文化产业集群聚集了最具原创能力和研发能力的创意阶层，集群的吸纳和辐射能力使其成为知识资源转化的孵化器和加速器，集群所形成的色彩斑斓的"经济马赛克"为全球瞩目。世界上不同的国家和地区拥有不同主题、区分色彩和文化内容各异的"经济马赛克"，这一方面是基于区域资源禀赋的差异造成文化产业选取的知识资源不同，另一方面则是基于差异化区域定位发展策略，通过对区域间多元化的立体设计，使文化产业划分为不同的功能区，从而有效地避免了经济体本身的恶性竞争。

多元立体设计理念的主要表现形式是使不同的城市或区域呈现出不同的主题文化，不同的集群间尽管有着千丝万缕的关联，但其主导产业或核心竞争力是存在差异的。其主要出发点是基于对城市的功能分区或对集群模块资源

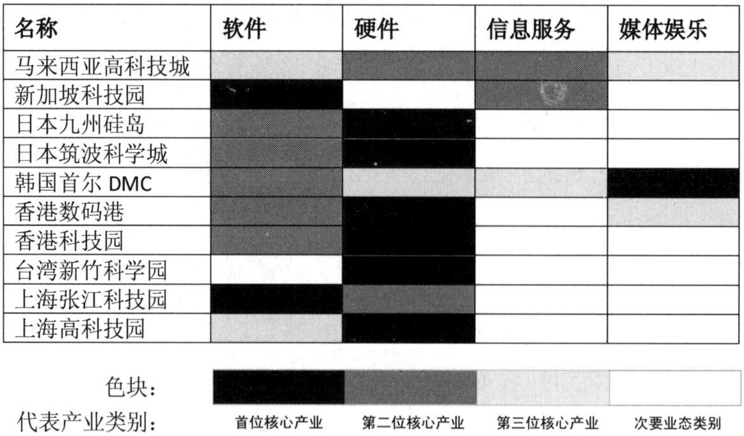

名称	软件	硬件	信息服务	媒体娱乐
马来西亚高科技城				
新加坡科技园	■	□	▨	
日本九州硅岛		■		
日本筑波科学城		■		
韩国首尔 DMC	▨		▨	■
香港数码港	■			
香港科技园	■			
台湾新竹科学园		■		
上海张江科技园		■		
上海高科技园	▨			

色块代表产业类别: ■ 首位核心产业 ■ 第二位核心产业 ▨ 第三位核心产业 □ 次要业态类别

图 7—1 亚太圈内代表性集群高新技术及信息技术产业业态分布

最大化的重组。多元立体设计的集群典型是韩国首尔数字媒体城（DMC）[①]。数字媒体城诞生的时代背景是亚洲金融危机之后韩国决心进行产业结构调整。首尔市政府制定数字媒体城的设计方案时，参考了美国硅谷高新技术产业集群和台湾新竹计算机硬件集群，选择将数字媒体、动画游戏、电影、音乐和数字教育等与数字信息技术密切相关的产业作为发展重点，通过创建数码多媒体生产制作基地和数码技术通信中心为战略目标，力图打造世界数字媒体内容制作基地、世界首个数字媒体技术研发中心和亚洲东北部最好的商业港湾。首尔数字媒体城集聚了全国尖端产业最优秀的技术人才与创意人才以及时尚娱乐设施，集中了在国内乃至世界上具有行业影响力的知名数字媒体、娱乐技术和数字内容企业，从而形成了基于文化创意内容的研发、生产、制作、发行销售的完整产业链的生态圈。

[①] 首尔数字媒体城是位于首尔西北地区的数字娱乐产业集群。DMC 与周边的世界杯体育馆、世界杯公园、生态村和 IT 电信基础设施区共同构成了首尔新千禧城。

表7-2 韩国U-IT产业集群分布及发展方向①

地区	集群主题
松岛新都市	U-IT产业运营中心
首尔上岩区	数字多媒体内容
原州	生物科技
大田	研发设计
大邱	嵌入式系统软件设计
光州	通信技术
釜山	智能物流
济州	车用咨询通信技术

韩国U-IT产业布局中的成功实践主要得益于城市规划与管理的成功推行。首尔上岩区以数字多媒体内容为主导产业，因此首尔数字媒体城的设计初衷是符合城市在数字信息版图中的国家角色。1992年上岩区被确定为首尔市五大重要发展战略的核心区之一，1998年韩国宣布千禧城项目开发计划，2001年首尔启动了首尔数字媒体城建设。到2010年，经过多年的建设，首尔数字媒体城与生态园及其周边区域构成了以门户城市、信息城市、生态城市为设计方向，具有流通功能、住宅功能、环境美化功能的城市传媒集群。首尔数字媒体城的设计目标是成为首尔未来的副中心，集群功能向多元、立体、交互的城市功能转变，实现了中央商务区、中央文化区、中央居住区、中央休闲区和城市交通枢纽与文化旅游集散地等功能的立体交叉和科学分布。

在集群设计理念中，首尔数字媒体城被赋予了"信息技术与文化相遇"的概念，以信息媒体和娱乐进行有机结合为发展定位，通过网络将世界先进文化内容连接起来。首尔数字媒体城的设计旨在赋予这个概念以特色和持久的生命力，其建设思路的借鉴意义体现在明确而富有全局性的定位设计和灵活的机制设计上。在定位设计上，首尔数字媒体城明确将媒体娱乐产业（数字教育、数字广播、动漫游戏、电影和音乐等），尤其是数字娱乐作为核心产业，将软件和IT业作为关联产业。核心产业和第二、第三位核心产业是基于对以首尔为圆心，

---

① 数据来源：韩国MIC。

以亚太地区为市场半径的文化经济圈进行考察分析之后的综合定位。在亚太圈内,硬件业的市场竞争最为激烈,每个国家都有专注于某一行业领域或以某一主导产业为核心的硬件生产,而软件业在新加坡和中国台湾具备明显的基础优势。媒体娱乐的发展不但具备竞争优势,而且具备广阔的前景(如图7-2所示)。

多元立体设计不同于垂直空间设计理念,后者旨在将集群功能集约在狭小的地域空间内,前者则是以文化为核心引导力,在跨区域范围内规划若干围绕文化产业的功能组合,从而实现文化产业集群的错位发展与资源共享,并将文化产业的原创力、消费体验与休闲居住等功能进行功能复合,初步实现了从产业群到城市群的辐射,对我国文化产业集群规划跳出区域限制和地区行政壁垒,在全域范围内设计面向全球市场的文化经济体具有重要的借鉴意义。

2. 以多元独立治理实现文化产业集群供需平衡

【案例导读】

"集群治理"是弥补集群发展中市场失灵的一种运行方式,是规范和提升集群市场竞争力的一种优化方式,也是集群发展的内在要求。"集群治理"可以推动集群从水平竞争向垂直竞争转化,实现垂直调控和水平制衡的平衡。文化产业集群在公司的治理下,可以更好地发展为成熟的、具备良好分工和合作机制的、兼具劳动力匹配与知识溢出效应的空间结构。[①]"集群治理"的重要性毋庸置疑,但这一问题也是当前我国文化产业集群发展中面临的最重要、也是相对薄弱的环节。

2.1 间接监管

依靠宏观手段及指导性措施来调控和指导文化产业集群运行,力求达成集群增长、集群效率和集群效能的平衡发展,是集群治理的诉求。作为经典集群案例,伦敦西区(West End)间接监管的集群治理模式,既依靠宏观手段推动产

---

① 刘彦平.论市场导向的城市产业集群管理[J].商业经济研究,2007(16):92—93.

业快速发展,又克服了过度监管使市场失去创造活力与创新能动性问题,是集群治理中一种比较典型的范式。伦敦西区是英国表演艺术产业重要的剧场群。伦敦西区及周边有地特拉法加广场(Trafalgar Square)、皮卡迪利广场(Piccadilly Circus)、唐人街(China Town)、国家画廊(National Gallery)等公共场所。整个伦敦共有百余家剧院,伦敦西区的核心区夏夫茨伯里和黑马克两条街区在不足1平方公里的范围内有49家剧院,整个西区一带共有60多家剧院。在伦敦西区的发展中,英格兰艺术委员会、伦敦发展机构、英国文化媒体体育部对西区的发展提供了很多政策、资金和技术上的支持,英国政府的"一臂之距"治理模式和伦敦剧院协会、演员工会、联盟以及专业机构等中间组织对集群的发展起到了至关重要的作用。

表7-3 伦敦文化产业集群概况[①]

集群	位置	主要产业	发展过程与动力
剧院区	W1、WC2	戏剧创作展演	自发集聚、历史积累
Soho区	WC1	影视制作、广告音乐等媒体产业	自发集聚、历史积累
King's Cross机会地区	NW1	传媒、艺术院校机构	规划主导
Spitalfields市场	EC2	创意市集	自发为主、规划参与
泰晤士河南岸文化区	SE1	艺术品展览、旅游观光	规划主导

"一臂之距"是指政府不直接干预文化产业公司和组织的运行,而是通过建立不属于官方的中间组织,由一些中立的艺术专家或文化事业方面的专家为政府提供指导意见并负责文化经费的具体划拨。其监管主要依靠各种行业委员会和完善的法律体系。除了英国文体部等政府机构积极开展相关研究,出台促进措施,以便使戏剧产业为英国经济作出更大的贡献之外,中间组织在集群治理方面发挥了重要作用。例如伦敦剧院协会每年对伦敦西区各个剧院的观众做调查并形成系统的数据分析(该数据分析自1980年起,调研内容包括:每年收集票房数据和观众分析数据,供剧场投资人、制作人、学者等参考。观众分析主要包括满意度调查、年观剧次数、市场营销、游客观剧理由、交通、订票、相关

[①] 刘云,王德. 基于产业园区的创意城市空间构建——西方国家城市的相关经验与启示[J]. 国际城市规划,2009,24(1):72—78.

花费、观众构成分析等。票房数据分析会就影响票房销售的各种因素逐一进行考察。每年的报告对商业剧院和享受补贴的剧院进行分析,看它们在演出次数、观众人数和收入方面有何不同,并讨论观众动向与作品类别的联系),旨在通过对市场的研究和判断,指导戏剧表演艺术的产业发展方向。1998年,伦敦剧院协会委托伦敦经济学院的学者对这一问题进行了研究,写出了《温特翰姆报告》(*The Wyndham Report*),对伦敦西区的演出活动对当地产生的经济作用进行了专门分析,这个报告第一次提出了如何看待戏剧演出活动所产生的整体经济效应的问题。2001年12月至2004年4月,谢菲尔德大学的谢拉德受英格兰艺术理事会的委托,对英国所有剧院的演出活动对当地经济所产生的作用进行了一次深入细致的研究。而演员工会则着力于保护演员利益。

当前,有限与有效政府已逐渐成为我国行政体制改革的方向。随着国家文化宏观管理改革的推行,"大部制"正逐渐简化,以往"过多的审批、过多的包揽,既窒息了市场的作用和社会的活力,也造成了政府不应有的负担",这些将随着行政管理体制改革的推行而逐步得到改观。发挥市场机制在资源配置中的基础性作用,解决政府职能越位、错位和缺位并存的问题。围绕政府职能转变这一核心改革行政体制,向市场和社会放权,今后还将持续推进,这无疑对文化产业集群提高国际市场竞争力具有重要的促进意义。

2.2 适度干预

自由竞争经济下,任何经济的运行完全由契约自由和市场价格控制,政府作为一种维持法律和秩序的机构,仅承担一些公共准则或最低限度的社会保障责任,政府为整个社会的经济发展充当着"守夜人"的角色。[①] 这一运行机制充分说明,适度干预是经济发展的基本原则,通过政府对经济活动或行为的适当干预,发挥市场的辅助性作用,激发文化创造力,释放文化生产力,是文化产业集群宏观管理的基本出发点。英国谢菲尔德创意产业区和曼彻斯特北部文化小区是创意阶层自发形成的文化产业集聚区,在其发展和演进过程中,政府的适当干预推动了谢菲尔德创意产业服务的繁荣,政府的不当干预在一定程度上

---

① 董仁周.经济法适度干预的主要缺陷与修治路径[J].山东社会科学,2010(6):149-151.

也导致了曼彻斯特北部文化小区管理的失败。

英国北部城市谢菲尔德是20世纪70年代英国第五大"钢铁城市",随着钢铁业的衰落,谢菲尔德被废弃的工厂和破落的社区包围。随着80年代流行文化的兴起,以"人类联盟合唱团""17号天堂"等乐队为代表、具有强烈创新意识和先锋精神的音乐人,以废旧厂房为创作基地实现了集聚。90年代,谢菲尔德已经积聚起300多个从事音乐、电影、电视、电台节目制作、新媒体、设计、摄影和表演艺术的创作组织和企业。谢菲尔德市议会为了支持文化区建设,于2000年成立"创意产业区服务机构",负责制定和实施推动文化区建设的相关政策。服务机构的成员虽然由市议会委任,但它的执行董事及具体推进者则由商界人士出任,借此吸纳商业运营经验。谢菲尔德文化区虽然采取的仍是"自上而下"的集群推动方式,但政府的作用主要表现在城市基础设施的建设和产业设备的投入方面,而在文化活动和市场发展中并未给予过多干涉。

棉纺织工业发祥地曼彻斯特北部区域也存在大量工业兴盛时期遗留下来的旧厂房。低廉的租金和灵活的出租方式吸引了众多小型音乐公司的集聚,"北部文化小区"开始作为创意集群发展起来,形成了200余家公司集聚的规模。曼彻斯特政府制定了"创意小区计划"来支持北部文化小区的发展。该项计划并未给予任何财政支持,而是集合了当地的商人、居民和工人共同组成"北部小区商会",推进创意小区建设。曼彻斯特政府对保证和支持小规模文化商业活动的不断增加非常感兴趣,并着手实施了一些措施,如建立服务与地方创意产业项目等。但城市议会的艺术和文化政策官员则认为,地方音乐产业不希望政府有任何干涉,他们更需要一个能令他们自由发挥创造精神的城市,他们所关心的是解决交通、营业执照等问题,这些问题构成了北部文化小区发展的障碍,因此,当地音乐公司和音乐创作者对政府干涉的不信任感及抵触情绪不断滋生,导致了"创意小区"计划的失败。[1]

政府干预是市场经济的必然要求。政府对资源的优化配置可以有效解决

---

[1] ADAM B, JUSTIN O, SARA C. Local Music Policies with in A Global Music Industry: Cultural Quartersin Manchester and Sheffield[J]. geoforum, 2000(31):437-451. 丁加然. 论创意产业及其集群的发展环境——以音乐产业为例[J]. 华人时刊旬刊, 2014(11).

市场经济的盲目性和市场失灵问题。集群的发展需要良好自由的文化环境,只有政府的适时引导和适度干预,才可以实现文化产业集群以市场导向为中心进行高效的资源配置。上述案例表明,政府的全局干预也会打乱市场秩序,从而产生"政府失灵",而如果继续让一个"失灵的政府"完全替代市场主导力,必定会加重市场失灵的严重性。可见,一方面,"政府放任不管必将导致市场经济的混乱",另一方面,政府又不能以完全替代市场自由竞争;经济活动只应由政府指挥,政府的干预应仅限于确立和保障经济规则。[①]

2.3 独立开发

自强调放松管制的新自由主义理念开始,西方国家文化与经济的对立关系逐渐解体,为解决传统产业的全球转移所带来的地方衰退问题,创意产业(包括大量兴建旗舰文化项目)成为城市、地方复兴和区域发展的重要举措。同时,为适应后工业社会、知识经济特别是新经济的到来,西方国家大力推动文化产品和服务的国际贸易,以文化为国家发展战略、以创新集群为发展载体的战略取得了成功。独立开发便是基于国家宏观战略下企业自主开发和运作的经营模式,它强调产业发展的政策支持和制度环境,强调企业的自主创新和市场的开放成熟。新加坡圣淘沙和新加坡滨海公园是在国家文化发展体系下,以创意市镇和创意聚落为呈现方式,以企业为主导进行市场开发和商业运行的典型代表。

新加坡圣淘沙岛(Sentosa)位于新加坡本岛南部,在占地 500 公顷的区域内,汇聚了西罗梭、英比奥、名胜世界、色拉蓬、升涛湾等具有旅游观光、休闲娱乐、奢侈品购物、餐饮住宿等不同功能的产业以及海底世界、环球影城、海底生物园、蝴蝶与昆虫王国、Equaries 水上乐园等五大世界级主题公园。金沙娱乐综合体由美国拉斯维加斯金沙集团股份有限公司开发和经营。海底世界由新加坡虎豹休闲有限公司开发运营,蝴蝶与昆虫王国由圣淘沙开发运营,环球影城、海底生物园、Equaries 水上乐园则由云顶新加坡有限公司开发运营,它隶属

[①] 金太军.市场失灵、政府失灵与政府干预[J].中共福建省委党校学报,2002(5):54-57.鹿彦,李玉江.跨期消费与投资理论对新古典经济学的超越[J].北方论丛,2010(2):146-148.王海明.论经济自由原则[J].齐鲁学刊 2007(3):130-134.黄明欣.政府适度干预简论[J].齐鲁学刊,2012(5):112-115.

于云顶集团,总部位于马来西亚吉隆坡。1968 年,新加坡政府决定将圣淘沙开发为旅游胜地并成立了新的法定机构——圣淘沙发展局(Sentosa Development Corporation)①负责圣淘沙的开发运营。新加坡滨海公园集聚着新加坡滨海艺术中心(Esplanade)和滨海湾金沙娱乐综合体。滨海艺术中心占地 6 公顷,包括有 2000 个座位的戏剧院与 1600 个座位的音乐厅、可容纳 220 人的小剧场、可容纳 250 人的音乐室、户外剧场与购物中心(Esplanade Mall)。金沙娱乐综合体占地 20 公顷,包括赌场、歌剧院、艺术博物馆、科学馆、酒店和会展中心等六组建筑群。两者不仅体现了集群多元立体设计和垂直空间设计的综合利用,而且在治理方式上彰显出独立治理的特点。

可以说,新加坡集群开发体现了政府为利益主体兼顾集团独立治理的开发思路——政府作为利益主体,企业作为实施主体,以综合利益最大化为目标,实现整个区域的可持续发展和持续盈利。但必须看到,独立开发的前提是明确的国家战略所营造的产业空气,它是集群发展和文化产品及服务生产、消费的基础条件。新加坡政府提出以知识经济为基础,大力发展创意产业,并将创意产业定为国家 21 世纪的战略产业,致力于使新加坡成为"新亚洲创意中心""一个文艺复兴的城市""全球文化和设计业的中心",通过经济与文化的融合提升城市创新能力,保证了集群开发的成功。2002 年,新加坡制定了《创意产业发展策略:推动新加坡的创意经济》(以下简称《发展策略》),其中的三个中心分别是"文艺复兴城市 2.0""设计新加坡"和"媒体 2.1",分别从新加坡的文化艺术基础设施建设、新加坡企业设计能力的提升和新加坡媒体研发制作及交易的提升来推进新加坡创意产业的发展。② 在发展方式上,《发展策略》提出以"创意市镇"(Creative Towns)和"创意聚落"(Creative Cluster)的方式,整合艺术、商业及科技的概念实现产业的高度集中和地理空间的集聚发展。

新加坡不但运用国家的力量成功推动了创意市镇和创意聚落的发展,而且还提出"社区计划"和"公众支持"的国民创意计划。新加坡政府提出带头使用优秀

---

① 1972 年成立的圣淘沙发展局下设圣淘沙休闲管理公司和升涛湾私人有限公司。前者负责管理圣淘沙的日常工作,后者负责管理和发展新加坡滨海高级住宅区升涛湾。
② 三辰卡通集团.北京文化创意园项目研究报告[R].2010:62—64.

创意产品,在公众场合和公众节日积极采用文化艺术作品打造设计之都,实施创意社区计划,通过将文化艺术、产品设计等创意活动整合进入社区发展计划,激发居民的创意潜力和创新激情,为公众提供更为广阔的创意生活空间。新加坡发展空间狭小,在产业发展思路上,一方面通过向心力的集群方式高度整合资源,实现集约式发展,另一方面又通过离心力的社区方式,将创意资源向公众转移。

1898年,英国社会活动家霍华德提出的"田园城市"解决方案设想了第三种社会——经济系统,它的核心是"地方管理和政府自治:服务由城市政府提供,或者由更加有效的私人公司提供,其他的则来自于市民本身"①。霍华德认为,"这是一种新技术的家庭住宅方式,用来创造一种新的社会经济秩序"。不管是伦敦西区借助"一臂之距"依托中间组织间接管理的模式,还是谢菲尔德文化区政府适度干预的模式,又或者曼彻斯特北部文化小区政府的干预与文化原创者产生的冲突及不信任感,以及新加坡集群开发中政府作为利益主体,授权并监督公司独立开发运营的案例,均说明了文化产业集群的发展是"有形的手"与"无形的手"之间动态的博弈,集群治理的本质是避免单纯依赖市场或依靠政府的局限性,从而避免区域和城市发展中因精英主导而忽视社会多元结构的模式和倾向。

3. 以共享思维和平台理念提升文化产业集群效能

【案例导读】

从区域和社会角度看,促进和支持知识扩散的区域更容易于产生集群。② 当集群所根植的社会拥有较高的相互信任氛围,而且供应商、生产商、客户及各机构间具有稳定的社会网络关系时,集群便能得以更好地发展。③ 同样,知识,尤其

---

① 霍华德《明日的田园城市》第八章的内容,是指引导实行一种较为公正、较好的土地占用制度,并在如何建设城市方面树立一种较好、较为合情合理的观点,以促进城市福利为目的。转引自霍尔. 明日之城——一部关于20世纪城市规划与设计的思想史[M]上海:童明,译,同济大学出版社,2009:101.
② RYAN C D & PHILLIPS P. Knowledge Management in Advanced Technology Industries: An Examination of International Agricultural Biotechnology Clusters [J]. Environment and Planning C: Government and Policy,2004,22(2):217—232.
③ BATHELT H. The Re-emergence of a Media Industry Cluster in Leipzig [J]. European Planning Studies,2002(10):583—611.

是隐性知识在相互信任的成员间更易于传播。区域成员间正式的与非正式的合作关系,促进了集体学习效率,降低了社会经济行为的风险。文化产业的核心竞争要素之一是创新内容。为了促进产业结构调整,提高区域竞争力,许多国家将产业政策的重点转向集群发展战略。知识共享机制、创新企业的设立机制和创新技术的促进机制保障了集群可持续创新。

3.1 共享知识资源

知识经济时代,知识已经取代资本、劳动力和土地等传统资源成为竞争力的核心。文化产业是用市场化的生产方式生产知识,文化产业的特点决定了其对知识的宽度、强度和深度的要求更加深入。知识共享空间强调对知识获取、共享和创造活动的支持。它虽诞生于研究型大学和科研机构或大型的跨国公司研发机构,但服务对象不再仅仅是面对大学校园的一般用户,而是处于全球市场中的企业。知识资本高成本(研发费用高)、高风险(更新速度快)的特点,决定了集群选择知识资源的共享及知识资本的转化作为产学研一体化的制度尝试。

鼓励知识创新的政策和推动产学研结合的产业集聚及产业功能区建设的战略路径,实现了澳大利亚文化产业的稳健发展。悉尼的澳大利亚高技术园(ATP)由悉尼大学、新南威尔士大学和悉尼理工大学三所著名大学共同创建,位于三所大学主校园之间的中心区域,是紧密依靠大学科研力量和设施的技术园区。园区创新的重要经验是最大限度地实现知识共享——鼓励大学和科研院所的科研设备及实验室相互开放并对园区企业开放,真正发挥园区基础资源和地理优势的作用。在园区的组织形式上,澳大利亚的经验同样值得借鉴。例如"依托高校的高新技术园区由几家大学联合发起创办,以董事会形式作为园区的上层管理机构,董事由各大学和相关企业派出,日常管理委托企业公司负责。其特点是重视科技资源的综合利用。以大学现有的科研设施基础为依托,强化成果的商品化,加强大学与企业的联系,为学校的科研提供教学实验基地"。[①] 鼓励高校知识创新是澳大利亚文化产业政策的一项重要内容。澳大利

[①] 杨庆生.澳大利亚高新技术园区发展特点及启示[J].全球科技经济瞭望,2000(7):40—41.

亚布里斯班市政府通过 IT 及 KBI 集聚行动计划支持产业集聚发展，其集聚空间为跨资源配置的网点结构，布里斯班形成的 3 条 IT 及电子科技的产业走廊分别为以米尔顿(Milton)为中心的"西部走廊"，包括图旺(Toowong)，"南部走廊"，包括西点(West End)和伍尔龙加伯瓦(Woolloongabba)，"北部走廊"，包括福尔蒂德瓦利(Fortitude Valley)、新费尔姆(New Farm)和鲍恩希尔斯(Bowen hills)。其中，西部走廊濒临昆士兰科技大学创意产业园区(简称 CIP①)，是澳大利亚第一个专门从事创意产业的创意实验以及商业开发的园区，得到了澳大利亚政府的大力支持。CIP 由昆士兰科技大学和昆士兰州政府联合投资建设，在文化创意人才的培养上双方合作建立了昆士兰创意产业研究院(Queensland Academy for Creative Industries，QACI)和 QUT 创意产业学院以及创意产业园区，鼓励和支持昆士兰艺术学院等机构培养艺术、创意人才。CIP 一方面为区域发展提供了源源不断的人才支持，另一方面又不断加强对人才的培养和孵化，如投资超过 6000 万澳币(约合 3.5 亿人民币)购置最先进的数字设备以支持创意项目的进行和新创意的产生。软硬件的双力支持使得西部的创意产业走廊的集聚趋势和地位得以加强。②

日本文部科学省(MEXT)通过制定和实行"知识集群计划"推动了集群创新。"知识集群计划"是推进大学—产业—政府关系的一项政策，其主要目的是扩展大学的预算，初期的目标是改进用于技术转移和专利战略的设施和人力资源。由于其符合 2001 年日本科学技术基本计划的目标，为了增强日本的科技优势，"知识集群计划"得到了内阁的支持。该计划设计了 10 个项目，并于 2002 年启动。计划着力于产业与学术合作、产业与产业合作以及跨产业合作，大约

---

① CIP 由昆士兰科技大学和昆士兰州政府联合投资 4 亿澳元，2001 年开始筹建，计划总开发面积为 16 公顷，于 2004 年 5 月正式启用，它是澳洲第一个由政府与教育界共同为发展创意产业而合作的项目。园区主要涉及印刷媒体(literature and print media)、视觉表演艺术(visual and performing arts)、音乐创作和出版(music composition and publishing)、新媒体(如动画、游戏和互联网内容设计)、广播电子媒体和电影(broadcasting electronic media and film)、传统艺术活动(heritage activities)等创意产业领域。机构组成方面，CIP 主要包括 3 个企业事业中心(Enterprise Centre)、2 个研究中心和 1 个创意产业学院共 6 个实体。
② 崔国,褚劲风.澳大利亚第三大城市布里斯班创意产业集聚研究[J].世界地理研究,2010,19(4):16—24.

6000家公司参与了这个计划,并实现了不同的目标。[①] 参与"产业集群计划"有关项目的公司和大学逐年增加,从2001年计划执行初期到2005年4月,参与"产业集群计划"项目的公司由3000个发展到约6100个,大学由150所发展到约250所。创建新企业数逐年增加,2001年有1200个,2002年有7000个,2003年有10000个。参与项目的公司的雇佣人数、销售总额、本期净利润3项指标,超过了全国平均水平并创建了大学风险企业133个。[②]

基于知识共享机制的产业集群"并不是简单的企业扎堆,而是通过具有一定水准的企业间协作以及官产学的协作网络,灵活运用各机构间的经营资源,形成企业孵化环境,促进新企业、新业务的不断产生,从而形成优势产业,并以此为核心形成产业的聚集",即"以形成产业集群为目标,在集群内形成官产学间、企业间和不同产业间的协作网络的同时,促进创新,创造出新的产业与新业务"。

表7—4 国外集群管理的主要模式

模式	管理体制	典型集群
自然发展模式	自然发展,完全由市场推动而成,没有专门的管理机构。	美国硅谷、128公路。
政府管理模式	由政府设立专门的园区管理机构进行全权管理。	日本筑波科学城、韩国大德科学城。
大学管理模式	由大学设立专门机构对大学校园内的科学园或孵化器进行管理。	美国斯坦福研究园、剑桥科学园。
公司管理模式	由各方组成的董事会领导、经理负责的企业管理。	印度软件科技园、英国的科技园。
基金会管理模式	由政府、企业、银行、大学和其他机构分担义务,共同承担管理职能。	法国安蒂波利斯科学园、美国北卡罗来纳三角研究园。

3.2 激发企业内生动力

拥有自主知识产权的核心技术及品牌,具有良好创新管理与企业文化的企

[①] MARIKO. Convergence on Silicon Island[J]. The Japan Journal, 2004(7):24—25.
[②] 俞培果. 日本的产业集群政策及对我国的启示[J]. 现代日本经济,2006(5):1—5.

业,是文化产业集群集聚的圆心,也是引导文化产业升级,提高文化产业附加值的重要载体。创新企业的设立与制度环境密切相关,良好的经济环境、文化氛围和宽松的制度,将产生文化产业集群赖以生存的产业空气。

从企业角度研究产业集群发展,一个重要的内容是企业的迁入和迁出与集群发展阶段的关系。如果一个产业集群有很大的发展潜力,它对企业吸引力大,就会有大量企业迁入集群。[①] 硅谷作为世界高科技产业集群的典型代表,是创新企业集中迁入的区域。

硅谷是从旧金山市向南、沿着旧金山湾延伸到圣何塞(San Jose)的一块面临太平洋的平坦谷地,南北长约100公里,东西宽约30公里,人口不过200万人。1951年,世界上第一个科技园区诞生在美国西海岸加州斯坦福大学,即斯坦福研究园,在此基础上,逐渐发展成为今天的硅谷。硅谷对美国的贡献不仅表现在强大的经济增加值上,更体现在硅谷对市场机制和组织机制的创新上。硅谷地区集中了近万家大大小小的高科技公司,其中约60%是以信息为主的、集研究开发和生产销售为一体的实业公司;约40%是为研究开发、生产销售提供各种配套服务的第三产业公司,包括金融、风险投资等公司。1998年,硅谷地区的GDP总值约为2400亿美元,1999年超过3000亿美元,占美国GDP的3%左右,相当于中国GDP总值的25%左右。如果把硅谷视为一个国家,其经济实力可以排在世界第12位。

硅谷是世界科技园区的典范,自第二次世界大战以来,硅谷为四次技术浪潮提供了最佳的栖息地,是四次技术浪潮的中心。第一次的推动力来自于国防工业,第二次发源于半导体,第三次则是个人电脑,最近一次当属新兴的互联网。事实上,信息技术每一次重大的进步,都由一家在硅谷诞生、成长的公司来领导:集成电路(国家半导体、英特尔、AMD)、个人电脑(苹果)、工作站(惠普、太阳微系统)、三维图像(硅谷图文)、数据库软件(甲骨文),还有网络计算器(3Com、思科)。而在最近的互联网浪潮中,网景、Excite、@Home 与 eBay 的骄人战绩再次证明了硅谷的实力:尽管地价飙升、劳动力成本上涨、国际竞争激

[①] 魏后凯.中国产业集聚与集群发展战略[M].北京:经济管理出版社,2008:226.

化、商业环境周期性恶化，孕育着创业精神的硅谷却始终在信息技术的滚滚大潮中领先。

斯坦福大学的人才和开放环境是硅谷不断发展与创新的源泉，斯坦福大学总是处在不断发明、不断创造的过程中，它为硅谷提供了源源不断的科技成果和动力。斯坦福大学鼓励学生创业，在斯坦福大学创业是一种风气，硅谷的有些公司就是一些正在斯坦福大学就学的学生们创办的。与斯坦福大学有关的企业的产值就占硅谷产值的50%～60%围绕着斯坦福和伯克利两所主要的研究型大学，分布着3000多家高科技产业和许多研究开发机构。大学与产业部门互相依托、互相促进，使得教学、科研、生产三者协调发展。知识信息的创造、加工、传播和应用使得硅谷的科技和经济迅速发展，被誉为"美国新技术的摇篮"。

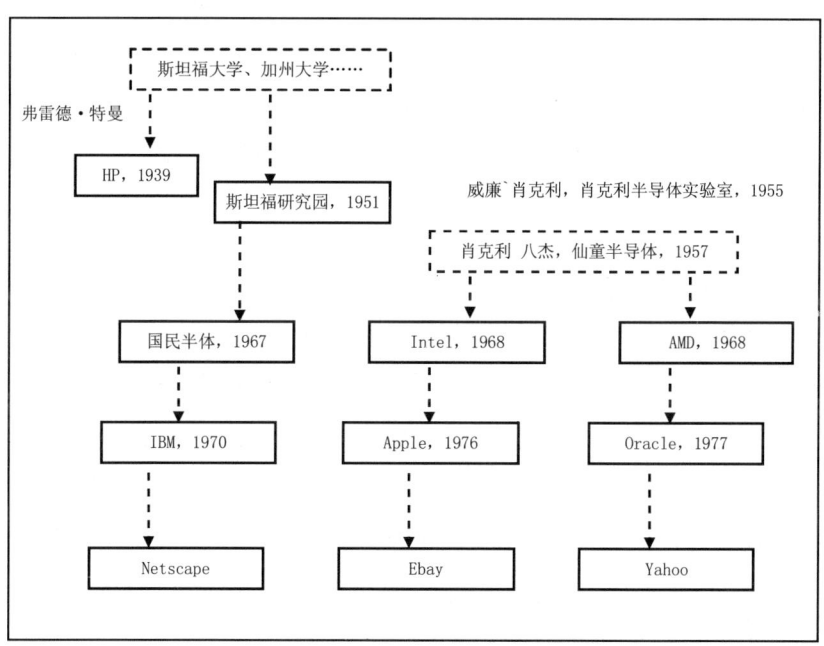

图7—2　硅谷形成与发展的基本线索

硅谷的创业者有了一项新的科技成果或者仅仅是一个创意理念时，会选择若干人组成一个班子进行创业，确定每个创业者的股份比例，自筹少量资金注册公司，进行前期研发；到了一定阶段，需要进行较大的资金投入时，他们会对公司进行评估作价，然后选择投资者，进行资产和资金的组合，办成规模更大的股份公司，或者对这个创业班子及赖以创业的技术成果，按其未来的价值进行量化，折合为若干创业股，班子的每个成员也要确定占股份额，并且要留出一定比例的额度给未来将要加入公司的主要骨干。[1] 美国的资本环境和产业化环境为硅谷创业人员提供了适宜的"产业空气"。目前美国的创业投资机构为2000多家，每年投资规模为600多亿美元，且大部分集中在硅谷。这些资本多来自于对风险承受能力较大、追求高额回报的民间机构和个人，并由具备大量专业技术和丰富投资经验的创业投资经理进行管理和运作，从而形成了硅谷运作成功的资本环境。而大量的创业资本和先进的技术成果不断进行相互选择，几乎每天都有新的企业诞生，大量的创业资本促进了科技成果的商业化，形成了一个良性的运作组织，不但将最优资本和最新技术等资源按照市场规律进行优化配置，而且充分发挥多个创业资本对多家高科技企业的"孵化器"作用，[2]推动了硅谷产业的创新集聚和可持续发展。

3.3 孵化和应用新技术

随着文化与科技融合在文化产业集群中凸显出愈加重要的战略地位，技术的发展和应用成为集群竞争力的重要指标之一。集群内企业通过整合，能够实现内部资源的集中、统一和有效配置。借助技术的创新，企业能够跨越内部资源界限，实现对整个供应链资源的有效组织和管理。支持技术创新的政策，可以最大化地发挥对知识产权的保护作用，将技术创新成果规范化并予以立法保护，可以更好地激发技术研发的积极性，将财政税收等金融工具运用到对技术创新的支持与鼓励中，可以孵化出创新种子，形成创新集群。

集群作为一种生产组织方式，必然以创新为组织驱动力，技术创新是集群

---

[1] 荣泳霖,宋军,马二恩,等.美国硅谷考察——先进的创新机制[J].科技导报,1999,17(9):10-13.
[2] 李彦斌.美国硅谷成功经验的分析和借鉴[J].科技管理研究,2001(6):25-26.

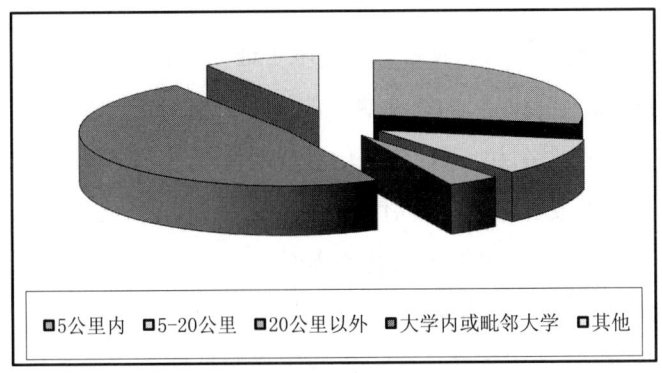

图7—3 科学园与周边大学的关联

创新的重要组成,优化集群技术创新制度,有利于知识共享和知识更新。芬兰ICT①产业的发展以集群为单位,在创新技术的应用中充分发挥了集群制度的调控、监管与激励作用,是由创新技术走向创新制度实践的典型个案。ICT产业是芬兰经济发展的主要动力。在芬兰,ICT产业的产值占芬兰GDP的四分之一,芬兰70%的外国公司都位于赫尔辛基都市区,而赫尔辛基区域员工数量在2.5万以上的公司有1万家,围绕赫尔辛基产生的ICT产业集聚使其被冠以"无线谷""数字岛"等城市名片。芬兰原本是一个以森林资源加工业为主的国家,为了更好地推进知识经济战略,20世纪70年代,芬兰放弃了原来的资源密集型发展战略而转向了知识型经济发展,其以新技术产业为突破点,采取了一系列政策促进知识生产、获取和利用。其一是向自由竞争的政策倾斜,即尽可能少地人为干预并实行技术中立的竞争政策。保持技术中立和市场自由加快了市场资源配置能力的提高。其二是较高的技术研发创新费用。1999年,芬兰研究开发费用达到37亿欧元,占GDP的3%,该项投入与GDP的比重在全世界排第二位。基金是技术创新的又一支持。芬兰研发基金(Sltra)作为一个独立的公共基金组织,主要以种子基金、创业投资和扩张投资的形式为高科技公司投资。该基金支持企业进行试验研究和探索新的科技领域,并跟踪研究以评

---

① ICT产业主要包括咨询业、内容产业、软件、硬件和电讯五个方面,按照WIPO的产业分类,ICT产业属于核心版权产业和部分版权产业的范畴。

估芬兰的创新系统。其三是不断完善产业政策。20世纪90年代开始,芬兰陆续颁布和修改了《电信法》《数据法》《商务电子通信法》《电子签名法》和《信息社会保护法》等一系列法律,目前正在执行的国家大型信息技术研发计划有"电子微型化计划""未来网络计划"和"交互信息技术计划"。据世界经济论坛最新发布的全球信息技术报告,芬兰已取代美国,成为全球信息化程度综合指数排名第一的国家。[①] 在创新技术促进机制的作用下,芬兰产业集群内在的知识网络创造、获取和利用的效率不断提高,产业集群成为国家经济发展的重要引擎。

从总体上看,发达国家文化产业集群政策的目标主要有三个:一是减少市场失灵的影响,为集群发展提供良好的产业空气和周全的配套服务;二是将文化产业集群发展纳入国家战略和区域发展规划的重要组成部分,最大限度地利用国家创新资源和区域优势禀赋;三是将文化产业集群作为转变经济发展方式、优化区域产业结构或摆脱金融危机等外部经济影响的重要举措,以此形成区域发展增长极,拉动经济发展。

当前我国深化改革行至制度创新阶段,集群治理也必然要进入到管理创新的新阶段,即通过集群制度的建立健全,形成管理科学的集群。管理创新与制度创新并举,管理创新与技术创新协调,正成为文化产业集群治理的趋向。从国际经验看,文化产业集群政策是产业政策和区域政策的优化组合,不同时期、不同区域条件下,集群制度的设计也千差万别,但毋庸置疑,建立知识资源共享的集群制度,加强集群企业创新能力的释放,提高创新技术的应用效率,是文化产业集群制度升级的重点。科学的集群规划、富有前瞻的集群设计、高效能的集群治理及保障有力的集群制度,将为文化产业集群的发展提供良好的产业布局和空间布局,它们是我国文化产业集群的核心竞争力的基本要素。

---

① 郑方艳,朱洪军.赫尔辛基都市区ICT产业发展经验研究[J].中国城市研究,2007(9).

第八章　供给侧改革视角下的文化企业创新

随着我国文化产业快速发展,尤其是我国文化产业业态融合的趋势和科技创新主导的特征逐渐明显,文化产业各行业不断进行供给侧结构性改革,在优化结构中不断发展,越来越凸显出经济新常态下对转变经济发展方式、推动产业转型升级的重要配合作用,甚至在推动产业融合、推进城镇化发展、加速区域协同创新、参与全球文化经济角力及实现包容性发展等方面,不断实验新路径、创造新模式、重塑新动力,起到对实体经济发展中某些领域的引领作用。在此背景下,我国文化企业不断进行创新发展,在坚持文化产业主业的前提下,广泛拓展和嫁接新业态,通过跨界发展优化结构,延长链条;还有许多传统行业企业,在行业转型中深入融合文化产业新业态,通过创新布局和多元经营转变思维,放大格局。供给侧结构性改革为我国企业发展提供了新的动能,为文化市场发展创造了新的机遇。

一、供给侧改革视角下文化企业融合发展的特征

在全球文化环境和政策生态逐渐向好的方向发展的时代进程中,我国文化企业逐渐成长为具有更强竞争力的市场主体,并以独特的融资方式、产权结构和治理方式适应市场经济的要求,在国民经济与社会发展中发挥着愈加重要的作用。随着文化发展战略的革新、文化市场体系的建立健全和文化体制改革不断步入"深水区",文化企业变得更加适应文化市场需求多元化的时代进程,并呈现出鲜明的发展特点。

(一)"文化+":提供核心支撑,推进产业融合

"文化+"是以文化为引领的产业的横纵联合来满足新需求、创造新供给,并着力提高文化产品和服务供给体系的质量和效率,为文化发展提供新思路、新模式、新业态。在我国文化企业发展中,"文化+"植入或贯穿在经济社会各领域各行业,并呈现出多向交互融合的态势,对发展创新型经济、促进经济结构调整和发展方式转变、加快实现由"中国制造"向"中国创造"转变以及有效地促进产品和服务创新、催生新兴业态、带动就业、满足多样化消费需求、提高人民生活质量等方面,均发挥了重要的作用。

1. 以"文化+"破除传统定式,开拓新兴市场

以"文化+"为核心,以科技为依托,实施"文化与科技融合"的发展战略,成为许多文化企业供给侧改革的重要领域。以深圳华强为代表的一批创新型企业,不断深化文化科技融合路径,依托高新技术增强文化产品的表现力、感染力、传播力,强化文化对科技手段的内容支撑、创意和设计提升,促进文化与科技双向深度融合。例如,深圳华强凭借自身拥有的数字图像、影视特技、虚拟现实技术(VR)、网络通讯、仿真与机器人以及自动控制等高科技技术,结合自主知识产权,选取中华文化以及世界优秀文化中脍炙人口的故事或代表性的文化元素,通过精心的创意加工、科学设计和艺术美化,让这些传统文化以新的表现形式展现在公园游客面前,实现了创意设计、特种电影、动漫、主题演艺、文化科技主题公园等多个领域的有效连接,各产品之间互为上下游,互相依靠和支持,实现了优势互补、资源共享,打造了"文化+科技+旅游"的全新产业链,[①]取得了良好的效益,为文化科技融合的产业实践提供了一个鲜明的"标杆"。

以重点园区(基地)和龙头企业为依托,加快文化科技领域工程实验室、重点实验室、工程中心、企业技术中心等创新平台的建设,也是文化企业及其平台载体在"文化+"的实践中进行的创新探索。例如杭州的西湖数字娱乐产业园

---

① 天信投资.2016 中国文化消费指数发布,这些文化股有望迎来发展良机[R/OL]. https://xueqiu.com/3834958640/76873539.

以"为数字娱乐产业链上的企业提供发展空间、政策扶持和公共服务,吸引省内外数字娱乐类企业进驻园区发展"为定位,依托杭州顺网科技股份有限公司、杭州乐港科技有限公司、浙江方大智控科技有限公司等文化科技企业,以互联网游戏软件开发、动漫产品制作、网络游戏、手机游戏、手机动漫、彩铃彩信等数字娱乐增值服务,形成了较为完备的产业链结构,已成为"集教育培训、产品研发、创业孵化、天使投资、国际合作等功能于一体"的数字娱乐产业集聚地,创造了以"文化+"为纽带,园区和企业共同成长,创意和科技协同发展的新模式。

2. 以"文化+"创造新动能,塑造新引擎

在文化产业的区域实践中,经济活动的空间集聚并非是个体企业和消费者的理性决策所导致的,也不是政府投资所能打造的,而是自然发展的地方化过程,是企业互动和知识积累的结果。[①] 因此,随着文化产业规模化、集约化和专业化发展程度不断提高,以文化企业为引领的园区布局,越来越成为产业融合和产城融合的创新范式。"文化+"提供的基于企业之间融合创新的协作纽带,塑造了以企业为主体的园区发展新引擎。而园区内企业协同创新的战略范式,则催生了更加具有市场竞争力的空间模式和产业组织。

无疑,"文化+"为企业多元的主营业务提供了主题和主线。以万达为例。2016年,万达文化产业收入占集团整体收入的比重超过四分之一,文化产业已经真正成为万达的支柱产业。2016年,万达集团服务业收入占比55%,历史上首次超过地产;服务业净利润占比超过60%,也大于地产开发利润。即令是万达商业,其租赁业务净利润占比约55%,以租金等为主的非地产净利润也超过了地产开发净利润。这意味着万达已经从地产转型,"文化+"是万达转型的重要引擎。据统计,2016年,万达全球新增影城677家,新增屏幕6788块,其中国内新增影城154家,屏幕1391块。这一年,万达在南昌、合肥建立了两个"万达城",在全球引发巨大反响,正是这两个项目的落实促成"万达城"落户海外,万达酒管开始走上品牌运营之路。此外,万达还成立了网络科技集团,明确打造中国唯一的"实业+互联网"大型开放平台的战略定位。无疑,围绕"文化+"跨

---

① 王缉慈.超越集群——中国产业集群的理论探索[M].北京:科学出版社,2010:91.

界发展,万达创造的产业模式成为近年来文化产业的一大亮点。从万达的实践看文化产业的跨界发展,可以发现,"文化+"创造的产业融合和产城融合,为文化产业园区破除发展定势,打破权利意识的封闭心态,在最大范围内实现产业依附于城市、城市服务于产业的功能融合提供了核心支撑。

(二)"生活+":引导消费供给,开拓跨界市场

生活性服务业领域宽、范围广,涉及人民群众生活的方方面面,与经济社会发展密切相关。加快发展生活性服务业,是推动经济增长动力转换的重要途径、实现经济提质增效的重要举措、保障和改善民生的重要手段。"生活+"的重点在于,以企业为主体,以园区为平台,以"生活+"为新增长点,以消费终端完善和消费渠道创新为两翼,通过园区和社区的融合,着力提升文化服务的内涵和品质,推进文化企业创新发展,不断满足人民群众日益增长的文化服务需求。

1."生活+"理念有效增加了文化企业的新供给

在"生活+"理念的引导下,文化企业有效增加了文化产品和服务供给,实现了文化产业的社群化发展。近年来,各类市场主体开始根据居民收入水平、人口结构和消费升级等发展趋势,创新服务业态和商业模式,优化服务供给,增加短缺服务,开发新型服务。许多城市纷纷利用文化活动创造"生活+"新理念,以新理念拉动新消费,以新理念布局文化产业园区,取得了有效成果。以青龙胡同为例,作为北京市东城区一条普通的胡同,过去的一年,这条胡同从长度不到800米的生活空间转变成为聚集创意咖啡馆、设计餐厅、创新孵化器、国际人才港等各具特色的创新空间在内的"设计创意一条街"。歌华设计打造的"新邻里-青龙胡同文化创新街区项目",通过打造企业、社区以及企业之间的共融生态和品质园区,逐渐构建了基于"生活+"的城市创新生态。"新邻里-青龙胡同文化创新街区项目"以文化活动为主线,调动每一个文化企业的创造力,推出自己的特色活动,主办方将活动分成不同的种类以供企业参考。这也进一步说明,"生活+"已经成为一种引领文化创意和设计服务纵深发展的理念。

2."生活+"思维有效开拓了文化企业发展的新市场

在"生活+"思维的引导下,文化企业依靠供给侧改革不断跨界创新,有效

拓展了农村市场,城市生活性服务业继续遵循产城融合、产业融合和宜居宜业的发展要求,科学规划产业空间定位,合理布局网点,完善服务体系,为文化产业全域供给侧改革奠定了良好的产业基础。以河北易水砚文化产业园、大同市广灵剪纸文化产业园区为代表的园区,面向基层文化市场,广泛集聚特色文化企业,大量吸纳农村剩余劳动力,以现代市场需求为导向,创新生产方式、工艺流程,适应市场消费需求的文化市场主体,以文化技艺传承为核心,渐进式整合技术、资金、人才等资源,使易水砚、广灵剪纸等非物质文化遗产、传统工艺被有效挖掘、保护和传承。它们在"运用经济规律配置民族文化资源,通过商品性的劳动或服务进入市场,实现民族文化的生产、流通、交换、消费的市场化运作"①中,探索出一条以产业化发展、市场化经营带动存量资产盘活,提高市场要素流通和资源配置效率的公司化运行模式,扩大了就业规模,完善了城市功能,为城市经济发展注入活力。这也进一步说明,围绕"生活+",深度开发人民群众从衣食住行到身心健康、从出生到终老各个阶段各个环节的生活性服务,满足大众新需求,适应消费结构升级新需要,不仅是创新设计理念、体现人文精神的有效路径,也是园区为文化企业创造蓝海市场的有效手段。

(三)"互联网+":构建平台思维,加速业态创新

"互联网+"是把互联网的创新成果与经济社会各领域深度融合,推动技术进步、效率提升和组织变革,提升实体经济的创新力和生产力,形成更广泛的以互联网为基础设施和创新要素的经济社会发展新形态。"互联网+"开启了文化消费领域的新供给,互联网与各领域的融合发展已成为不可阻挡的时代潮流,正对各国经济社会发展产生着战略性和全局性的影响。因此,"互联网+"解决的是文化产业供给侧结构性改革的方向问题。

1."互联网+"为构建文化产业新生态发展打开了思路

以"互联网+"为依托,构建基于互联网的全新文化生态系统,文化产业的

---

① 周红.民族文化产业化中的社区主体建构——以鹤庆县新华村为例[J].楚雄师范学院学报,2008,23(1):47—52.

生产经营方式和商业模式也需要积极注入新的元素,进一步优化升级。例如,自 2015 年以来,以 BAT 为首的互联网公司大举进军文化产业,阿里影业、百度影业、腾讯文学、乐视影业等相继成立。随之而来的商业模式创新层出不穷,如腾讯以知识产权为核心,涉及文学、游戏、动漫、影视等领域的"泛娱乐"战略,阿里巴巴打造的网民投资影视剧作品的平台——"娱乐宝",乐视构建的"平台+终端+内容+应用"的互联网生态系统等。①

以"互联网+"为依托,构建大数据平台,实现智慧园区平台系统运营,以互联网、文化、科技、人才、金融为产业要素进行全产业链集聚的运营模式,已经成为文化产业园区转型升级的新方向。以中关村互联网文化创意产业园为例。园区基于"互联网+"创造核心业态,创新实践项目,通过物业运营加产业投资、产业链集聚及产业引导、内容创新安排等运营模式,实现了资源整合和模式创新。此外,传统业态利用"互联网+"实现产业升级,也是 2016 年园区发展的重要特征。例如天安数码城,作为国内城市产业综合体的开创者,天安数码城自 1990 年成立以来,作为产业发展与城市价值提升的重要引擎,在全国十大城市复制了 10 个园区。在面临移动互联网、大数据、云计算等新科技革命时,天安数码城率先提出打造云时代的智慧园区,凭借与华为、超算、顺丰等企业的合作,构建了 SMAC(社交化、移动化、大数据分析、云计算)的智慧园区服务体系,为文化消费实现了新供给。这也进一步说明,文化企业要想获得支持,应该勇于跨界,同时也要具备"造血"功能。因此,作为产业链的延伸,通过"互联网+",使文化产业园区在商业投资、公共空间、旅游资源配置中,能更好地吸引、挖掘人才,构建符合时代潮流的产业链,使得文化产业园区收获"弘扬文化、促进发展"的双丰收。

2. "互联网+"为文化消费跨界蔓生发展奠定了市场基础

"互联网+"提供了文化产业发展的新动能,为文化产业跨界运营奠定了市场基础。这也进一步说明,坚持改革创新和市场需求导向,突出企业的主体作用,大力拓展互联网与经济社会各领域融合的广度和深度,深化体制机制改革,

---

① 祁述裕. 文化产业供给侧改革的核心是提质增效[J]. 决策探索,2016(13):7.

是释放发展潜力和活力的有效路径。

"互联网+"为消费方式的网络化和移动化提供了现实技术基础。与传统的消费方式有很大不同,网络消费方式强调参与性、社交性和个性化。从文化消费来看,网上购买电影票、演艺票和旅游门票是最普遍、最普通的大众文化消费趋势。而更有意思的文化消费行为,如粉丝经济、社群经济、消费众筹等,才是互联网与文化消费深度融合的产物。现在微信、微博上一大批文化企业、出版社甚至是旅游景点,都有自己的公众账号,通过优质的内容吸引趣味相投的粉丝,建立社群,形成差异化的社区文化,进而达到营销和引导消费需求的效果。再如,经过传统的功能性消费和品牌式消费,互联网的参与式消费是当下和未来文化消费的重要发展趋势,如早期的贴吧、猫扑、天涯论坛等,现在的弹幕、众筹、众创等都是年轻人深入参与的亚文化消费市场,都具有相对完整的产业链。①

"互联网+"为企业跨界转型和立体发展提供了创新思维。对于传统文化行业而言,顺应大众消费市场的转移,建立新的网络消费渠道,引导新的文化消费习惯,对于激发文化消费潜能具有重要作用。以华夏幸福大厂影视产业园区为代表的文化园区,开始利用互联网思维进行跨界创新,一方面打造融通的"产业互联网"平台服务体系(这一体系包括智能化服务体系、金融服务体系、用户体验体系、垂直电商和跨界电商平台以及中试试验平台),另一方面打造产城融合的文化产业发展空间。在打造大厂影视小镇的过程中,华夏幸福紧抓"文创"风口,以"中国专业化影视第一镇"为定位,量体裁衣地设计了覆盖"人才孵化、创意孵化、前期拍摄、后期制作、宣发交易"的全产业链,融合影视、文化、科技、金融,积极构建影视产业生态圈,其"做实一个产业,缔造一种风情,高品质可持续运营"的发展理念,正是互联网思维的落地实践。

---

① 祁述裕.文化产业供给侧改革的核心是提质增效[J].决策探索,2016(13):7.

二、文化企业供给侧创新的主要经验

(一) 以市场为导向并以知识驱动为主要特征

现代文化市场体系的建立健全,与市场经济的发展速度和水平及区域内文化资源禀赋、文化产品和服务的生产能力、消费潜力等客观条件密切相关,但最根本的还是取决于市场思维。纵观我国骨干文化企业,大多数具备超前的经营理念,以创新的市场意识驱动企业成长是其共同特征。

文化企业供给侧改革的核心在于以市场为导向进行供给侧产品和服务创新,关键在于把知识的获取、共享、创新和应用建立在开放的平台上。在我国文化产业供给侧改革的进程中,许多着力于破解区域发展瓶颈或创新区域发展模式的文化企业,有效打破了区域行政壁垒,加速了要素市场的资源配置。以深圳市腾讯计算机系统有限公司为例,作为一家文化科技型企业,腾讯对文化产业商业模式的影响和文化科技融合路径的探索贡献卓越,在全球文化产业50大企业中,腾讯已跳出区域范畴而成为具有强大文化创新能力的全球型企业。随着我国文化产业整体实力的增长,骨干文化企业在现代文化市场体系建设中的作用进一步增强,越来越多的文化企业开始拓展视野,延伸链条,诸如中国对外文化集团公司、北京保利文化艺术有限公司、上海东方明珠(集团)股份有限公司等一大批骨干企业,不断创造优秀文化产品和服务并进入国际市场,实现了扩大对外文化交流,加强了国际传播能力建设,推动了中华文化走向世界。

在文化产业供给侧改革的过程中,以知识为驱动重塑基于知识产业链升级或引领消费市场需求升级的经营模式,不断推动文化企业创新思维、接轨市场。许多骨干文化企业及时对要素结构、需求结构和产业结构进行综合优化与配置,在知识价值链的基础上展开分工与合作,实现资源共享,有效节约了文化产业运行成本、提高了文化产业发展效率并推进了文化产业集成创新能力和消化吸收再创新能力。雅昌文化集团和深圳市灵狮文化产业投资有限公司便是知识驱动型企业的典型代表。前者以技术创新见长,通过自主研发引领产业发展并成为行业旗舰;后者专注于平台运营,以商业模式创新重塑产业链条并打造专业园区服务平台。随着市场对消费需求不断提出新的要求,单一的企业或单元难以迅速应对市场做出反应,或应对市场变化投入高额原创研发费用,弹性的分工与合作在企业之间展开,亟须适应并引领市场的集约化发展。

着力于"知识共享"的平台思维,正是文化企业充分利用互联网思维进行业态转型升级的有效路径,尤其是以园区或集群创造的产业氛围和文化空气加强"隐性知识"的涵育——推进隐性知识创新及隐性知识显性化以创造更高的产业附加值。隐性知识创新是高度背景化和个性化的知识信息,隐性信息使各个具有不同创造能力和技术知识水平的创意企业在创意设计、生产、流通等各个环节实现了灵活的专业化分工和松散的耦合,形成了非线性的、多层次、多功能的网络合作关系,[①]为以创新提高产品附加值提供了基本条件。可见,知识驱动型文化企业更倾向于以集群的方式形成合作网络。深圳大芬油画村、北京人大文化科技园建设发展有限公司、羊城创意产业园、上海张江创意产业基地和大连普利文化产业基地等便是知识深度型企业的典型代表。这种多层次、灵活的知识网络,通过企业主体间的知识共享,创意阶层间的创意碰撞,产生创新氛围,构成创意空间,使企业因弥漫着"产业空气"而具备更强的创新能力。

(二)注重协同创新并着力提高资源整合能力

协同创新是以知识增值为核心形成的大跨度整合的创新组织模式,其关键是形成以大学、企业、研究机构为核心要素,以政府、金融机构、中介组织、创新平台、非营利性组织等为辅助要素的多元主体协同互动的网络创新模式,从而产生"1+1+1>3"的非线性效用。[②] 从我国骨干文化企业的主营业务变化中可以发现,大多数文化企业注重基于协同的跨界合作,并在企业经营和行业拓展中不断整合资源、做大主业。

通过出资购买、控股等方式取得被兼并企业的所有权、控股权,或通过合并成立更具竞争力的市场主体,是骨干文化企业发展的重要经验。尽管近年来我

---

① 余晓泓:《创意产业集群模块化网络组织创新机制研究》,《产经评论》2010年第4期。
② 参见陈劲:《协同创新与国家科研能力建设》,《科学学研究》2011年第12期。

国文化产业已初具规模,但许多企业业务单一、抗风险能力弱、行业集中度低等问题仍然突出,这就需要有实力的文化企业适时进行跨地区、跨行业、跨所有制兼并重组。业务相近、资源相通的文化企业按照优势互补、自愿组合的原则组建成新的企业,可有效节约企业运行成本,提高企业核心竞争力。例如云南柏联和顺旅游文化发展有限公司是在兼并原来的国有企业、承担全部债务、安排全部员工的基础上,与腾冲县人民政府签订协议共同组建的。哈尔滨新媒体集团以哈尔滨新媒体文化产业集团有限公司为龙头,联合黑龙江新洋科技有限公司、哈尔滨市盛源文化传播有限公司、哈尔滨软件外包园有限公司等4家产业相关度大、互补性强的企业共同组建成综合性的文化企业集团。上海时空之旅文化发展有限公司由上海文广新闻传媒集团、中国对外文化集团公司、上海马戏城和上海杂技团共同投资组建,是一家独立核算、自负盈亏的项目公司,其将新闻传媒资源、海外演出运作资源、演员及演出场所资源有机融合,充分发挥资源共享优势,倾力打造著名文化品牌。

借力区域文化产业实现快速增长是许多骨干文化企业实现规模化发展的重要因素。文化产业发展不可能与区域经济发展相互割裂,区域间不断进行的要素交换和市场流通是文化产业成长的重要推力。一方面,区域间的合作与竞争决定了文化产业的战略选择和行业选择,文化产业秉承区域发展脉络,利用地缘经济优势,抓住区域发展机遇,可以在产业转移或产业升级中获得更大的发展机遇;另一方面,区域内部产业发育程度、市场成熟程度、消费活跃程度,决定了文化产业的战略布局及文化企业的商业模式。

文化产业的发达程度与区域经济社会发展水平、文化消费水平及文化市场建设情况密切相关。从整体上而言,我国东部地区骨干文化企业和行业龙头企业的数量较为集中,文化企业优势资源更加趋于向东部经济发达地区汇聚,骨干企业在区域文化产业发展中的引擎拉动作用愈加明显。同时,东部地区以发达的经济条件、相对健全的文化市场体系和密集的文化人才优势,集聚了众多骨干文化企业,而经济欠发达的西部地区,得益于云南、陕西等地依托资源发展文化产业的特点,以骨干文化企业为引领形成"反弹琵琶"的发展格局,文化产业在城市转型和产业发展中拉动作用明显。这说明,地缘的接近性及经济圈内部或城市群之间相关文化资源的互补性或相似性，形成了跨区域产业集群，为区域协调与合作、发挥城市机能、实现区域内外的协调发展提供了天然的优势，更为文化产业开发提供了便利条件。

(三)顶层设计与"摸着石头过河"并重

一个国家的发展从根本上要靠供给侧改革推动，推进供给侧结构性改革，是综合研判世界经济形势和我国经济发展新常态作出的重大决策。围绕供给侧改革进行制度创新，是文化企业顶层设计的关键，而围绕文化市场逻辑进行全面的要素创新，从供给侧角度不断优化企业结构，提升企业文化竞争力的探索和实践，则是文化企业不可回避的议题。

从整体上而言，我国骨干文化企业大多结合区域经济社会发展、依托智库群体进行"顶层设计"，并在区域文化市场体系建设、文化企业商业模式探索中进行"摸着石头过河"式创新，不断优化文化产品和服务，适时总结文化产业发展形势，在后续经营中对成功经验进行总结的同时，有效规避过往"弯路"，在对国际形势判断的不断深入和对国内市场机遇的不断把握中，不断做强做大。

不断寻求一种基于文化资源禀赋并和文化资本运行并行不悖、互为杠杆的新范式，是文化企业"顶层设计"的基本着眼点。例如多数骨干文化企业借助智库和外脑进行顶层设计，并结合自身实践自主创新，通过设计城市文化产业发展路径，优化城市文化空间，提升城市产业层级，寻求文化产业突围，创造了"顶层设计＋摸着石头过河＋地方首创"的模式，以高度的集成性和系统的科学性为文化企业战略行动提供综合指导。例如西安曲江文化产业集团充分挖掘和整合历史、宗教、民俗文化资源，由世界规划建筑设计领域具有显著影响力的日本日建建筑设计株式会社担纲大雁塔北广场的概念设计，由中国工程院院士张锦秋担纲"长安芙蓉园"项目的规划设计，而西安大唐西市文化产业投资有限公司同样选择世界知名建筑设计公司美国 RTKL 国际有限公司进行总体规划，由国内知名地产战略策划机构王志纲工作室进行项目战略规划。在大多数文化产业示范基地战略方针的制定、重大项目的策划、产业路径的设计中，均从企业发展的层面不同程度地引入智库团队或专业咨询策划机构进行顶层设计，充实企业力量并极大地拓展了企业视野。

事实上,以广阔的视角、全球化的眼光、战略性的思维规划文化产业发展路径,设计文化产业成长模式,是文化产业规划成功与否的重要维度。供给侧改革进程中,我国文化企业以国民经济和社会发展规划为指导,以区域内文化、社会资源和发展基础为依据,在综合考虑文化产业各种要素的资源基础上,确定文化企业发展的方向、规模和结构,合理配置资源,以获得最佳经济、社会和生态效益的整体布局,既为我国供给侧结构性改革提供了有益经验,也为文化经济领域融合发展提供了有效范式。文化企业创造的"顶层设计"与"摸着石头过河"并举思路,实质上是倡导一种容纳文化建设、经济发展、城市设计、区域开发的思想,使其贯穿在"区域—城市总体—详细规划"的各阶段、各层次,对文化产业发展产生了积极作用,也对区域创新起到了重要推动作用。

(四)具备领军人物并能够以变应变

随着我国经济社会的发展和文化产业成长的提速,文化企业逐渐成长为具有强大竞争力的企业组织,并以独特的融资方式、产权结构和治理方式适应市场经济的要求,在国民经济与社会发展中发挥着愈加重要的作用。与其他社会组织一样,文化企业也处于一个不断发展变动的过程中。文化发展战略的革新、文化市场体系的建立健全和文化体制改革不断步入"深水区"等现实境况,推动文化企业在不断出现问题与解决问题的动态过程中发展,进而对文化企业提出了"以变应变"的发展要求,使企业不断适应市场需求多元化、要素流通资本化的时代进程。综观我国骨干文化企业的发展,大多数企业均具备创新谋变、积极应对市场并引领行业发展的开拓意识,而其最突出的特点便是拥有核心领军人物。

在文化企业发展中,领军人物往往怀有高贵的信念和持之以恒的意志,以文化为己任并深入了解文化事业,他们具备建立在理性思维、批判性思维和创造性思维之上的远见卓识。在文化产业供给侧改革进程中,不仅大中型国有企业、国有文艺院团、上市中央媒体,而且民营艺术团体、民营文化产业集团等,都在一定程度上体现出以领军人物为核心的现象。例如深圳华强文化科技集团股份有限公司董事长梁光伟致力于推动企业的转型升级,使华强走出一条文化与科技紧密结合的创新发展之路。中国对外文化集团公司董事长、总经理张宇带领中国对外文化集团公司积极推进渠道资源整合,以"央地合作"模式布局全球市场。华侨城集团公司党委书记、总经理段先念带领华侨城创新中国文化产业发展模式,构建起以"文化+旅游+城镇化"的全域突破和供给侧跨界创新的文化产业发展格局。在民营文化企业发展中,雅昌企业(集团)有限公司董事长、总裁万捷率领雅昌公司将传统印刷业与现代IT技术及文化艺术相结合,独创了"传统印刷+现代IT技术+文化艺术"的崭新运营模式。盛大文学董事、首席执行官侯小强擅长文化资源运作、文化事件策划以及媒体运营,成就了网络文学产业化的突飞猛进。广东奥飞动漫文化股份有限公司董事长蔡东青首次将中国动漫企业成功推向资本市场,使奥飞动漫成为中国首家上市动漫企业。

从企业发展的角度看,企业领军人物的专业水平、驾驭企业的综合能力和道德修养等在一定程度上决定着企业的生存周期,领军人物高远的理想和强烈的使命感决定着企业的成长空间。在"顶层设计"导向下,文化企业以领军人物为核心,或致力于产权制度的改革和资产整合,或专注于产业结构调整和业务重组,在资本运作、对外合作、拓展创新、管理理念等方面,以审时度势、把握潮流的前瞻性眼光,不断为企业可持续发展寻找新机遇。

三、供给侧改革进程中文化企业创新发展的趋向

(一)文化产业企业的市场逻辑将发生转变

当前我国正处于经济发展新常态,过去三十余年助推经济高速增长的人口红利、土地供给和粗放投入已逐渐不复存在,传统的"三驾马车"——投资、出口、消费对拉动经济增长的动力日渐不足,传统产业相对饱和、产能库存相对过剩、资源消耗相对巨大等问题日益凸显,中国经济正在进入增长速度换挡期、结构调整阵痛期、前期刺激政策消化期"三期叠加"状态中。新常态既对中国经济社会平稳发展提出新挑战,也为中国各产业转型升级带来新机遇。

1. 文化企业发展理念将从"传统定式"向"创新思维"转变

供给侧结构性改革是一个结构调整和发展方式转型的过程。我国已经迈入中高收入阶段,人民收入提高了,必然对产品及服务的质量、功能和工艺等有更高层次的要求,消费观念正从"价廉物美"向"物美不必价廉"转变。[①] 在消费观念转变的同时,文化企业的发展理念必须顺应消费需求,进行发展思路转变,甚至提前引领消费需求,创新谋变。而当前,我国文化产业发展仍存在较为突出的结构性问题,文化产品和服务的供需错位、供需错配问题和文化消费市场的需求下降、需求外移问题的解决,就是一个从不平衡到相对平衡的过程,这同时也是我国经济重塑动力、释放潜力、生成合力、激发创新力的过程,需要通过技术进步实现生产效率的提高和通过生产要素的重新组合实现资源配置效率的提高来实现,这将成为文化产业创新升级的双轮驱动。文化企业如何突破简单的产业淘汰,通过理念创新、技术创新和文化创新实现企业(产业)内部和企业(产业)之间的优化升级,促进传统产业的价值链提升和与文化产业的深度融合,是当前乃至未来相当长时间内实现深层次的产业结构调整所要着力解决的问题。

2. 文化企业运营思路将从"文化领域"向"全域社会"扩展

随着信息技术高速发展和移动互联网迅速普及,信息产业对文化创意和设计的需求、文化传播对数字化和网络化的依赖,要比任何时候都更加迫切和强烈,二者双向深度融合所催生的新型业态,也比任何时候都更加多样多元。[②] 随着科技的进一步发展,交叉互渗、产业融合成为新的发展趋势,文化产业的内外部边界愈趋模糊。在创意驱动和科技引领下,新业态频频出现,"文化+"成为相关产业转型升级的重要引擎,"文化+制造、文化+设计、文化+旅游、文化+金融、文化+康养、文化+农业、文化+体育、文化+智慧城市、文化+特色小镇、文化+人工智能"等频频引领产业发展新潮流。"文化+"横向拓展、纵向延

---

① 李伟.供给侧改革 企业如何参与[J].新经济导刊,2016(9):6-8.
② 管宁.创意设计:引领经济发展转型升级——集成创新时代的产业深度融合[J].艺术百家,2015(3):70-75.

伸,不断促进文化产业与相关产业的融合创新,这也将进一步使文化企业不再单纯以"文化"为单核心聚焦点,而是更加适应居民文化消费的新需求,不断适应城镇化发展的新趋向,不断向一、二、三产业和上中下游全产业链覆盖延展。在这一背景下的文化企业,也将更加专业化和精准化,将不断从"小文化"向"大文化"扩展,通过资源整合和跨界竞合,突破行业壁垒,创造产业空间,推动文化产业的繁荣发展。

3.文化企业跨界维度将从"浅层融合"向"深度融合"推进

未来,融合发展依然是文化产业跨界的主题词。在新的价值理念下,文化企业的发展,也势必将从产业链源头向纵深不断推进,将文化、创意、品牌、情感、价值观和科技融入产品及服务设计研发、生产传播、展示体验、营销策划、增值服务的每一个环节,积极推进技术创新、业态创新、内容创新、模式创新和管理创新,积极促进创意设计与日常起居、公共社群、街区空间、城市更新、乡镇生态等有机融合,将文化创意发展成为弥散在业态生成及发展中的产业美学和日常周边感知中的生活美学。可以说,未来几年中,产业融合从浅层次的技术借鉴、媒介交叉、生产合作逐步向深层次推进,将不断诞生新的产业形态,创新价值增值环节,改变现有产业结构,进而成为提升传统产业模式、影响国民经济增长方式的一种新的经济现象。

(二)供给侧改革将加速文化企业洗牌

文化产业供给侧改革的核心是加强优质供给,提高产业附加值,强化文化创意产品和服务的创意及设计含量,提升文化产品和服务的品质内涵,增强原创性和市场营销能力,这是文化创意和设计服务转型升级的立足点,也是其面向整个经济社会发展的重要接口。以供给侧改革为契机,文化企业将进入洗牌加速期。不适应文化市场逻辑和无法顺应文化消费发展理念的企业,将逐渐被市场淘汰,优化文化企业产业结构,加强文化企业供给侧和需求侧管理,也成为未来文化企业可持续发展无法回避的命题。

1.文化企业发展将进入供给侧结构性改革的加速期

供给侧结构性改革是一个新技术潜力、新商业模式得以快速释放的过程。

当今世界正迎来新一轮的科技革命和产业变革,一些重要的科学技术正在酝酿,为我国创新发展、"弯道超车"带来了历史性机遇。当前国内新技术、新模式、新业态层出不穷,一大批新产业正在快速成长,成为经济发展的新动能。①文化企业发展也进入以供给侧结构性改革为引领的加速期。

推进供给侧结构性改革,要求企业必须在提升产品质量和企业国际竞争力上下工夫,塑造精品文化,培育工匠精神,把提供优质有效供给当作企业的主攻方向,让企业的产品和服务能够匹配市场需求的阶段性、结构性变化,甚至引领市场需求。因此,无论是新兴产业还是传统领域的企业,要抓住技术变革的机会,补齐技术和创新短板,努力占据价值链高端;在新兴产业发展上,要立足核心技术,不能只满足于低端组装,要减少低效低端重复投资;在传统产业发展方面,要善于利用新技术特别是信息技术和互联网思维来改造传统产业,增加文化产品的有效供给,提升文化产业的行业品质;在技术创新路径上,要坚持在开放中提升自主创新能力,利用国内资本充足、市场空间大、工业配套完备的优势,把引进来与走出去相结合,深度整合全球创新资源,全面提升企业创新能力。②这些文化企业面临的各种问题和发展机遇,因为供给侧结构性改革政策机遇的到来,而成为企业必须着手解决的现实问题。

2. 将有更多传统产业借力文化产业实现供给侧改革

供给侧结构性改革是一个优胜劣汰、资源再配置的市场过程。国际经验表明,在经济衰退期(包括经济发展阶段的更替期),必然会有一批企业不能适应新阶段,最终沦为破产。我国正处在自身发展阶段转换和世界经济艰难复苏的叠加阶段,面临着产能过剩和带有中国特征的"僵尸企业"等需要下决心并且只有立足长远才能解决的棘手问题。推进供给侧结构性改革,就是要遵循市场规律,形成倒逼机制,加快市场出清,释放出土地、资金、人才等资源,使之向优秀企业集中,为新兴企业腾出更大的发展空间。③

---

① 李伟.供给侧改革 企业如何参与[J].新经济导刊,2016(9):6-8.
② 同上。
③ 同上。

未来，在产业结构完善和产能效率提高的战略思路中，过去单纯地依靠原始的比较优势或者要素禀赋（如各种资源的丰裕程度）来定位自身在经济发展中的角色[①]已经不可行了，而以"人口红利"实现劳动密集型和自然资源密集型产品较低的"成本优势"的可能性也逐渐降低。着力于"以知识溢出作为企业技术创新和产业集群整体技术升级的源泉"[②]，进而以全球视野谋划和推动创新，提高原始创新、集成创新和引进消化吸收再创新能力，无疑将成为企业竞争的重点。

未来，将有更多传统企业借力文化产业实现企业自身的供给侧改革，文化企业将面临更大压力，但也会面临新的机遇。文化产业供给侧改革侧重于引导市场中的创新力量去推动解决文化产品和服务领域高端供给不足的结构问题，对于实现供求之间的双向动态均衡将起到重要作用。供给侧结构性改革的关键是要实现产业转型升级和附加值倍增，在这个过程中，文化产业将起到重要作用。传统产业如何借力文化产业实现嵌入式融合发展，传统产业短链如何通过品牌打造和衍生品开发实现向上下游延伸拓展，各相关产业如何通过"文化＋"实现创意化的跨界升级，这些都需要着眼于供给侧角度，从供给端创新生产思路，创造新的经济增长点。未来，将有更多的传统产业和传统企业，通过入园发展实现转型升级，也将有更多的传统业态企业，为适应供给侧改革的总体要求向消费者提供更优质的文化服务。如何通过深入挖掘和大力激发文化消费需求，积极释放市场活力，努力向市场提供更多高品质、多元化的文化产品和服务，从而实现行业的"洗牌"，是一个值得思考的问题。

（三）文化企业与园区、社区的融合将更加深入

在当今全球价值链分工体系下，产业发展的比较优势已不再仅仅体现为一个具体的产业或行业或特定的产品，而更多的是在整个价值创造链条上的环节

---

① 杨小凯，张永生.新贸易理论、比较利益理论及其经验研究的新成果：文献综述[J].经济学（季刊），2001,1(1):19—44.
② 徐元旦.我国产业集群创新效能的形成机理与实现路径[J].国际技术经济研究，2007,10(3):42—46.

或工序上投入要素禀赋。① 优化文化产业的产能结构,转变文化企业的增长方式是完善文化产业要素结构,实现文化产业园区内涵式增长的重要路径。在这一整体格局下,未来文化产业园区与文化企业的融合将更加深入,这主要体现在文化科技融合领域的市场思维继续转变,文化制造业融合领域的商业逻辑创新升级以及文化驱动城镇化领域的空间重塑等方面。

1. 文化企业将借助科技力量和园区平台全面创新

随着文化创意与科技创新协同发展的工作机制的建立健全,文化生产、传播、展现、消费等环节的技术攻关力度也将不断加大,这将进一步推动文化创意与科技创新深度融合。而随着虚拟现实(VR)与增强现实(AR)产业发展的机遇期的到来,虚拟现实技术与电影、电视、游戏、设计、医疗等产业领域的有机融合,也将开辟出新的产业生态圈。文化产业园区在优化入园企业的文化科技协同、互补和配套,推进文化产业园区的协同设计信息化平台建设,实现企业内或上下游企业间研发设计与生产制造、销售管理等环节的综合集成方面,提供了良好的文化科技创新载体和平台。

同时,随着文化创意与制造业融合,以文化创意为特色的"工业4.0"将开启文化企业转型升级的新战场。未来,工业领域还将在全球范围内发挥越来越重要的作用,作为推动科技创新、经济增长和社会稳定的重要力量,制造业的改革创新依然是全球关注的重点。因此,文化创意促进制造业新产业、新业态、新技术、新模式发展的作用将进一步在全球化时代凸显出来。通过政府和市场的双重力量,加强传统产业园区的转型升级,从而使文化企业更好地顺应市场需求和现代生活方式,融入传统文化和现代时尚元素,强化创意设计在产品创新、品牌建设、营销策划和质量管理等方面的作用,提高产品附加值,提升产业竞争力,也将赋予文化产业供给侧改革更多期待。

2. 文化企业将与城镇化和社群发展进程进行高匹配度融合

未来,以产促城、以城兴产的产城融合将成为城镇化建设的重要趋势。随

---

① 郭炳南,黄太洋.比较优势演化、全球价值分工与中国产业升级[J].技术经济与管理研究,2010(2):130
—133.

着以城市为基础,承载产业空间和发展产业经济,以产业为保障,驱动城市更新和完善配套服务,进一步提升土地价值,以达到产业、城市和人之间有活力、持续向上发展的城镇化模式的应用,文化产业将与城镇化进行更高匹配度的融合发展。在这一语境下,文化企业如何抓住社群化发展趋势,更好地优化人居环境质量,突出地域特色,完善优化功能,提升文化品位变得至关重要。同时,随着未来城乡统筹发展,推进新型城镇化、特色产业小镇和美丽乡村建设,以及如何在历史文化名镇(村)、文物保护单位、传统村落和历史建筑的保护中更好地发挥文化企业的力量,实现城市发展和公共文化服务的社会化,也为文化企业发展提出了新的命题。

从政府层面上看,文化企业与政府制度供给密切相关,政府往往通过强制性制度创新和诱致性制度创新促进以龙头企业为核心的产业群形成和发展,① 但政府提供制度供给并非万能,以"服务型政府"的方式提供制度供给,通过产业群的公共文化基础设施建设和配套服务的完善,通过以人为本的制度创新,可以避免因扭曲性的经济政策环境的塑造而出现"政府失灵"。从企业角度看,企业是集群的微观细胞,也是全球化产业分工中重要的节点。企业因为产业价值链整合而实现了地理的集聚,由此形成了全球范围内具有竞争力和辐射力的"经济马赛克"。随着全球经济文化一体化进程的加速和文化与科技融合的加速,"地理的终结"或"距离的死亡"以及经济社会关系的"非地方化"等理论的出现,标志着全球化将文化要素资源单纯的地理集中转变为以核心文化技术为中心的虚拟集聚。同时,国家和地区经贸一体化催生了本地创新,从社会层面上看,创新不但源自专业化的生产,更源自居民个体的文化自觉和创新意识的积累与循环。因此,以社区为单元,以激活全民创造性为动力的文化产业发展路径,将越来越成为文化产业商业模式的重点。

---

① 霍丽,惠宁.制度优势与产业集群的形成[J].经济学家 2007,4(4):71—75.

案例篇

1. 我国动漫企业供给侧改革创新
—— 以"有妖气"漫画网站为例①

【案例导读】

动漫产业作为文化产业的重点领域之一,依托互联网的快速发展和动漫消费市场的不断扩大,在传统动漫产业模式的束缚和迟滞中实现了新的突破。一方面是需求侧的不断扩张,随着"90后"不断进入社会,二次元人士、动漫消费人群的基数和消费水平有了更显著的提升,市场需求刺激着国产动漫不断催生新的变化和发展。诚然,目前我国的原创动漫市场仍旧落后于美日等动漫大国,优秀的作品和成功的市场案例尚少,但来自市场需求的刺激将有力推动创作和生产层面的创新及改革。另一方面,依托互联网开放式、跨时空、即时性、快速交流的特点和新的技术发展,众多诞生于互联网时期的新型动漫企业、动漫创作团体亦能主动抓住机遇,从供给侧出发,从创作、资金、渠道、播映、盈利模式等各个层面实现创新突破,让国产原创动漫重燃崛起的希望。

1.1 中国原创漫画在互联网化背景下的供给侧改革创新

改革开放以来,中国经济持续高速增长,已成为名副其实的经济大国,但离经济强国尚有一段距离,更面临旧经济疲态尽显,消费、投资、出口动力拉伸不足,而以"互联网+"为依托的新经济形态又蓬勃发展的新常态。为适应这种变化,除了进一步优化、提升传统的需求管理外,更迫切需要改善供给侧环境、优化供给侧机制,通过改革制度供给,大力激发微观经济主体活力,增强我国经济长期稳定发展的新动力。

动漫产业是文化产业的重要行业,从产业本质看,动漫产业可细分为动画

---

① 本篇案例作者:陈雪璇,中国传媒大学经管学部硕士研究生。

产业和漫画产业,在美日等发达的动漫国家,漫画和动画是产业链条上密不可分的两个创作环节,特别是漫画,是动漫产业内容创作和生产的重要源头。但我国由于体制和产业结构的多种因素,漫画产业和动画产业长期处于隔离状态,这也导致了我国动漫产业迟迟未能形成完整的产业体系。直到互联网的快速普及和发展,漫画和动画通过互联网化既实现了自身的突破,更打破了相互之间的障碍,有了互联互通的可能。尤其是漫画阶段,作为整个产业最前端、最具创造性和艺术性的环节,经由互联网化,从创作群体、创作手段到后续的传播环节、跨界开发环节等多个层面都实现了不同程度的创新突破,从而在供给端为国产动漫的崛起创造了有利的发展条件。

(1)创作环节:专业创作到全民创作

十年前的国内漫画圈,漫画创作者发表自己作品的途径仅有各种大大小小的动漫刊物,并且创作成本极高,从事专业的漫画创作是一件很不容易的事。但随着互联网的广泛普及,许多绘画爱好者和业余漫画作者通过网络上传公开自己的作品,加速了漫画的普及和推广。

如果说纸质出版时代,在严苛筛选作品的同时保证了作品的高质量和创作队伍的专业化,那么到了互联网时代,开放和自由成了标签,漫画创作不再是一件高高在上的事,越来越多的非专业画手借用网络平台进行交流和发布作品。特别是各种网络漫画平台的出现,让全国各地的漫画爱好者、漫画创作者有了一个线上聚集交流地,这在一定程度上打破了漫画创作的权威性和专业性,让普通爱好者、业余画手、微小工作室都有了自由创作和传播交流的渠道,从而极大地增加了漫画创作基数。

而经过多轮自然淘汰和市场竞争,最早出于爱好者交流性质的网络漫画平台开始向专业化、企业化、市场化转型,从而形成了有别于传统纸质媒体的新型漫画发行体系,并且比纸媒更加贴近市场、贴近受众需求。而基于互联网大数据的广泛拓展,以往规模化生产的创作方式也逐渐向定制化转变,生产中心从创作者逐渐转向受众,即更多地由受众、由市场决定生产、创作什么内容的作品。[①]此外,

---

① 宋磊."互联网+"为动漫带来新机遇[J].出版广角,2015(14):16—17.

互联网在极大降低动漫创作门槛的同时,还进一步对市场进行细分,形成了多样化的类型、题材、属性的漫画类别,满足了不同漫画读者的偏好。

(2)传播环节:传统纸媒到网站平台

在传播方式上,互联网彻底打破了传统的漫画出版发行模式,打破了纸质出版社的单一垄断,让形形色色的漫画作品通过互联网快捷、广泛地触及全国各地的读者。而流媒体的发展、电子阅读的出现,同样在漫画行业产生了巨大的冲击,短短几年时间,漫画读者就迅速从报刊、单行本等纸质阅读转向了网络在线阅读,并且由于智能移动终端(手机、平板电脑等)的普及,又进一步扩大了漫画阅读的读者群体,越来越多的人开始关注、阅读、喜爱漫画。

除了专门化的漫画网站平台,微博、微信等社交软件也成了漫画作品传播的平台,由于互联网多元互动的特点,漫画阅读亦不再是一种单向的消费体验,读者与创作者的互动、读者与读者的互动成了稀松平常的事情。特别是"弹幕"的出现,让平面的漫画阅读也变得生动有趣起来,以往属于私人的阅读体验逐渐转变为群体性的娱乐交互行为,而漫画读者的"吐槽"和"留言"又能够反向影响动漫创作行为,从而催生出更多贴合市场、贴近读者的优秀作品。

(3)开发环节:单一出版到多元衍生

由于体制和管理体系的因素,我国的漫画产业与动画产业、游戏产业等联系不紧密,存在较大的沟通壁垒,传统的漫画作品基本上仅能够到达单行本出版这一阶段,进一步的动画化、游戏化、小说化根本无从谈起,从而极大地限制了优秀漫画 IP 的多元化开发。但在互联网的推动下,网络冲击瓦解了传统的产业结构和产业模式,让资金、人才、资源、渠道等变得开放、流动,产业与产业之间的壁垒逐渐被打通,二次元行业真正将漫画、动画、游戏甚至小说联通起来。此外,随着近两年影视剧的 IP 改编热,优秀漫画作品也将成为各大影视公司和视频网站关注、争夺的焦点,一部具备高人气的漫画作品真正有了实现动画化、甚至影视化的可能性,从而极大地推动了动漫产业生态的建立和动漫产业链的完善。

1.2 "有妖气":从原创漫画梦工厂到国漫 IP 孵化先行者

2009 年成立的"有妖气"网络漫画平台,最初是漫画作者们的网络聚集地,后来渐成体系,成为当之无愧的"中国原创漫画梦工厂",并且随着互联网的发展,"有妖气"在漫画网站商业模式建立、动漫IP的培养和开发上都有所创新,从各个方面推动了国产漫画甚至整个动漫产业的发展。

(1)漫画网站的创新

内容为王是文化产业的核心理念,而漫画作为内容创作的源泉之一,更是一个漫画网站的核心竞争力。"有妖气"深知内容创作的重要意义,因此,作者激励制度是"有妖气"漫画网站进行供给侧改革的前奏。"有妖气"十分重视对原创作品和原创漫画作者的培养,除了从数量众多的同人创作作品和业余爱好作品中挖掘具有潜力的年轻创作者,"有妖气"更是通过站内一系列的激励制度鼓励和支持漫画作者们的创作和发展。

"有妖气"漫画网站通过设置各类赛事评选出优秀的作品并对创作者提供丰厚的福利支持以资鼓励。从首次注册上传作品的各项站内福利,到通过新人比赛、季度年度作品评选、编辑部评奖等赛事,选拔出一系列优秀的或具有潜力的作品和作者。不同的奖项设置又有各自的激励对象和方式,例如最佳新人奖是筛选、激励站内新进漫画作者的奖项,得奖作品可以与"有妖气"进行签约,从而获得作品分成;独家作品奖、连载更新奖则是针对连载作品作者的奖项,通过读者的评分和投票在连载作者之间形成一定的竞争氛围,从而激励作者们更好更快地进行作品创作和更新;而编辑部大奖更是最具含金量的站内大奖,评选出的作品都是一季度甚至一年度的高人气和高水平的优质作品,获奖作品将得到"有妖气"更多的开发支持,作者本人也能够获得更多的福利和发展空间。

会员付费制度是"有妖气"漫画网站进行供给侧改革的第二个法宝。作者激励制度解决的是漫画作品供给层面的问题,而在需求层面,如何让一个漫画网站实现盈利就需要在会员付费制度上不断探索。我国国情使然,网民们的免费观念根深蒂固,如何吸引读者并引导他们心甘情愿地为作品付费一直是我国互联网企业极力想要解决的问题。

"有妖气"在漫画会员付费制度的探索上一直扮演着先行者的角色。从2013年"有妖气"就开始了付费阅读的探索,一般作品在连载几话获得较高人气和读者认同后会陆续升级为VIP作品,后续章节需要读者成为会员才能继续阅读。而除了 VIP 制度外,"有妖气"亦不断探索新的付费方式和途径,例如实行部分 S 级作品的分章节付费,以及通过引导读者购买"妖果"支持、奖励喜欢的作品和作者等。付费制度的设置和收费价格亦非一成不变,为了更好地将大量的非会员用户转化为付费用户,2016 年底"有妖气"又进行了新一轮的付费制度改革。通过降低包月费用、提高续费门槛以及推出优惠包年服务等方式来挖掘、培养更多的会员用户。

(2)漫画 IP 开发的创新

IP,这个并不新鲜的字母组合,承载着文化企业在品牌、分众、产业链三个方向的野心。从品牌开发看,IP 一方面体现着企业对优质品牌的强烈渴望,另一方面也折射出优质内容的稀缺。而除了品牌,文化企业追逐 IP 还往往看中其背后巨大的粉丝群体。许多影视作品上映之前在网络小说等领域便拥有了大批拥趸,影视公司在开拍前就确定了受众喜好,从而实现内容生产的精准化,在分众时代抢夺粉丝注意力。此外,对 IP 的全产业链开发,还有助于企业规避经营风险、提高营利能力,为消费者提供更多选择。① 从"有妖气"的漫画开发模式看,其主要实现了各个方面的创新。

一是通过漫画改编动画完成了网络动画的起步及发展阶段。如果说传统的国产动画和国产漫画各自为政,几乎互不交流,那么在互联网的介入下,网络漫画和网络动画的关系得到改善并且联系越来越紧密。2013 年"有妖气"推出了两部漫改动画《馒头日记》和《十万个冷笑话》,其中,《十万个冷笑话》更是大胆引入植入式广告模式,探索出了网络动画在线播出的营利途径,而《十万个冷笑话》播放至今已有三季,在国内二次元群体聚集地的"B 站"(哔哩哔哩网战)上播放量接近 2000 万,有近 10 万人在追番。此后,"有妖气"依托站内丰富的原创漫画资源,陆续推出多部漫改动画作品,并且推动优秀漫画改编动画这一模式的逐渐成熟和完善,打破了漫画与动画之间的壁垒,让以漫画为内容源头的动漫产业链得以延伸。在 2016 年热播的《镇魂街》就改编自"有妖气"连载人气作品,《镇魂街》第一季"B 站"的总播放量约 4500 万,近百万人追番,是 2016

---

① 肖家鑫,巩育华.文化产业,也需要供给侧改革[J].党建文汇月刊,2016(3):34.

年国产动漫当之无愧的头部IP,而即将在2017年播放的第二季更是计划探索国产动画在线播放的付费可能性。

二是通过漫画改编动画电影打破国产动画的思维定势。"有妖气"从漫画领域进军动画领域,《十万个冷笑话》这部作品起到了关键的作用,而"有妖气"在电影领域的探索亦将《十万个冷笑话》作为试水之作。2013年"有妖气"决定将《十万个冷笑话》制作成动画电影并在国内上映,并且作为国内首部通过众筹方式筹集制作经费的电影,《十万个冷笑话》电影版对国产动漫产业甚至电影产业都起到了标杆式的作用。一部制作成本仅1000万元的漫画改编电影,在短短24天的映期内,就拿下1.2亿元的票房,《十万个冷笑话》电影版无疑是成功的漫改电影,更是"有妖气"在动漫产业模式探索中一个成功的里程碑。

不同于以往电影院线上映的《喜羊羊和灰太狼》《熊出没》等低龄向动画,《十万个冷笑话》是一部定位在15岁以上的动画,主要的读者和观众也多是成年人。这样一部作品的上映,有力打破了传统国产动画电影低龄向的惯性思维,成功把动漫年龄定位提升到成人阶段,而两年后的《大圣归来》和《大鱼海棠》定位全年龄向更是进一步拓展了国产动漫的受众范围,推动我国动漫产业走向更广阔的市场和创作空间。

(3)动漫IP多元协同开发的创新

除了在漫画和动画领域的创新探索外,"有妖气"亦把握住了近几年IP多元化改编的潮流趋势,积极推动优秀漫画IP的多元开发。

首先是改编真人影视作品的探索,"有妖气"已将多部作品授权给影视制作公司进行前期开发,《端脑》《雏蜂》《镇魂街》三部站内头号IP更是早在2014年就开始了改编真人电影的立项和开发。而在真人剧方面,随着2016年动画的热播,《镇魂街》的真人网剧也已拍摄结束,目前正进入后期制作阶段,而制作完成的《三生三世之桃花源》即将在春节假期上线。

其次是游戏化开发,在作品热播的同时推出同名改编的手游是这两年多数热门影视剧的常用模式,而动漫与游戏存在天然的联系,优秀的动漫IP改编成游戏更是美日成熟动漫产业链里关键的一环。目前,以人气和话题热度为基础,"有妖气"推出的同名手游有《镇魂街》《十万个冷笑话》等,虽然在游戏的设计上仍待进一步创新,但动漫与游戏之间的渠道已经开始打通,二次元产业中动画、漫画、游戏三个支柱产业之间的互动模式变得越来越明晰。

最后是周边产品的开发。由于版权意识和消费能力等原因,动漫产业链中最重要的营利环节——周边产品在我国的市场份额却不到10%。即便目前缺乏清晰的动漫衍生产品开发体系和变现模式,"有妖气"仍旧致力于周边产品的开发和探索,并陆续推出了《十万个冷笑话》《雏蜂》《镇魂街》等热门作品的衍生手办、模型、玩具等。

1.3 动漫产业供给侧改革——企业创新的要点

(1)互联网思维是动漫产业供给侧改革的关键

互联网化已经成为我国文娱产业的大背景和大趋势,动漫产业亦依托近年来互联网的快速发展而有了关键性的突破。互联网的出现打破了动漫产业链各个环节之间的壁垒,利用网络开放、自由、跨时空、即时性的特点让资源、人才、资金得以顺利流通,让一个优秀的动漫IP能够有多元开发的可能性。

面对被互联网强势冲击而瓦解或转型的产业结构和市场发展趋势,以内容创作为核心的创意企业更要具备广阔的互联网视野,既看到互联网对整个社会、产业的重构和引导,又能从中把握住动漫产业在互联网化中的发展方向和发展机遇。

(2)跨界观念是动漫产业供给侧改革的方向

跨界发展是大文化产业发展背景下的关键,更是一个优秀IP进行多元开发、创新多种变现方式的重要观念。从漫画改编为动画、游戏,或者将游戏改编成动画或者小说,日本ACG产业的跨界意识已十分成熟,一部漫画在得到广泛人气和市场初步检验之后,就会通过改编成动画的方式扩大影响力和知名度,同时进行同名游戏、小说的改编实现变现,最后还会通过各种衍生产品的开发提高利润空间。可以说,单纯的刊载漫画、出版漫画无法创造更多的经济价值,只有在跨界观念指导下进行动画化、游戏化、小说化甚至影视化的多元探索,进行跨界发展和合作,才能真正挖掘一个优质漫画IP的市场价值。

(3)创先精神是动漫产业供给侧改革的重点

文化产业供给侧改革的核心就是创新发展。创新发展的关键在于,以理念创新为统领,以现代科技为支撑,在内容、形式、方式、方法、载体、平台等方面全面推进创新发展,使文化产业成为供给侧结构性改革的重要发力点。我国动漫产业存在着许多新的可能性和市场发展机遇,能否敢为天下先,在内容创作、开发模式、变现方式、企业管理等方面实现创新突破,将决定一个动漫企业在未来处于市场竞争中的何种地位,而一直秉承创先精神的"有妖气"无疑是目前国产动漫行业的先驱者和引领者。

2. 我国泛娱乐文化企业跨界创新

——以北京春秋永乐文化传播公司为例①

【案例导读】

"互联网+"时代,娱乐元素充斥着我们的生活,对于已经身处互联网时代的人们来说,娱乐无处不在,并且随着娱乐功能的逐渐扩大,所涉及的范围越来越广,大量信息的传播改变了单向传播的形式,变成多方向、互动式的自由传播,这使泛娱乐产业迎来了全面发展的机遇。北京春秋永乐文化传播股份有限公司(以下简称永乐文化)跨界发展的探索和创新表明,泛娱乐产业不仅能够刺激文化消费,推动文化产业的健康可持续发展,最重要的还在于它为消费者与生产者之间提供了更多互动的可能,消费者能在这种体验中得到更多精神上的满足,这便实现了文化的真正价值。

2.1 泛娱乐的内涵和外延

泛娱乐是基于互联网与移动互联网的多领域共生,以 IP 为核心,进行跨领域、跨平台衍生的粉丝经济。随着近两年 IP 概念越来越火爆,泛娱乐化产业的发展也越来越受到行业和媒介的关注。

---

① 本篇案例作者:李锦,中国传媒大学经管学部硕士研究生。

(1)泛娱乐是多产业融合的产物

在泛娱乐产业,内容制造属于产业链上游,优质并具有大量粉丝群的文学、动漫、影视作品、游戏、综艺节目等都是具有极大开发价值的IP。在"互联网+"时代,文化在不断地与相关领域进行融合,各种各样的娱乐形式不再孤立发展,而是共生共融,并通过多种变现渠道,延伸IP自身价值,协同构建一个泛娱乐产业生态圈。

(2)泛娱乐是行业发展的需要

以网络为平台,泛娱乐打造出了互动性的社会生态圈及多元化的产业生态链,而且在腾讯、阿里巴巴等互联网企业向泛娱乐化转型的带动下,行业内文化企业纷纷将泛娱乐定为主要开发产业,将娱乐与生活的界限打破,使娱乐与生活全面结合,既能让人们得到身心的放松,满足其追求时尚、自我实现等多种心理需求,又能推动企业加快发展,帮助实现企业价值。

(3)泛娱乐具备完整的价值链

从纵向的产业功能分工角度来看,技术研发与应用、文化创意产品的制作与传播、衍生品的制作与推广等环节同样具有价值增值功能,它们从产品或服务运作的逻辑过程考察产业增值过程,表现为娱乐产业的线性价值链,涉及技术研发、策划、生产制作、市场营销等环节。推动各环节的有效连接,关键环节是技术集成、内容制作、产品运营以及版权贸易。

2.2 泛娱乐背景下永乐文化的战略转型

从2013年年底开始,永乐文化开始布局泛娱乐产业链,以强大的科技研发能力为基础,以票务营销、演艺投资和电影发行为入口,永乐文化打造了"演、影、体"全链条的服务平台,实现了O2O服务的整合。2015年,永乐文化完成了在电影行业的布局,并成为故宫和国家大剧院的独家科技服务提供商。通过战略转型,永乐文化的票务营销持续稳定增长,并在此基础上多次主办现场娱乐项目,投资制作多部影视作品,极大地促进了北京市的文化消费,成为全国领先的娱乐营销及产业投资平台。

(1)深度整合资源,搭建连接上游 IP 和终端消费者的桥梁

2003 年,永乐文化开始主营票务业务,并逐渐形成了全国性的营销与运营网络,由于网络购票形式的日渐普及,从 2014 年开始,票务业务进入了快速增长时期。现如今,永乐文化在全国有 16 家票务业务分公司,大多分布在省会城市,其中演艺业务覆盖城市有 150 个,电影业务驻地约有 150 个,除此以外,全国各地还设有一些办事处。

随着互联网的快速发展,娱乐方式逐渐增多,永乐文化及时发现市场变化,并抓住机遇扩大业务范围,其业务范围涉及整个文化产业链,包括经营演出及经纪业务、电影发行及投资、体育、科技、金融等。其中票务业务是基础,而其他业务大多做内容制造。

永乐文化有完整的价值链条,并在全力打造新的运作模式。其旗下的各个全资子公司、控股子公司、参股公司之间并不孤立,而是整合资源,协同发展。永乐文化旗下的"永乐韩国"可提供艺人、内容赛事等资源,通过永乐演艺进行投资、宣传、报批项目;永乐影业可以进行电影制作、宣发;永乐体育可以进行项目引进,同时,永乐科技通过大数据分析,提供文体娱乐行业的整套票务解决方案,最终,永乐文化利用自己的票务平台进行项目销售、宣传,将 IP 变现。

而对于各领域的发展,以演艺产业为例,其产业链也在趋于完善。永乐文化通过多年的发展,积累了丰富的行业资源,包括来自中国大陆、港台、欧美等顶级艺人、演出商和场馆资源等,其运作模式根据网生代消费识别,将"90 后"消费群体确定为可预期及稳定的受众,以偶像为核心产品,并围绕核心创意创造价值增值体系,努力搭建消费者与创造者之间的桥梁,利用自身市场地位优势,获得了近千万、实名、精准的消费用户。在此基础上,永乐文化基于自身的市场营销能力及丰富的海内外演唱会运营经验,将全面展开国际化发展路线,提高核心业务竞争力,与海内外知名机构开展合作,对自身具备的演艺项目进行投资。

(2)研发新科技,打造以优质 IP 为中心的泛娱乐生态圈

以移动互联网为核心的新科技浪潮,彻底改变了我们的娱乐方式,提升了生活质量,由此可见,"互联网+"是泛娱乐产业发展的助推剂。对于泛娱乐产

业的发展,供给方与消费者之间要不断进行沟通,企业要随时了解用户需求的变化,用户再把体验感想反馈给供给方,从而使企业更好地改善产品和服务的质量,加强消费者二次消费的欲望。而互联网的优势就在于,它与其他各产业相结合,使其呈现出更高的连接性和互动性,通过网络大数据的分析与研究,企业便可以及时获取信息并了解用户需求,对产品与服务进行准确的定位与开发,实时洞悉市场动态等,也就是在泛娱乐产业蓬勃发展的背景下,文化企业也在随其不断地调整发展方向、完善发展战略。

隶属于永乐集团的永乐科技,拥有业内顶尖技术实力,其重点业务是为故宫、国家大剧院等提供科技服务。永乐文化为故宫设计了售检票系统,且为了更好地进行管理,其为故宫制定了南进北出的规划,除此之外,还开设了故宫线上售票系统,用户需提前预约,并实名制购买,且无需兑换纸质门票,刷身份证就能进入故宫,这将游客人均购票进入故宫的时间由两小时缩短至二十分钟,极大提高了安保管理的效果,并对网上售票数量进行限制,实现了对票务的提前控制,永乐票务计划在2017年实现故宫票务的全线上销售。

永乐文化还为国家大剧院提供售检票系统的解决方案,将国家大剧院的自营售票率提升了三十多点,由不到百分之三十提升至百分之六十左右,提高了工作效率及工作准确度,并且计划在2017年1月推出故宫与国家大剧院的联票,以带动消费,增加收入。永乐文化利用科技贯穿泛娱乐产业,从优质IP的孵化与制造,到消费用户的市场把握,致力于打造泛娱乐生态圈。

(3)以用户为本,努力构建全链条的服务平台

永乐文化针对北京市民举办了文化惠民活动,并推出文惠卡,即持卡用户会在不同时期享受到不同程度的票价减免等优惠政策,降低了市民的文化消费成本,扩大了用户需求。

永乐文化将受众进行精准划分,针对不同的受众群,为其提供符合要求的文化产品与服务。站在行业角度,永乐文化指出,北京市演出场馆较少,且相关设施有待完善,由于现有演艺场馆的数量少、档期满,无法满足消费者的需求,人均收益比例较低。除此之外,演出内容与场馆匹配度也是问题——在北京并不缺乏大型的演出场馆,反而缺少小众的、规模较小的演出场地,所以,永乐文

化正提倡政府鼓励小剧场的建设,促使从未进过剧场的用户走进剧场,也使走进剧场的用户提高入场频率。

2.3 泛娱乐视角下文化企业发展的启示

(1)多业态融合,全面跻身泛娱乐产业领域

腾讯从社交领域拓展到影视、文学等四大实体业务,阿里巴巴成为龙头电商,这些企业的崛起并不仅仅是因为决策者敏感的市场观察力与果断的决策能力,还因为企业凭借发展的技术优势,早已站在了"互联网+"时代的风口,处于时代前沿,由此,对于泛娱乐产业的发展便是顺水推舟,将技术与娱乐结合,亦或与娱乐公司合作,这都使其成为文化领域主要的参与者与引导者。

泛娱乐产业作为粉丝经济的新形式,成为文化企业拉动经济增长的重要模式,越来越多的互联网金融企业开始发现文化产业发展机遇,利用粉丝经济拉动投资效益,利用数据信息资源优势进行分析与研究,从而更及时地把握用户需求,使得这些企业在泛娱乐产业中占领一席之地。

相对于数字媒体的快速发展,传统媒体大多走到了瓶颈时期,甚至让人们开始担忧传统媒体在未来生活中是否还能存在。人们更热衷于追求新鲜事物,尝试不同的体验,是因为现有的需求无法得到满足,而这就需要传统媒体觉醒并自救,例如报社仅凭印刷报纸来传递信息,这在当下几乎是无法维持报社存活的,所以许多报业集团推出了自己的数字报网站,而报纸内容也变得更加多样化、个性化,报社增强了与读者的互动性,从而扩大了用户规模。

(2)全产业链布局,完善文化产品开发体系

泛娱乐产业以互联网为强大的技术支撑,代表着影视、游戏、文学、动漫等多领域的连接与共生,所以对于泛娱乐产业来说,多业态的相互连接与共融共生并形成网状价值链生态圈是泛娱乐产业未来发展的方向。

从产业链的角度来讲,上游主要是以文学和动漫的粉丝效应来吸引众多用户,由于优质的内容能有效培养用户的忠诚度,所以才有了现在文化企业"内容为王"的口号,并着力打造优质IP。一个好的IP需要有完整的生产过程,首先是内容的制作,通过高质量并富有个性化的内容来吸引大众的眼光,进而为营销创造机会与可能；其次是项目运营，利用新媒体等多种运营方式，扩大产品或服务的影响力及影响范围；最终是用户体验，处于下游的影视能够将IP的价值进一步延伸，通过受众体验、游戏等形式实现其价值，并不断地刺激消费，完成IP的整个环节，打通全产业链，使每个环节都不再独立发展。所以，产业链是否完整在很大程度上决定着一个文化企业能否在文化产业发展大潮中站稳脚跟。

(3)新技术研发，连接产业链中的各个环节

娱乐产业需要技术的有力支撑，科技已经渗透到各行各业，并且成为各领域发展不可或缺的关键因素。科技将产业链的各个环节连接起来，使其互动共融，并在此基础上提供增加产品价值的可能，使产业链良性发展。

泛娱乐产业在互联网的基础上快速发展，内容生产者能够利用大数据、云计算等技术分析市场变化、用户需求，从而更有针对性地进行创作或开发产品。现在，科技让消费者同时成为生产者，直接参与内容创作或者完全成为创作者，这使生产者与消费者的界限越来越不明显，而这也促使了泛娱乐产业的多样化、多形式发展。

(4)文化消费升级，以粉丝经济打造精准定位营销

粉丝经济泛指架构在粉丝和被关注者关系之上的经营性创收行为，是一种通过提升用户黏性并以口碑营销形式获取经济利益与社会效益的商业运作模式。随着互联网的普及，粉丝经济被广泛地应用于文化娱乐、商品销售、提供服务等多个领域。文化企业通过优质IP制造兴趣点，扩大其影响力，吸引更多受众，进而推进品牌化运作，促进文化消费，最终实现IP价值的最大化。

强大的粉丝基础是支撑IP开发的重要力量，粉丝间的交流与驱动是IP价值得以延伸的重要保障。在网络平台上，用户愿意为了观看自己喜爱的影视剧付费，或者为游戏中的特殊关卡、人物角色的包装付费，由此，文化企业一方面可以尽可能挖掘粉丝的付费意愿，生产更多个性化的文化产品，刺激消费升级，另一方面可以根据大量的数据分析，研究用户需求，并进行精准化定位营销，从而深入挖掘或优化IP资源，拓展不同形态下IP的付费模式及变现渠道，完成全产业链的项目运作。

值得注意的是,在对泛娱乐产业进行探索的同时,也应该思考互联网所带来的风险,网络上可复制、低质量的内容产品无处不在,文化资源被盲目开发,导致文化市场秩序混乱,这些都需要文化企业在追赶潮流的同时能够擦亮双眼,时刻保持头脑清醒,警惕过度娱乐对文化发展带来的冲击,以确保能在风险来临时不乱阵脚,健康发展。

图书在版编目(CIP)数据

文化产业供给侧改革研究:理论与案例/齐骥著.—北京:中国传媒大学出版社,2017.6
ISBN 978-7-5657-1986-8

Ⅰ.①文… Ⅱ.①齐… Ⅲ.①文化产业—改革—研究—中国
Ⅳ.①G124

中国版本图书馆 CIP 数据核字(2017)第 112189 号

文化产业供给侧改革研究:理论与案例
WENHUA CHANYE GONGJICE GAIGE YANJIU: LILUN YU ANLI

著　　者	齐　骥
责任编辑	黄松毅　李唯梁
特约编辑	李克俭
责任印制	阳金洲
封面设计	韩建文
出版发行	中国传媒大学出版社
社　　址	北京市朝阳区定福庄东街1号　邮编:100024
电　　话	86—10—65450528　65450532　传真:65779405
网　　址	http://www.cucp.com.cn
经　　销	全国新华书店
印　　刷	北京玺诚印务有限公司
开　　本	710mm×1000mm　1/16
印　　张	16.5
字　　数	244千字
版　　次	2017年6月第1版　2017年6月第1次印刷
书　　号	ISBN 978-7-5657-1986-8/G·1986　定　价　68.00元

版权所有　　翻印必究　　印装错误　　负责调换